Bem-vindo ao lar

NAJWA ZEBIAN

Bem-vindo ao lar

Como construir um refúgio para a sua alma

Tradução
Carolina Simmer

1ª edição

BestSeller
Rio de Janeiro | 2022

TÍTULO ORIGINAL
Welcome Home

TRADUÇÃO
Carolina Simmer

COPIDESQUE
Fabio Gabriel Martins

REVISÃO
Beatriz Ramalho

CIP-BRASIL. CATALOGAÇÃO NA PUBLICAÇÃO
SINDICATO NACIONAL DOS EDITORES DE LIVROS, RJ

Z47b   Zebian, Najwa
           Bem-vindo ao lar : como construir um refúgio para a sua alma / Najwa
Zebian ; tradução Carolina Simmer. – 1. ed. – Rio de Janeiro : BestSeller, 2022.

           Tradução de: Welcome home
           ISBN 978-65-5712-133-7

           1. Autorrealização. 2. Motivação (Psicologia). 3. Muçulmanas - Biografia.
4. Técnicas de autoajuda. I. Simmer, Carolina. II. Título.

22-77956   CDD: 158.1
                            CDU: 159.947.5

Gabriela Faray Ferreira Lopes – Bibliotecária – CRB-7/6643

Texto revisado segundo o novo Acordo Ortográfico da Língua Portuguesa.

Direitos exclusivos de publicação em língua portuguesa para o Brasil adquiridos pela
Editora Best Seller Ltda.
Rua Argentina, 171, parte, São Cristóvão
Rio de Janeiro, RJ — 20921-380
que se reserva a propriedade literária desta tradução.

Impresso no Brasil

ISBN 978-65-5712-133-7

Seja um leitor preferencial Record.
Cadastre-se no site www.record.com.br e receba informações
sobre nossos lançamentos e nossas promoções.

Atendimento e venda direta ao leitor:
sac@record.com.br

Para toda alma em busca de um lar,
você chegou ao seu destino

Sumário

~

PRÓLOGO

Não sei qual o motivo exato de você estar aqui. Nem por que tem este livro em suas mãos. Tantos caminhos o trouxeram até este momento. Algo me diz que está se sentindo perdido. Isolado. Que precisa ser visto, ouvido e amado. Que precisa se sentir seguro. Algo me diz que você está em busca de uma forma de habitar alguém além de si mesmo. Um espaço fora da própria vida. A verdade é a seguinte: seu lar não existe fora de você. Seu lar está no seu interior. Você é o arquiteto. Você é o construtor. E você é o morador. Você precisa se encontrar. Precisa se amar. Precisa criar segurança para si mesmo. Sei que é difícil imaginar essa construção. É por isso que, neste livro, vou segurar sua mão e guiá-lo enquanto você constrói sua morada interior e diz para si mesmo: *Bem--vindo ao lar.*

O caminho para casa

~

A ntes de iniciar a construção do seu lar, você precisa montar a estrada de tijolos que leva ao terreno onde ele será erguido. Ao quebrar todos os obstáculos pelo caminho, é preciso transformar essas barreiras em tijolos que estruturam a estrada.

A maioria de nós comete o erro de construir o próprio lar em outras pessoas, e fica na expectativa de que elas nos considerem dignos de entrar. E quando vão embora, nos sentimos abandonados e vazios por termos doado tanto de nós para elas.

Nesta Introdução, você vai aprender sobre o poder de assumir o controle da construção do seu lar, do próprio espaço, dentro de si mesmo. Independentemente do seu passado, de como você se sente desamparado ou de quantas vezes já suplicou o amor de alguém, a construção do seu lar começa aqui e agora.

Você está preparado?

Vamos começar a construir o caminho para casa.

Era uma segunda-feira de manhã.

Acordei com uma mensagem que dizia "Posso ligar para você?". Noah não costumava perguntar esse tipo de coisa, porque planejávamos nossos telefonemas com dias de antecedência. Achei estranho, mas, como estávamos trocando mais mensagens ultimamente, concluí que um telefonema seria uma progressão natural. Então respondi "É óbvio!", pulei da cama, prendi o cabelo em um coque e sentei à bancada da cozinha, onde eu passava boa parte do tempo escrevendo.

Ele ligou quando estava a caminho do trabalho. Conversamos um pouco sobre seu trabalho. Rimos muito. Não me lembro de quê. Mas eu sempre ficava muito sorridente quando nos falávamos. Eu gostava de arrancar risadas dele, mesmo quando eram às minhas custas.

Enquanto conversávamos sobre assuntos aleatórios, algo no meu coração disse: *Não é só isso. Ele ligou para me dizer alguma coisa.*

Será que ele quer saber quando podemos nos encontrar de novo? Será que ele quer se abrir mais? Será que está com saudade? Não... não deve ser isso. Ele é tão emocionalmente independente. Jamais admitiria uma coisa dessas para mim.

Porém outra voz, uma que eu me esforçava tanto para escutar, disse: *Ele só quer conversar com você. Relaxe. Você merece ter alguém que liga do nada só porque quer falar com você.*

Desta vez, acatei esta última voz. Era a mesma à qual me atentei alguns dias antes, quando me obriguei a sair da minha zona de conforto para usar um tom mais carinhoso com Noah. Nem sempre ele retribuía, mas gostava de receber elogios. E, àquela altura, era só isso que importava para mim. Ele estava tentando superar um passado tóxico e aceitar elogios era um avanço imenso.

Eu ficava feliz por alguém aceitar minha admiração.

Aquela voz interior me fez sair tanto da zona de conforto que me surpreendi. Eu não estava acostumada a dizer para os outros que queria encontrá-los. Só de pensar nisso — falar para uma pessoa que eu queria estar com ela —, ficava toda corada. Por algum motivo, eu sentia vergonha de expressar isso... de querer isso... de admitir isso.

Veja bem, na minha cultura, falar sobre sentimentos e romances é tabu. As pessoas só fazem esse tipo de coisa no cinema e na televisão. É como se, desde pequenos, nós assistíssemos a esses programas sabendo que as coisas que víamos ali não poderiam acontecer na vida real. Era uma espécie de dissonância cognitiva. *Esse tipo de coisa acontece com os outros, e está tudo bem, mas vou arrumar um problema se eu fizer o mesmo.*

Pelo menos foi assim que eu fui educada em um pequeno vilarejo no Líbano. Todo mundo seguia a fé muçulmana — na teoria. A mesquita ficava bem na frente da minha casa e fui criada em um ambiente muito religioso. Uma educação que traçava diferenças firmes entre meninas e meninos, homens e mulheres. Na minha infância, eu encarava relacionamentos da seguinte forma: um dia, seu cavaleiro chega em um cavalo e encontra você, apesar de estar escondida. Ele diz que se apaixonou e quer se casar. E pronto. Vocês vivem felizes para sempre.

Ironicamente, lá do outro lado do mundo — onde eu acabaria aprendendo como essa visão de relacionamentos é errada —, os filmes da Disney ensinavam o mesmo para as meninas. Agora, vejo que essa narrativa é originada da misoginia e do patriarcado — que, infelizmente, não têm fronteiras —, não de religiões ou culturas específicas. Eu poderia escrever livros sobre esse assunto, mas vamos voltar para a minha voz interior.

Como eu sempre dormia melhor e me sentia mais feliz depois de escutar aquela voz, decidi que também a ouviria naquela manhã.

Então falei para Noah que estava empolgada para nos encontrarmos. Como ele vivia ocupado com o trabalho, tínhamos decidido que nos veríamos dali a um mês. Mas, alguns dias antes, aquela voz tinha me dito que, se eu quisesse encontrá-lo antes, deveria expressar isso. Portanto, foi o que fiz em uma mensagem.

Ele havia respondido que me avisaria quando teria tempo livre na semana seguinte. Achei ótimo. Eu me convenci de que precisava me expressar melhor, porque sabia que, por causa do passado tóxico que ele mencionou sem entrar em detalhes, Noah sentia dificuldade em confiar nos outros. *É melhor eu mostrar que ele pode se sentir seguro comigo*, pensei. *É melhor mostrar que ele é valorizado e desejado.*

Ao primeiro momento de silêncio desconfortável na nossa ligação, eu disse:

— Sei que posso estar dizendo coisas que você não se sente completamente pronto para escutar, mas espero que elas sirvam para você lembrar o quanto é importante para mim.

Esses eram os elogios e comentários bobos que eu fazia.

E então ele respondeu:

— Era aí que eu queria chegar... Acho que não devemos mais conversar.

Vou interromper a história e explicar exatamente como eu me senti: fiquei chocada. Ao mesmo tempo, porém, não muito. Eu sabia que aquele momento chegaria. Eu não estava feliz de verdade com a nossa dinâmica. Sabia que não estava feliz. Olhando para trás, confundi a felicidade — de me mostrar vulnerável e falar tudo o que eu pensava — com ele me fazer feliz. No entanto, a falta de reciprocidade sempre me deixava confusa. Conseguir uma reação mais emocionada ou receber atenção dele era como disputar uma corrida acreditando erroneamente que existia uma linha de chegada. Você corria, e a linha de chegada ia se afastando cada vez mais. Indo contra as minhas expectativas sobre como eu responderia, fiquei quieta. Senti meu corpo se encolher e se curvar. Meu suéter largo era o mais próximo de um abraço que eu receberia naquele momento, que parecia interminável. Como ele poderia terminar nossa relação, quando nada tinha sequer começado? *É óbvio que isso aconteceria. Ninguém quer ficar comigo.*

Naquele momento de silêncio, Noah disse:

— Sabe, estes últimos dias foram intensos demais. Não estou pronto para nada assim.

Intensos demais?, pensei. *Nós só TROCAMOS MENSAGENS!*

Imediatamente fiquei na defensiva e disse:

— Mas você falou que estava feliz.

— Falei. E eu estava. Mas acabei percebendo que não estou pronto. Ainda é muito cedo. Estou lidando com muita coisa do passado e preciso resolver isso sozinho.

Então a resposta era simples. Eu disse:

— Tudo bem, não vou mais falar assim com você. Desculpa.

Mas aquela outra voz veio de novo: *Eu meti os pés pelas mãos. Falei mais do que deveria. Talvez, se eu tivesse esperado um pouco mais, as coisas teriam sido diferentes. A culpa é minha.*

— Acho que você está envolvida demais, e não seria justo eu pedir para que recuasse um pouco. Então acho melhor a gente parar de se falar.

— Totalmente?

— Totalmente. Sei que não era o que você queria ouvir, mas não vou mudar de ideia. Sei que isso magoa, mas é o que eu quero.

Enquanto tento encontrar uma maneira de descrever minha dor, as palavras vão se perdendo antes de encontrarem o papel. Era como se alguém tivesse me levado até o topo de uma montanha e me empurrado lá de cima com toda a força. Ao mesmo tempo, eu me sentia entorpecida. Talvez estivesse em negação. Choque. Descrença. Ou talvez a dor fosse tão profunda que eu me tornara incapaz de sentir sua intensidade. Meu corpo inteiro formigava. Como se eu quisesse chorar, mas não conseguisse. Como se eu quisesse gritar e não fosse capaz. Acho que o que eu queria de verdade era mudar aquele fim. Mas não poderia.

Aquele era o fim da batalha.

Eu me sentia tão impotente.

Como você continua a lutar quando está sozinha no campo de batalha? Como lutar depois que alguém hasteia a bandeira branca? Como se despedir de alguém que já foi embora? Alguém que já partiu e que só está informando sua partida após chegar ao seu destino?

Não me lembro do restante da ligação.

Entrei em uma reunião logo depois, então não tive tempo para chorar. Quando esse compromisso terminou, liguei para o meu sócio da época, e segui firme. Porém, no fim da conversa, ele perguntou:

— Você está bem?

Sinceramente, naquele momento, eu me ressentia dessa parte de mim mesma. É tão óbvio quando estou me sentindo mal. Dá para ouvir na minha voz. Dá para ver nos meus olhos. É gritante. Quer dizer, aquela pessoa do outro lado da linha percebeu que havia algo errado. Meu primeiro pensamento foi: *Argh! Não consigo esconder meus sentimentos nem pelo telefone.*

Eu respondi:

— Na verdade, não estou. — E foi então que me debulhei em lágrimas. Contei a ele o que tinha acontecido. — Não entendo por que isso sempre acontece comigo... dói tanto... meu coração está doendo de verdade. Preciso tirar um tempo de folga. Não consigo me concentrar no trabalho que combinamos.

Ele foi muito gentil e me ofereceu conselhos que, na época, entraram por um ouvido e saíram pelo outro. Meu ser inteiro estava imerso naquela dor e ela era maior do que a situação com Noah. Não demorou muito para ela extrapolar em sensações desmedidas de abandono, indiferença e inutilidade.

Foi muito esquisito. Eu disse para mim mesma: *Por que as pessoas nunca se incomodam com o fato de eu não fazer parte da vida delas?*

Eu fazia questão de me depreciar. Ficava me perguntando: *Quem você pensa que é?* Achava que já tinha feito o trabalho interno necessário para mudar a resposta de *Sou ninguém* para *Eu sou Najwa Zebian*. Como a resposta agora poderia ter voltado para *Sou alguém que não merece amor?*

Em algum momento entre me sentir narcisista por me recusar a aceitar que alguém não se importava com a minha ausência e saber que tenho valor, decidi escutar a voz que me dizia *Você ainda não consegue mostrar o seu valor para as pessoas. Se conseguisse, isso não teria acontecido.*

Assim, nos dias seguintes, fiquei remoendo cada momento. Cada parte da história com Noah em que cometi algum erro. Eu andava em círculos. Quer dizer, aquilo nunca tinha chegado nem perto de ser um namoro. Nós sequer saíamos juntos. Sempre foi apenas uma possibilidade, um *quase*, que nunca se concretizou. A intensidade do meu sofrimento não batia com o que eu realmente sentia por Noah. Eu não estava apaixonada por ele. Nem *gostava* dele. Eu tinha *esperança* diante do potencial de Noah. Minha tristeza era causada mais pelo fato de *alguém* ter ido embora do que pela identidade desse alguém.

Meu sócio me passou o contato de sua terapeuta, Brittany. Àquela altura, fazia um tempo que eu havia largado a terapia, porque sentia que o tratamento não me ajudava. Mas resolvi tentar de novo.

Depois de descrever meu choque para a terapeuta, a conversa por mensagens foi assim:

TERAPEUTA: Em primeiro lugar, emoções são energia em movimento, o que significa que, apesar de parecerem tão duras e verdadeiras, elas não passam de energia que flui por nós e que conseguimos superar. Em segundo, é óbvio que isso seria um choque, porque você provavelmente teria feito as coisas de um modo um pouco diferente. Em terceiro, nesses casos, é o nosso ego que fica magoado. Às vezes, nós só queríamos ter sido a pessoa que tomou a decisão e cortou relações.

(Mais de uma vez, pensei que era eu quem tinha mais motivos para querer encerrar nosso contato!)

TERAPEUTA: Então, fica o questionamento: quando ele determinou que vocês dois deveriam parar de se falar, como isso realmente afetou quem e o que você é?

EU: Acho que isso só confirma que ninguém me deseja. Não porque eu acredite que ninguém me deseja. Mas porque todas as experiências que tive até hoje mostram isso.

TERAPEUTA: Parece que a questão não era você querer ser desejada por ele.

EU: Acho que eu queria que ele me desejasse, mas não do jeito como ele estava me desejando, o que mostra que eu queria mudar a forma como ele se sente. E eu não tenho esse poder.

TERAPEUTA: Então será que você queria mesmo ser desejada por ele? Ou só por alguém em geral?

(Até uma terapeuta com quem eu nunca tinha falado antes entendia que eu não estava triste por causa de Noah.)

EU: Tenho certeza de que é por alguém em geral, mas... senti uma conexão com ele. No dia em que nos conhecemos, eu vi sua tristeza. E senti uma necessidade de tentar ajudá-lo. Sempre que ele se abria e se mostrava vulnerável, eu sentia que nossa conexão se fortalecia. Eu conhecia aquela tristeza. Era confortável conviver com ela. Porque eu a entendia muito bem.

TERAPEUTA: Tristeza, uma emoção com que você se identifica muito... Esse é um hábito de pessoas que querem curar as outras. Quando vemos alguém triste, sentimos a necessidade de proteger essa pessoa. Queremos ajudá-la a se livrar da dor. Queremos que ela saiba que não está sozinha. Tanto no sentido físico como no emocional. Não importa. Dói do mesmo jeito. O corpo não faz distinção. E quando esse tipo de coisa acontece repetidamente, surgem fortes vias neurais que fortalecem cada vez mais a crença de que não somos merecedores nem bons o suficiente. Então, ao encontrarmos uma pessoa que passou por um sofrimento parecido, é ainda mais doloroso quando ela parece fazer o mesmo com a gente. Como aconteceu nessa situação, em que ele, do nada, declarou que vocês deviam parar de se falar e foi embora.

Depois dessa troca de mensagens, marcamos uma conversa por telefone dali a três dias. Os próximos dias são um borrão em minha memória. Eu simplesmente fui guiada pelos meus sentimentos. Passei muito tempo me perguntando por que eu estava sofrendo por alguém com quem não tinha nada sério. Fiquei me martirizando por não ter sido eu quem cortou o contato. Eu achava que havia algo errado comigo por reagir de forma tão exagerada a um acontecimento insignificante.

Quando finalmente conversei com minha terapeuta pelo telefone, ela me disse uma coisa que me fez passar o resto do dia chorando descontroladamente: "Algo me diz que você já passou por uma experiência que moldou essa ausência de autoestima."

Foi como se veneno, eletricidade ou dor corresse pelas minhas veias — uma ferida dentro de mim se abriu de repente e começou a jorrar por todo o meu corpo, procurando uma saída. Uma escapatória.

A conversa com a terapeuta me fez perceber que o motivo para eu nunca ter evoluído no tratamento anterior foi porque, na época, com quase 30 anos, caí na armadilha que a maioria de nós cai — a de ficar falando sobre meus sofrimentos *atuais*, me convencendo de que apenas falar sobre eles, colocá-los em palavras e admitir sua importância, bastaria para resolvê-los. Um furacão de emoções atravessou o meu corpo enquanto eu pegava um lenço de papel.

A ironia era que eu sabia a dura verdade. Eu falava sobre ela nas minhas muitas palestras e a compartilhava com mais de um milhão de seguidores nas minhas redes sociais: você pode curar feridas recentes, mas, se não lidar com as antigas, pode ter certeza de que elas se transformarão em cicatrizes que continuarão afetando a sua vida.

Até aquele dia, sempre acreditei que a minha cicatriz — a que me dizia que eu não merecia nada — era a ausência de uma ideia consistente de lar na minha infância. Fui criada no Líbano. Eu era a caçula da família, com uma diferença de idade bem grande entre mim e meus irmãos. Um após o outro, eles foram voltando para o Canadá, onde nasceram. Vivi com familiares diferentes, sempre me sentindo desconectada e deslocada. Mesmo quando morava com meus pais, a diferença de idade entre mim e meus irmãos, e entre mim e meus pais, dificultava uma aproximação. Essa cicatriz piorou quando, aos 16 anos, uma viagem de verão para visitar minha família no Canadá se transformou inesperadamente em uma mudança permanente. Esse deslocamento foi impactante e, apesar de o Canadá ser um país receptivo, eu me sentia sem lar. Agora, enquanto eu pegava a porcaria da caixa inteira de lenços de papel, percebia que minhas cicatrizes tinham se formado anos antes. Noah não passava de um gatilho — que me fez questionar a fonte do meu sofrimento.

Não me lembro da data exata, mas eu tinha uns 8 ou 9 anos e morava com a minha tia. Na época, minha mãe estava no Canadá e meu pai precisava trabalhar, então achou que minha tia cuidaria melhor de mim. Foi na véspera do Eid, uma celebração muçulmana importante. Minha tia chamou seus filhos para o andar de baixo e ela me disse para ficar onde estava, porque aquele era seu "momento em família". O que significava que essa família não me incluía.

Fiquei sozinha no quarto, encarando a grade de metal na lareira diante de mim. Dava para ouvir meus primos abrindo presentes, suas risadas atravessando as paredes. Eles pareciam tão felizes enquanto exclamavam "Olha o que eu ganhei!".

E o meu coração só repetia: *Por que eu não posso ter aquilo?*

Aquilo não significava presentes. Não significava roupas ou doces.

Aquilo significava amor. Carinho. Conexão. A sensação de ser relevante, merecedora, importante... De pertencer a algum lugar.

Com tão pouca idade, eu não conseguia classificar meus pensamentos nesses termos. A única palavra que eu conseguia associar ao que me faltava, ao que eu desejava, era *aquilo*.

Enquanto falava com a terapeuta, contei a história como se ela estivesse acontecendo naquele momento. Porém, dessa vez, finalmente consegui enxergar por que eu era capaz de explicar para plateias de milhares de pessoas tudo sobre amor-próprio e aceitação, e como não devemos aceitar menos do que aquilo que merecemos. Mas quando se tratava de aplicar esse conhecimento na minha vida, eu era a garotinha que acreditava que não merecia *aquilo*.

Quando sofremos um trauma, queremos colocar a culpa em alguém. Era impossível encontrar um culpado por algo que eu nem sabia nomear. Então a quem culpei?

Culpei a mim mesma.

Eu me culpei por desejar *aquilo*. Eu me culpei por não sentir felicidade verdadeira sem *aquilo*. Eu me culpei até pelo meu desejo, pela minha ânsia, por sentir *aquilo*.

Desde essa época, e até hoje, sigo minha jornada para encontrar *aquilo*.

Aquilo é nosso lar.

Lar não é um lugar físico. Ele é o local ao qual sua alma pertence, onde você pode agir sendo você mesmo sem hesitar, onde você é amado pela sua versão autêntica. O lar é o lugar onde você não precisa se esforçar para ser amado.

Expliquei para minha terapeuta como tinha sido difícil ficar para trás, carregando meu lar em uma mochila. Minhas palavras. Meu diário. Esses eram os lugares para onde eu ia quando sofria bullying na escola ou quando riam de mim. Esses eram os lugares para onde eu ia quando ansiava por *aquilo*.

E contei a ela como foi chegar ao Canadá, anos depois. Àquela altura, todos os meus irmãos mais velhos moravam lá, e eu estava muito empolgada para reencontrá-los durante uma visita que acreditava ser temporária. Não tive a chance de me despedir de verdade do meu lar no Líbano, do meu quarto, dos meus avós, das minhas amigas, de todos os lugares que eu conhecia. Por um ano inteiro, me senti invisível. Eu me senti traída, e nem sabia por quem. Pela vida? Pela guerra? Pelo destino?

Quando tive certeza de que eu ficaria "presa" no Canadá, senti tanta raiva de mim mesma que rasguei todas as páginas do diário em que escrevi por três anos. De que adiantava me expressar se ninguém me ouvia? De que adiantava escrever meus sentimentos se eu era incapaz de mudar a minha realidade?

Eu não queria mais escrever. Não queria mais sentir.

Foi apenas sete anos depois, aos 23, quando eu cursava um mestrado na área de pedagogia e comecei a lecionar, que algo mudou dentro de mim. O diretor entrou na sala com um grupo de oito refugiados e, quando olhei para eles, seus olhos gritavam: *O que estou fazendo aqui? Este não é o meu lugar.*

Eu só queria gritar de volta: *Este é o seu lugar, sim. Sei como vocês se sentem.*

Comecei a escrever para empoderá-los e defendê-los. Escrever para lutar por outra pessoa — não havia problema nisso. Eu me convenci de que estava escrevendo sobre eles, não sobre mim.

Mal sabia que, ao ajudá-los a se recuperar, eu também cuidava da minha eu de 8 anos que não foi convidada para a festa. Também cuidava da minha eu de 16 anos, que rasgou seu diário e desistiu dos sentimentos. Essas palavras acabaram virando o primeiro livro que coloquei no mundo torcendo para conseguir ajudar pelo menos uma pessoa sentada naquele canto sombrio da vida, buscando por um lar, assim como eu.

Alguns meses depois de eu ter feito a autopublicação do meu primeiro livro, *Mind Platter* [A mente em uma bandeja, em tradução livre], uma equipe do TEDxCoventGardenWomen entrou em contato comigo, pedindo para que eu ministrasse uma palestra. O tema era "Já está na hora". Eu pensei: *Já está na hora de sentir*. Então chamei minha palestra de "Finding Home Through Poetry" [Encontrando um lar por meio da poesia, em tradução livre].

Vamos avançar alguns meses.

Momentos antes de subir ao palco, respirei fundo e falei para mim mesma: *Esqueça o roteiro. Diga o que o seu coração precisa dizer.*

Eu tinha planejado um grande discurso sobre como construí meu lar ao escrever poesia. Fazia seis meses que eu o ensaiava. Sentada no meu quarto de hotel, na noite anterior, me vi mais focada em memorizar as palavras na ordem certa do que em compartilhar o que há de verdade em meu coração e em minha alma. Eu sentia um misto de pânico e torpor — pânico porque como assim eu não tinha conseguido decorar meu discurso depois de seis meses? E torpor porque de jeito nenhum eu recuaria. Eu não tinha tirado um dia de folga no trabalho e gastado US$ 2 mil para passar apenas 48 horas em Londres e dormir em um quarto de hotel tão minúsculo que eu mal conseguia respirar lá dentro para desistir.

Além do mais, aquele era meu primeiro convite para subir em um palco e me apresentar para quinhentas pessoas. Eu precisava ir. Afinal, era aquilo que eu queria. Uma oportunidade para ser ouvida. Uma oportunidade para falar com as minhas palavras.

Deixei os papéis na cama e resolvi dar uma volta.

Eu me sentia como na véspera de uma prova importante na escola. Não há como fugir do fato de que aquela é a sua única oportunidade para provar que sabe tudo o que alega saber — mas você entra em negação. Quanto mais a data se aproxima, menos informações sobre o assunto você consegue reter.

Saí do meu quarto de hotel minúsculo, ainda me perguntando por que raios ele era tão caro. Levei o celular, só para o caso de precisar de ajuda para encontrar o caminho de volta. Aquilo era um pouco estranho para mim. Eu costumava sentir muito medo de me perder. *Mas,* pensei, *só vou andar em linha reta.*

Cerca de dez minutos depois de começar a andar, notei uns portões enormes abertos e uma multidão. Pensei: *Que legal!* Em casa, você encontra umas cinco pessoas na rua, no máximo. E bem ali estava a explicação para o preço exorbitante do meu quarto de hotel.

O palácio de Buckingham. Em todo o seu esplendor.

Não sei o que você pensa, mas eu acredito que cada momento que vivemos está conectado com todos os outros. Algumas das coisas pelas quais passamos agora estão ligadas a acontecimentos que vão ocorrer daqui a dez ou vinte anos. E só entendemos a conexão quando esse futuro chega. É meio que uma revelação, quando você diz "Agora entendo por que aquilo aconteceu antes". Como uma artimanha divertida do universo. Às vezes, são momentos que encerram ciclos. Às vezes, trazem recomeços. Às vezes, oferecem uma compreensão profunda de nós mesmos. Às vezes, são apenas momentos de alívio. E aquele foi um momento cujo significado só consegui compreender totalmente dois anos depois.

Voltemos para o palácio de Buckingham. Nunca me impressionei muito com paisagens glamourosas ou com ostentação, mas adorei a aparência dele, sua arquitetura. Também adorei ver pessoas tirando fotos e se divertindo. Enquanto observava, me lembrei de um momento da minha infância. De um pedacinho de papel que guardava no meu diário. Era uma foto de uma princesa linda com o vestido de noiva que tinha a maior cauda que já vi. Ao lado da imagem, o texto em árabe dizia algo como "Ela faleceu em um acidente de carro em Paris".

Isso era tudo o que eu sabia. Lembro que guardei a foto porque achei aquela princesa muito bonita. De certa forma, eu queria ser como ela. Agora que paro para pensar, eu tinha 7 anos quando a notícia foi publicada. Guardei aquela foto por muito, muito tempo. Olhando para o palácio de Buckingham, imaginando os passos que a "princesa do povo" deu por seus corredores, tive uma epifania: eu não queria ser como ela. Minha versão mais jovem deve ter sentido que tínhamos algo em comum. A busca por um lar. E havia um motivo para a princesa Diana ter deixado uma marca no mundo: ela estava disposta a mostrar seu coração e falar abertamente sobre seu sofrimento. Eu sabia que era meu destino fazer aquela caminhada e chegar àquele momento exato. Eu sabia o que precisava dizer na manhã seguinte.

Voltei para o hotel. Por causa da diferença de horário, não consegui dormir. Eu precisava chegar ao local do evento às 8 horas da manhã de Londres, que equivalia às 3 horas da manhã em casa, no Canadá. Foi um suplício, mas consegui acordar por volta do que seria 1 hora da manhã para mim, para me arrumar e chegar a tempo. Eu estava esgotada em todos os sentidos.

Quando cheguei, fui informada de que minha palestra seria a primeira do dia. A organizadora — uma mulher muito legal — me disse que algumas pessoas, ao descobrirem que eu me apresentaria, pediram que abrissem uma exceção no evento lotado, só para conseguir me assistir. Lembro que ela disse: "Eles disseram: 'vamos ficar de pé no canto, só para ouvir a palestra dela.'" Isso acalentou meu coração, porém havia uma voz na minha cabeça que dizia: *Ah, ela só está sendo legal. Não é verdade.* E mesmo que eu me permitisse acreditar no que aquela mulher dizia, a voz na minha cabeça insistia: *Por que alguém iria querer tanto escutar você?*

Não lembro muitos detalhes daquela manhã além de ter ficado ensaiando parte do meu discurso. Então subi no palco. Em certo momento, as seguintes palavras, que não planejei, saíram da minha boca no automático:

O maior erro que cometemos é construir nosso lar em outras pessoas. Construímos essa casa e a decoramos com amor, cuidado e respeito que nos trazem segurança no fim do dia. Nós investimos nos outros e medimos nosso valor levando em consideração a forma como aquele lar nos recepciona. Só que muita gente não percebe que, quando construímos um lar em outras pessoas, damos a elas o poder de retirá-lo de nós. Quando elas vão embora, o lar vai junto e, de repente, nos sentimos sozinhos, porque colocamos nelas tudo que havia dentro de nós. Confiamos partes que nos pertencem a outra pessoa. O buraco que sentimos não significa que não temos nada a oferecer nem que estamos vazios. Apenas que construímos nosso lar no lugar errado.

Voltemos para o momento em que Noah disse: "Não quero mais." Sim, eu falei essas palavras empoderadas *antes* da minha experiência com ele.

Na verdade, vamos um pouco mais para a frente, para o momento em que falei para minha terapeuta: "Acho que isso só confirma que ninguém me deseja. Não porque eu acredite que ninguém me deseja. Mas porque todas as experiências que tive até hoje mostram isso."

Quero *analisar esse momento.* Como posso ter ajudado milhões de pessoas com minhas palavras e continuar sendo aquela garotinha de 8 anos que se pergunta: *Por que eu não posso ter aquilo?* Eu sabia de tanta coisa. Estava apta a subir em um palco e fazer um discurso maravilhoso sobre amor-próprio. Poderia passar a vida inteira escrevendo sobre autoestima, empoderamento e amor-próprio. Mas por que não conseguia *sentir* essas coisas?

Havia um problema. Não é? E ele precisava ser resolvido.

Eu achava que tinha começado a construir meu lar verdadeiro alguns anos antes em outras pessoas, quando tive todas aquelas revelações sobre transformá-los em minha casa.

Estava nítido que não fiz isso.

Eu me dediquei — me dediquei a aprender. A pesquisar. A sentir minha dor em todos os sentidos. Dentro da pedagogia, a aplicação prática de um conhecimento teórico é chamada de *práxis.* Onde estava a minha práxis? Como eu podia saber daquilo tudo e voltar a ser a garotinha de 8 anos, sozinha em um quarto, se perguntando: *Por que não posso ter aquilo?*

Por que não posso ter aquilo?

Por que *não posso* ter aquilo?

Arrá! Havia um problema.

Eu acreditava de verdade, como a minha versão de 8 anos, que não podia ter aquilo.

Não podia.

Percebe qual é o problema?

Ao determinar que *não posso*, automaticamente eu declarava que *aquilo* não era alcançável. E o único motivo para não ser alcançável era porque não o alcancei no passado. Não é ridículo? É como se eu dissesse que não posso me formar no ensino médio porque nunca me formei no ensino médio. Ou que não posso viajar porque nunca viajei.

Você entendeu.

Então, vamos mudar a pergunta, esquecendo "Por que eu não posso ter *aquilo*?" e passando para "Por que eu *não tenho aquilo*?".

Bum!

Agora que a questão não infere uma impossibilidade, mas incentiva a descoberta e a compreensão, posso procurar as respostas.

Por que **não posso** ter aquilo?	Por que **não tenho** aquilo?
Insinua que o *aquilo* é impossível	Insinua que o *aquilo* é possível
Remove sua força pessoal: "Nunca vou ter aquilo."	Não remove sua força pessoal: "Ainda não tenho aquilo."
Demonstra submissão	Demonstra propósito
É uma barreira	É um tijolo para a estrada

Para construir uma estrada que leve ao lar interior, não precisamos fugir das barreiras pelo caminho. Na verdade, precisamos quebrá-las e usá-las como *tijolos* que formam a estrada. Isso faz o trajeto até o seu lar interior ser criado sob medida para você.

As ferramentas neste capítulo o ajudarão a construir a estrada que leva à sua casa interior. Quebre cada obstáculo pelo caminho e transforme-o em matéria-prima. Repita esse processo a cada desafio que aparecer. Imagine os tijolos sendo usados para construir a estrada até o seu lar.

FERRAMENTA Nº 1: IDENTIFIQUE A HISTÓRIA DO POR QUE EU NÃO POSSO TER AQUILO?

Volte ao momento em que você começou a formar a ideia de que não merece ter *aquilo*.

Questione-se: *Quais crenças sobre mim mesmo se originaram a partir dessa história?*

Reflita sobre todas as experiências em que você reagiu ou se comportou de acordo com essas crenças.

FERRAMENTA Nº 2: MUDE A PERGUNTA

Usando o esquema da imagem anterior, transforme a sua história do *Por que eu não posso ter aquilo?* em *Por que eu não tenho aquilo?* Essa ferramenta é essencial para uma mudança de mentalidade. Acredite que você está buscando algo possível de alcançar.

Por muito tempo, acreditei que não poderia ter *aquilo* — que não poderia ter a sensação de lar. E como essa crença me deixou impotente, fiquei esperando alguém construir um lar para mim. Isso já é um problema por si só, mas a questão maior e mais perigosa é a seguinte: eu acreditava que não merecia ter um lar dentro de mim. Continuava esperando alguém aparecer para me dar amor. Alguém para reconhecer minha importância. Alguém para me valorizar. Eu dava mais valor para minhas experiências passadas e aquilo que elas supostamente provavam do que para as minhas experiências atuais e aquilo que eu sabia a meu respeito no presente.

Na teoria, eu sabia que construir um lar para mim mesma era algo que precisava ser feito independentemente de outras pessoas, mas lá estava eu, sofrendo quando alguém não me recepcionava em seu lar, quando alguém não me dava amor. Lá estava eu, me esforçando tanto para obter meu valor de fontes externas de aprovação — pessoas, títulos, diplomas, conhecidos, círculos sociais, e assim por diante. O desamparo me fez acreditar que qualquer resquício de uma possível conexão, relação, amizade — da possibilidade de PERTENCER a qualquer coisa — era melhor do que simplesmente ficar sem uma casa. Eu passava mais tempo sonhando e desejando os lares de outras pessoas do que tentando entrar de verdade neles. Quando você não sabe como uma casa deveria ser, acaba aceitando aquilo que lhe oferecem.

Minha sensação de desamparo não apenas fez com que eu me traísse enquanto construía lares em outras pessoas, como também me fez traí-las com meus sentimentos falsos (apesar de eu acreditar que eram sinceros). Na realidade, eu encarava essas pessoas mais como abrigos para os meus cacos do que como pessoas que eu poderia amar.

Então, era aí que eu estava. Na primeira fase da construção do meu lar. Eu compreendia todos os elementos da autoestima e da autoaceitação, mas não sabia como uni-los. Não encontrei a práxis. E não criei um lugar para guardar esse conhecimento dentro de mim. É como ter uma sala de estar, uma sala de jantar, uma cozinha, um quarto e um banheiro sem conectá-los em um espaço comum. Você diria que tem uma casa se cada parte dela estivesse em um lugar diferente?

Então, agora eu lhe pergunto: *Onde você está agora?*

Estou falando do seu processo de cura. *Onde você está agora?*

FERRAMENTA Nº 3: CONSTRUA A ESTRADA

1. Reflita: *Onde estou agora?* Imagino que você não esteja em um momento em que se sinta em casa.

2. Reflita: *Onde quero estar?* Imagino que você queira construir um lar dentro de si.

3. *O que me impede de chegar lá?*

4. Sua história do "Por que eu não posso ter *aquilo*?" (Ferramenta nº 1)

5. A crença de que você *não pode* ter *aquilo*.

6. Mude sua mentalidade (Ferramenta nº 2).

7. Comece sua jornada para casa.

Ao longo da jornada para aprender quem você é e como se sentir em casa, será preciso analisar os elementos da sua vida e refletir sobre as coisas que trazem ou não a sensação de aconchego. Isso o ajudará a encontrar seu *terceiro espaço*. Vou explicar. Logo depois de terminar a faculdade de pedagogia, comecei a cursar o mestrado na mesma área, com foco em multiletramento e multilinguismo. Um dos conceitos mais marcantes que aprendi foi o de "terceiro espaço" — o lugar no qual os alunos se sentem mais confortáveis para se expressar. O primeiro espaço seria o lar, e o segundo, a escola, com as identidades diferentes que cada um possui. O terceiro ficaria nesse lugar intermediário, onde eles conseguem expressar a mistura de identidades que mais os representa.

Apesar de ter aprendido esse conceito em um contexto pedagógico, adaptei-o para a vida em geral. Todos nós temos nosso terceiro espaço. Esse é o lugar onde sentimos que podemos mostrar quem somos de verdade. É o lugar que contém todas as nossas preferências de como queremos viver. É o lugar ideal, onde nos sentimos completa e totalmente representados. É um... *lar*.

Nunca senti, e ainda não sinto, como se eu pertencesse por completo ao meu primeiro ou segundo espaços. Nunca me senti assim antes nem depois dos meus 16 anos. A cultura que eu trouxe comigo do Líbano e a que encontrei no Ocidente nunca me representaram totalmente por conta própria. Para criar meu terceiro espaço, precisei entender qual era a minha definição de *liberdade*. A minha definição de *mulher*. A minha definição de *lar*.

FERRAMENTA Nº 4: IDENTIFIQUE SEU TERCEIRO ESPAÇO

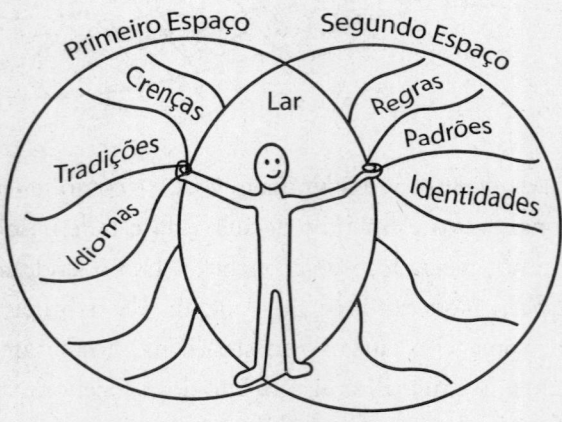

Que partes representam → Você?

1. Identifique os dois espaços ou mundos onde você vive. (Observação: podem existir mais de dois. Se for o caso, desenhe mais círculos. O objetivo não é ficar preso ao termo *terceiro* espaço. O espaço é *seu*. O lar é *seu*.)

2. Escreva todas as identidades, regras (explícitas ou não), crenças, idiomas, tradições e padrões, entre outros, exigidos pelos espaços identificados na primeira etapa.

3. No terceiro espaço, ou no *seu* espaço, escreva as identidades, regras, crenças, idiomas e padrões, entre outros, que representam sua verdadeira essência.

Acredite, sei como é não saber por onde começar. E é exatamente por isso que estou escrevendo este livro. Passei tanto tempo me sentindo mutilada. Mutilada, não — acorrentada. Eu me lembro de me sentir presa. De sentir que, depois de passar tanto tempo com aquela dor, ela havia se tornado minha zona de conforto, meu lar. De sentir medo de superá-la. Porque aquele lugar pelo menos era seguro. Era previsível. E confortável.

Mas a sensação de estar acorrentada não era a pior parte. A pior parte foi quando percebi que tinha asas, quando entendi a minha força, mas continuei optando por não voar. Por não ser livre. Essa é uma das formas mais destrutivas da auto-opressão — saber que você tem poder, mas não usá-lo. Que tem uma voz, mas não falar. Saber que está no lugar errado, mas não sair dali. Que tem um grande potencial, mas não aplicá-lo. Agora que entendo a minha história do *Por que eu não posso ter aquilo?* e como ela era uma barreira, compreendo por que eu não conseguia construir meu lar, mesmo depois de entender que precisava fazer isso.

Acredito que o medo que temos de nos livrar das amarras e nos libertar vem da falta de autoaceitação. Vem de acreditar que as barreiras dizem algo sobre nós. Quando nos aceitamos, entendemos que nosso valor não é condicionado a circunstâncias. Você merece ser amado independentemente do que estiver acontecendo na sua vida. Talvez você esteja inventando desculpas para não tentar se libertar, mas, quando aceitar a si mesmo, não conseguirá mais acreditar nelas. Por exemplo, talvez você pense que *Se eu mudar isso*:

- As pessoas vão mudar de opinião sobre mim.
- As pessoas vão deixar de falar comigo.
- As pessoas vão deixar de me amar.
- As pessoas vão deixar de me respeitar.
- E assim por diante...

Isso me leva à pergunta: Quem são *as pessoas*? Quem é a sua plateia? E por que ela é a parte mais importante? A sua plateia está no primeiro espaço ou no segundo?

FERRAMENTA Nº 5: ENCARE UM MUNDO MAIS AMPLO (PLATEIA)

Um dos empecilhos para começarmos a jornada de volta a nós mesmos é o medo de sermos julgados, humilhados e até excluídos da vida daqueles ao nosso redor. Quando você pensa em fazer uma mudança, de quem são as reações que mais lhe preocupam? Quais são as primeiras pessoas que surgem na sua mente? Aquelas de quem você tem medo. Aquelas que você deseja agradar. Aquelas cujo julgamento lhe causa preocupação. Você vê essas pessoas como se elas fossem gigantes, não é? Porque dá poder a elas. O seu mundo é restringido por elas. Agora, quero que você imagine que está se libertando das restrições desse círculo e enxergando uma plateia maior, um mundo maior. Isso não é libertador?

Quando a busca por aprovação das pessoas ao seu redor limita a sua capacidade de se libertar, você está se recusando a quebrar essa barreira e transformá-la em um tijolo. Está se impedindo de criar um lar pessoal dentro de si mesmo. Você passará anos completamente consciente de que merece muito mais, mas culpará o ambiente ao seu redor por impedi-lo de ser o líder da própria vida.

Passei anos em busca *disso*, da sensação de lar, em qualquer lugar que não fosse em mim mesma. Eu sempre me sentia vazia, procurando algo ou alguém para preencher esse espaço. Ou seja, vivia me esforçando para conquistar alguma coisa. Esse era meu emprego em tempo integral. Ele ocupava todas as horas de todos os meus dias. Tal busca tomou formas diferentes em vários momentos da minha vida. Em certo momento, foi uma fase a que todos ao meu redor chegaram, como casar e ter filhos. E uma carreira adequada a essa vida. Em outro ponto, foram notas melhores. Um diploma. Um emprego. Um prêmio que me diria que eu estava indo muito bem, melhor do que os outros. Em determinado momento, foi ser incluída em certos grupos de amigos. Hoje em dia, é doloroso pensar em quanto dinheiro gastei com presentes de aniversário, noivado e casamento. Eu sempre era convidada para festas de aniversário, e ia mesmo sem conhecer bem o aniversariante. Não consigo me lembrar de uma única vez em que alguém tenha organizado uma comemoração de aniversário para mim. Mas eu continuava aceitando os convites. Mantive amigos que eu sabia que se aproveitavam de mim, porque achava que ter amigos "mais ou menos" era melhor do que não ter amigo algum.

Lembra quando eu disse que fiquei feliz por Noah aceitar meus elogios? Era o mesmo comportamento. Para manter uma conexão com as pessoas, eu só precisava que elas aceitassem o que eu tinha a oferecer. Porque essa era a minha plateia (o menor círculo da Ferramenta nº 5). Porque isso mostrava que elas eram receptivas à minha presença em sua vida. Porque a aceitação delas me oferecia uma sensação de aprovação temporária, mostrando que aquilo que eu tinha a oferecer era interessante. Só depois de enxergar esse hábito de buscar frequentemente um lar nos outros foi que consegui entender que o único lar constante que eu poderia encontrar seria dentro de mim.

Depois de construir um lar pessoal dentro de si mesmo, você se torna imbatível. Porque você para de ficar andando sem rumo por aí, implorando para alguém lhe dar abrigo. Você não permanece mais em cada sinal ou esquina, implorando por quaisquer migalhas ou trocados que as pessoas tenham sobrando.

E depois de construir um lar dentro de si, você vai deixar de viver reagindo ao mundo ao seu redor. Você vai parar de se comparar com os outros. Você vai parar de se sentir bem só porque acha que seu salário, cargo ou prestígio o tornam "melhor" do que as pessoas no seu convívio. Ao habitar seu lar, você vai parar de bater à porta dos outros o tempo todo, apontando como o comportamento ou as palavras deles são errados.

Você vai compreender que as pessoas podem jogar pedras na sua casa, mas essas pedras não significam nada, a menos que *você* lhes atribua algum significado. Você vai se concentrar em consertar os estragos no seu lar, e não esperar por pedidos de desculpas de quem jogou as pedras. Você também não vai pensar em vingança ou em jogar pedras de volta.

Você conseguirá entender que os atos e as palavras das pessoas são diferentes daquilo que você sabe e acredita sobre si mesmo.

NÃO FINJA TER AQUILO PARA ENCONTRÁ-LO

Quando você se pegar
olhando para as pessoas ao redor
e se perguntar
"por que eu não tenho aquilo na minha vida?"
ou
"por que eu não posso ter aquilo?"
lembre-se de que
você não precisa do aquilo de ninguém
para ser feliz.
Você precisa de você
para ser feliz.
Porque o seu aquilo está dentro de você.
E sem enxergar a si próprio,
você nunca enxergará aquilo.

Se o seu estado atual estiver desprovido *daquilo*, você buscará seu estado desejado com avidez. Sentindo-se insignificante. Tentando provar para si mesmo que você merece *aquilo*. Pense em uma planta. Se você deseja que uma planta cresça e fica imaginando como ela será bonita, mas não lhe der os cuidados necessários, seu crescimento será limitado. Não faz sentido esperar até a planta ficar bonita para cuidar dela. Desse jeito, ela nunca vai crescer. Nunca alcançará o potencial que você sabe que existe.

O mesmo vale para você.

Você não pode se basear na crença de que só merecerá *aquilo* quando tiver a aparência, a sensação, as coisas e as pessoas supostamente certas na sua vida.

Você entende como é necessário começar a construir a estrada que leva ao seu lar interior? Como seria lindo e libertador ter uma sensação de pertencimento independentemente de onde e com quem você estiver? Como seria bonito se sentir em casa em qualquer lugar, porque seu lar está dentro de você?

Vamos começar a construção pelos alicerces. Depois de estabelecê-los, você terá uma base sobre a qual poderá posicionar e conectar todos os cômodos. Ao entrar nas salas que ainda estão por vir, lembre-se dos alicerces que as apoiam — a autoaceitação e o autoconhecimento. Não a aceitação de outra pessoa nem aquilo que alguém acha que sabe sobre você.

E quando os momentos difíceis chegarem, e eles vão chegar, quero que você se lembre das palavras que escrevi em *The Nectar of Pain* [O néctar da dor, em tradução livre]:

> *As montanhas que você*
> *carrega*
> *deveriam ser apenas*
> *escaladas.*

As montanhas que você carrega
deveriam ser apenas escaladas.

Uso esse mantra sempre que me sinto impotente. Essas palavras abriram o caminho para a minha salvação, me lembrando de que nenhum obstáculo surge para me puxar para baixo, e que devo encará-los como oportunidades de aprendizado, superação e sublimação. O mantra me ajuda em momentos em que preciso de cuidado, desde entender as emoções mais simples, até me curar de traumas que carreguei por anos. Ele também me ajuda a passar por fases difíceis. Eu o repito antes de subir no palco, antes de dar entrevistas, antes de ter conversas complicadas, ou quando tenho um projeto importante que parece grande demais, e não sei por onde começar. Eu o repito para lembrar a mim mesma que sou eu quem está no poder. Utilize-o de acordo com as suas necessidades sempre que se sentir impotente. Ele se aplica perfeitamente ao contexto da construção de um lar.

A simples visualização de tirar um peso imenso de cima de você e passá-lo para debaixo de seus pés já é poderosa. Ao longo da estrada até o seu lar, da construção dos alicerces e dos cômodos à sua entrada em cada espaço, você descobrirá que carrega montanhas de dor, trauma e rejeição; de não se sentir bom o bastante, como se tivesse sentimentos demais, como se não fizesse o suficiente ou fizesse demais. Não importa o que seja, lembre-se disto: apesar de parecer que essas montanhas são esmaga-doras e que você é impotente em comparação a elas, o poder está em suas mãos. É você quem pode dizer: *Vou colocar esta montanha sob meus pés e subir.* E ao chegar ao topo, olhe para trás e diga: *Nossa! Veja só o quanto andei. Depois de escalar essa montanha, vou conseguir escalar qualquer ou-tra que surja em meu caminho.*

Você não precisa entrar nos cômodos seguindo uma ordem específica. Seu processo de cura é uma jornada pessoal. Você é o construtor da sua casa. Sua entrada nos cômodos deve se basear em suas necessidades. Ao entrar em algum deles, talvez você perceba que precisa dar atenção a outro primeiro. Enquanto eu escrevia este livro, organizei os cômodos de acordo com o meu processo de cura. Conforme você for construindo o seu lar, entre e saia dos espaços conforme a sua cura for evoluindo.

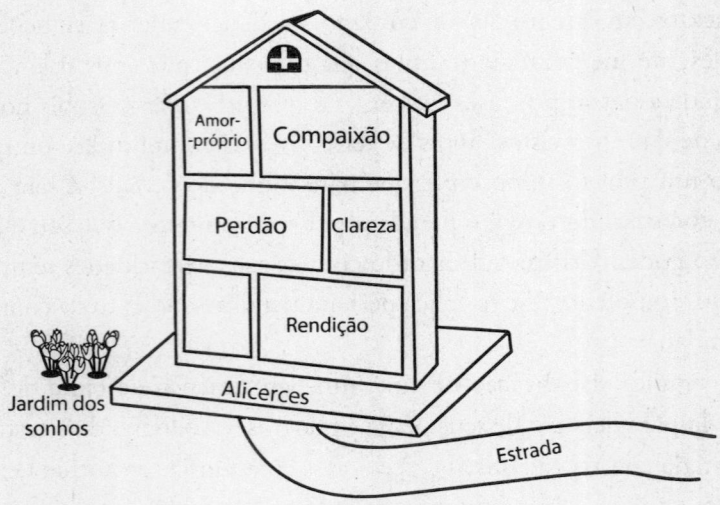

Para aprender a prática de amar a si mesmo de forma verdadeira, entre na Sala do amor-próprio (Capítulo 2).

Para aprender a abrir mão das coisas e perdoar, entre na Sala do perdão (Capítulo 3).

Para aprender sobre a compaixão consigo mesmo e com os outros e a construir limites, entre na Sala da compaixão (Capítulo 4).

Para enxergar sua versão autêntica com nitidez, através dos seus próprios olhos, entre na Sala da clareza (Capítulo 5).

Para aprender a parar de resistir aos seus sentimentos, sejam eles positivos ou negativos, entre na Sala da rendição (Capítulo 6).

Para aprender como descobrir sua paixão e viver seus sonhos, entre no Jardim dos sonhos (Capítulo 7).

Já que ouvir a si mesmo é essencial para a construção do seu próprio lar, essa arte estará presente em todos os cômodos. A arte de escutar a si mesmo (Capítulo 8) explicará o poder dessa habilidade para nutrir sua sensação de estar em casa. Em A adaptação à sua nova realidade (Capítulo 9), você consolidará todo o conhecimento que absorveu sobre sua jornada de cura única e a construção do seu lar. Você aprenderá a ser sua nova versão autêntica no mundo ao seu redor, especialmente com as pessoas que já o conhecem.

Por fim, para criar seus próprios cômodos adicionais e ver um exemplo de como eu fiz isso, leia o anexo, "Quais cômodo(s) você acrescentaria?".

Chegou a hora.

É o momento de construir seu próprio lar interior. Quanto mais cedo você fizer isso, mais cedo poderá dizer a si mesmo: *Bem-vindo ao lar*.

Vem comigo?

Vamos começar.

A construção dos alicerces

~

Os alicerces do seu lar são a parte mais importante. Se eles não existirem, mesmo que você tenha todos os elementos necessários, não conseguirá controlá-los. Sem os alicerces, você vai se sentir desorganizado e caótico. Vai buscar estabilidade em outras pessoas, correndo o risco de medir seu valor com base em aprovações externas.

Muitos de nós têm pressa em aprender sobre todos os elementos que trazem a sensação de estarmos em casa, sem compreender como é importante integrá-los — sem compreender a importância de uma base para uni-los.

Os alicerces são construídos a partir de dois pontos: *autoaceitação* (você deve se sentir merecedor dos alicerces) e *autoconhecimento* (saber quem você é). Sem eles, os cômodos não poderão ser acessados. Os alicerces são fundamentais para que todos os aposentos tenham espaço suficiente e se mantenham firmes durante as tempestades que ameaçam derrubar tudo. Quando os cômodos são construídos sobre alicerces fortes, você terá controle sobre as emoções que sente nesses espaços. Lembre-se: só você tem a chave da porta de cada sala e pode entrar e sair delas conforme for necessário.

Você está preparado?

Então, mãos à obra.

~

Agora que construiu a estrada que leva à construção da sua casa, você está diante da glória do seu poder de construir um lar dentro de si mesmo.

Por que os alicerces são fundamentais?

Quando eu era jovem, havia fotos de duas famílias no meu livro de estudos sociais. Era nítido que uma delas tinha uma vida financeiramente rica. Todas as pessoas seguravam algum bem material, mas a tristeza era visível no rosto de cada um. A imagem ao lado mostrava a outra família dormindo junto na mesma cama, em uma casa que parecia pequena e antiga, com sorrisos estampados nos respectivos rostos.

A legenda dizia: "Dinheiro não compra felicidade — mas um lar, sim."

Aquelas fotos me marcaram. A sensação de lar que emanava da segunda imagem foi algo que desejei por toda a minha vida.

Então fica a pergunta: o que faz com que um lar seja um *lar*?

É o tamanho? O número de cômodos? A quantidade de andares? A localização? O preço?

A resposta óbvia para todas essas perguntas é "não".

Se uma casa for fisicamente composta de um conjunto de cômodos, o que a transforma em um lar? Eu argumentaria que é a *união* desses aposentos ou elementos — sua junção em um único lugar. A construção de salas sem alicerces nos dá a certeza de que a estrutura vai desabar.

Tudo bem, ok. Eu sei que você deve estar pensando: *Eu sei disso. Você não está me contando nenhuma novidade.*

Não estou explicando que os alicerces da casa são importantes porque acho que essa é uma informação desconhecida. Quero apenas que você avalie se está integrado a si mesmo.

O seu lar tem alicerces? Lembre-se da práxis. Você aplica aquilo que sabe sobre si mesmo e sobre o seu valor próprio em sua rotina diária?

Imagine que um amigo veio lhe dizer que está passando por um momento difícil no casamento, pois a outra parte parece desinteressada. Imagine que seu amigo chora e fala que se sente desvalorizado, ao mesmo tempo em que se sente preso, porque ama tanto essa pessoa. Que conselho você daria? Tenho certeza de que você oferece ótimos conselhos quando se trata de lembrar aos outros sobre o valor que eles têm. Talvez você aconselhasse seu amigo a deixar essa pessoa, ou no mínimo a conversar com ela. Talvez você explicasse que ele merece algo melhor, que não precisa aceitar o sofrimento infligido por alguém.

Também tenho certeza de que você sabe falar muito bem sobre aquilo que merece e o que jamais aceitaria. Sabe que, se fosse magoado por aquela pessoa, a confrontaria na mesma hora. E tenho ainda mais certeza de que é mestre em dizer: "Mas a minha situação é diferente." Você é especialista em olhar para si mesmo como uma exceção para as regras que aplica a todas as outras pessoas.

Sua vida seria muito mais fácil se você seguisse os próprios conselhos, não é?

Então, por que essa desconexão existe?

A desconexão é causada pela falta dos alicerces. A minha história do *Por que eu não posso ter isso?* me impedia de ver o lar que eu precisava construir dentro de mim mesma. *Isso*, na minha visão, existia nos outros, me fazendo buscá-lo externamente. Todos os elementos do lar que eu precisava construir em mim podiam até ser óbvios, mas não contavam com o apoio de alicerces, porque eu não tinha feito o trabalho que me levaria ao terreno onde minha casa seria erguida. Eu não tinha quebrado as barreiras pelo caminho. Sem os alicerces para o meu lar interior, tentei posicionar os elementos que eu tinha — o conhecimento sobre mim mesma e sobre o meu valor — dentro de outra pessoa. Em qualquer outra pessoa. Então, quando elas me rejeitavam, eu pensava: *Como você não enxergou o meu valor?!* Na verdade, essa pergunta deveria ser feita diante do espelho. Porque, se eu mesma enxergasse o meu valor, não precisaria que ninguém mais o enxergasse.

Veja bem, de qualquer ângulo, uma casa sem alicerces simplesmente não pode ser chamada de casa — muito menos de lar. São apenas espaços separados. O seu valor não pode ser presumido apenas porque você sabe que ele existe. Ele deve ser suportado por alicerces, com dois objetivos:

1. Fazer com que seu valor fique dentro de você, não de outra pessoa.

2. Fazer você acreditar que deve colocar em prática seu conhecimento sobre o próprio valor.

Você pode ter plena noção do próprio valor,
mas, se não construir os alicerces certos,
ele não passará de um elemento, ou de um cômodo,
à deriva pelo mundo.
Ele não será seu. E você não terá qualquer controle sobre ele.
Porque você não criou uma base sobre a qual assentá-lo.
Você não criou um lugar para mantê-lo sob seu controle.

Você pode colocar esse cômodo no lar de outra pessoa e construir seu lar dentro de alguém, sem dúvida. Mas existe o risco de ele desabar completamente — de você perder seu senso de valor próprio — quando essa pessoa for embora.

Pois é. Tudo faz sentido agora, não faz?

Então como construir alicerces fortes?

Agora, quero que você pense nos alicerces de uma casa de verdade. O que faz com que eles sejam bons e firmes?

No ano seguinte à minha chegada ao Canadá, meus pais decidiram construir uma casa para a família. Lembro de ir até o bairro novo e pensar que a região parecia morta, com tantos espaços vazios. Quando chegamos ao nosso terreno, havia um buraco imenso no chão. Olhei para aquilo e não consegui imaginar nossa futura casa como um lar. Eu só tinha 17 anos e ainda estava chateada com a mudança da casa em que nós vivíamos desde que cheguei. Minha vida havia sido virada de cabeça para baixo depois que saí do Líbano, e, agora, eles queriam que nos mudássemos de novo?

Apesar de querer meu quarto, meu espaço, eu ainda não conseguia me imaginar naquela casa nova. Porque meu quarto antigo, por menor que fosse, mesmo não sendo completamente meu, fazia parte de algo maior. Fazia parte de algo que parecia *conectado*. Eu me sentia segura.

Ao longo dos meses seguintes, sempre que visitávamos o terreno, algo novo tinha sido construído — uma estrutura, o esqueleto de uma casa, portas, janelas, móveis, e assim por diante. Conforme a casa foi tomando forma e começou a parecer mais coesa, comecei a me enxergar dentro dela.

Apesar de meses terem se passado antes de os elementos da casa começar a tomar forma, valeu a pena esperar pela construção dos alicerces, para garantir que ela ficasse firme — que seria um lugar seguro para morar. O mesmo se aplica ao lar que você constrói dentro de si mesmo.

Se os alicerces de uma casa servissem apenas para mantê-la acima do chão, construí-los seria simples e fácil. Mas todos sabemos que o propósito dos alicerces é garantir que a casa fique de pé para sempre. Eles a protegem da umidade, a isolam de temperaturas extremas e garantem que ela fique intacta em casos de movimentação do solo. Em outras palavras, asseguram que a casa e todos os seus elementos permaneçam *integrados*.

Então o que faz com que *você* permaneça integrado?

Se os alicerces têm por objetivo ser duradouros, protetores e resistentes, então os alicerces do lar que você construir dentro de si devem ser feitos de duas coisas: *autoaceitação* e *autoconhecimento*.

Por que esses são os elementos dos alicerces do seu lar? Porque eles giram em torno de você.

Então, assim como você usaria concreto para criar os alicerces de uma casa, vamos usar autoaceitação e autoconhecimento para montar os alicerces do seu lar pessoal. Sem esses dois elementos essenciais, talvez você consiga construir os cômodos da casa, mas é quase certo que os coloque no lar de outra pessoa, porque não acredita que mereça tê-los dentro de si. E quando esses elementos fundamentais para a sua integridade estiverem dentro de outra pessoa, a sua capacidade de acessá-los dependerá da opinião da outra pessoa sobre o seu valor.

Autoaceitação

No fundo, autoaceitação significa saber quem você é, com seus pontos fracos e fortes, e todos os elementos que formam a sua individualidade. Cabe a você encará-los como defeitos ou superpoderes.

Para aceitar a si mesmo, primeiro você precisa se conhecer — e não temos muito tempo para isso na cultura acelerada do mundo atual. Em um piscar de olhos, uma tecnologia nova surge, um novo aplicativo é lançado, uma nova moda aparece. E se torna devastador tentar acompanhar tudo. Se você não se atualizar, pode se sentir excluído ou isolado. Então é mais fácil se concentrar na próxima novidade em vez de realmente parar para entender quem você é e o que deseja. Se estiver concordando com isso, então garanto que perdeu a habilidade de se perguntar: *Isso é algo que pode me ajudar? Ou é só mais uma coisa que consome meu tempo?*

Nós investimos dinheiro e tempo em objetos que nos dão gratificação instantânea. Algumas das mentiras que contamos a nós mesmos são:

- Se eu comprar esse vestido, vou me sentir melhor.
- Se eu comprar esse carro, vou me sentir melhor.
- Se eu baixar esse aplicativo, vou me sentir melhor.
- Se eu ganhar determinada quantia de dinheiro, vou me sentir melhor.
- Se eu (insira sua teoria ridícula), vou me sentir melhor.

Por si só, esse *se* indica sua negação do momento presente, o que significa que você não se encontra no estado de autoaceitação. Para nos aceitar, não podemos ter qualquer *se*. A forma como você se sente sobre si mesmo e o seu valor não podem depender da possibilidade ou da probabilidade de algo acontecer. Você pode ter sonhos e desejos, mas esse *Vou me sentir melhor* não deveria ser condicionado a eles. Precisamos nos sentir bem do jeito como somos. Todos sabem que coisas materiais não trazem felicidade. Mas existe uma diferença entre aquilo que sabemos e aquilo que fazemos com o que sabemos.

A cultura atual quer vender a ideia de que aceitar a si mesmo é não se importar com a opinião dos outros. E quero deixar explícito — parte da autoaceitação *é* não se importar com a opinião do restante do mundo. Mas você entende que existe um problema nessa definição? Ela coloca o foco nos outros — não em você. Como isso poderia ser autoaceitação? Aquilo que nossa cultura chama de autoaceitação deveria ser chamado de indiferença à opinião alheia.

Autoaceitação significa aceitar a *si mesmo*. Não se importar com o que o mundo pensa de você é uma consequência da autoaceitação, não ao contrário. Enquanto as suas decisões forem derivadas da sua necessidade, ou do seu desejo, de se destacar, é impossível alcançar a autoaceitação. Em vez disso, decisões devem ser impulsionadas pela sua necessidade e pelo seu desejo de ser você mesmo. De permitir que o seu eu interior brilhe. A sua luz precisa iluminar primeiro a sua vida, e depois o mundo.

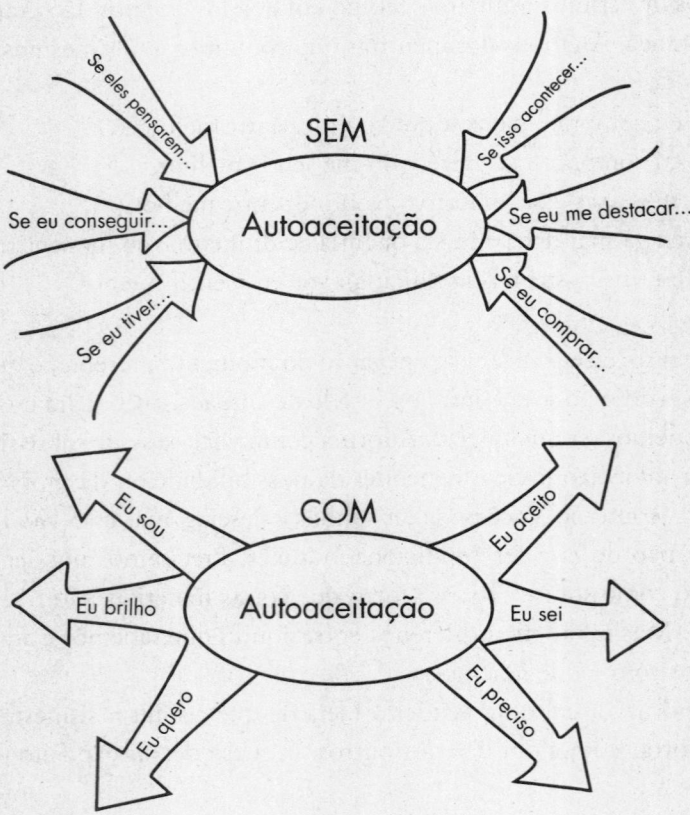

Então, vou perguntar: sua vida gira em torno de reagir ao mundo ao redor? Ou você vive de acordo com crenças em que acredita de verdade?

Sei que a maioria dos leitores está pensando que não sabe quais são suas crenças. Talvez sua vida tenha estagnado e você simplesmente siga o fluxo daquilo que a sociedade impõe. Você vai ao trabalho (caso trabalhe), volta para casa, assiste a um pouco de televisão, dá uma olhada em suas redes sociais, talvez saia para dar uma volta e passar um tempo com amigos, volta para casa, dorme, repete. Parece uma vida um tanto robótica, na qual você entrou em uma rotina, sem tomar decisões de forma ativa.

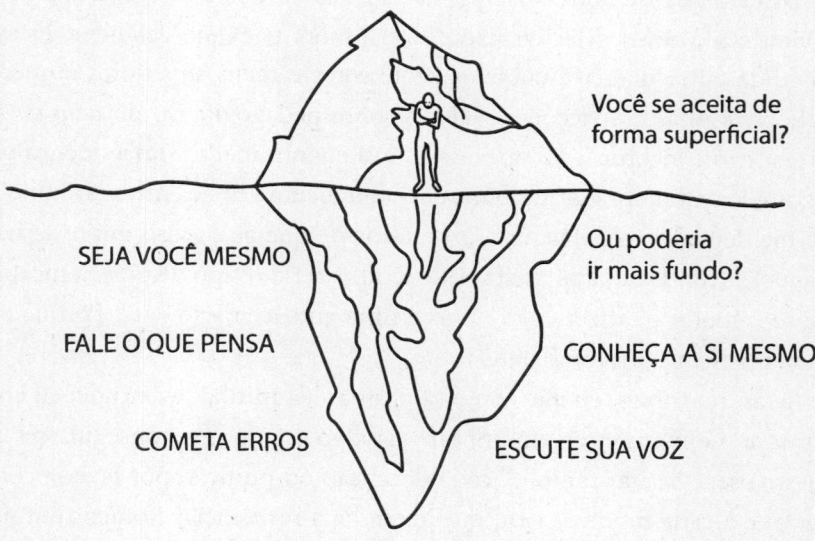

Você se aceita de forma superficial?

Ou poderia ir mais fundo?

SEJA VOCÊ MESMO

FALE O QUE PENSA

COMETA ERROS

CONHEÇA A SI MESMO

ESCUTE SUA VOZ

Quando você não dedica algum tempo para entender a si mesmo, começa a aceitar alguém que pode não ser a sua versão autêntica. Essa é uma autoaceitação *rasa*. Você pode estar aceitando uma versão de si mesmo que é apenas um produto do seu ambiente. Essa versão rasa envolve seu ego e aquilo que ele lhe diz sobre você mesmo. A autoaceitação *profunda*, por outro lado, exige que você aceite quem é de verdade, sem condicionamentos.

Isso é bem profundo, não acha?

Talvez você acredite que se aceita, mas só aceitou a imagem de si mesmo imposta pelas pessoas ao seu redor, ou pela pessoa que você foi em um momento específico do passado. Vou dar um exemplo: quando eu me formei em pedagogia, ainda era muito quieta e tinha receio de subir o tom da minha voz. Comecei a dar aulas em uma escola particular, e os outros professores e meus superiores sempre diziam que eu precisava ser mais enérgica com os alunos e para não mostrar o meu lado bondoso, porque eles tirariam vantagem de mim. É óbvio que tive dificuldade em seguir esse conselho. Eu não queria escutá-lo. Queria responder que acreditava que demonstrar empatia com os alunos era essencial para o aprendizado deles. Mas eu não estava pronta para me defender. Ficava dividida entre querer escutar os professores e meus superiores e querer aplicar minhas convicções e valores sobre pedagogia. Só de pensar em dizer "não concordo", me apavorava. Fui contaminada com a doença perigosa de tentar agradar todo mundo. Então, em vez de enfrentar o medo de me defender, convenci a mim mesma de que as coisas sempre seriam daquele jeito. Eu queria aceitar que sempre seria o tipo de pessoa incapaz de se impor e de dizer "não". Isso é uma autoaceitação *rasa*. Porque era uma reação ao meu ambiente.

Mas, no fundo, eu não sou essa pessoa. Na minha juventude, eu costumava me manifestar sempre que via algo errado. Eu conseguia ser eu mesma sem hesitar tanto. A cada decepção ou punição por fazer a coisa certa, e a cada momento em que aprendia a reverenciar homens em posições de poder, fui compreendendo que não deveria expor minhas opiniões. Era por isso que eu me comportava de um jeito muito reservado quando comecei a lecionar.

Eu poderia ter optado por continuar sendo aquela pessoa que não compartilhava as próprias opiniões por medo de ser punida. Por sorte, o desejo de ajudar os meus alunos foi maior do que a minha necessidade de me proteger de castigos (ou, nesse caso, de interações passivo-agressivas). Foi através da escrita que conheci minha verdadeira eu. Passei muitos anos sem escrever e, durante esse tempo, não me permiti analisar minhas emoções. Quando voltei, comecei a curar aquela pessoa que tinha medo de se defender e deixei de aceitar minha versão silenciosa. Por meio da escrita, descobri que aquela pessoa reservada não passava de um produto das minhas circunstâncias e da minha visão de figuras de autoridade. Voltei a aceitar a garota que sabia que tinha uma voz e que sua opinião era importante. Essa era a versão de mim mesma que eu precisava aceitar. A minha versão completa. E isso é a autoaceitação profunda.

Então, talvez você esteja se perguntando agora: *Como identificar a minha versão autêntica?* A ferramenta a seguir vai ajudar.

Os instrumentos neste cômodo são chamados de âncoras porque seu objetivo é fixar os alicerces da sua casa em um único lugar.

A Sala da clareza (Capítulo 5) ajudará muito a aprofundar essa questão, mas, para construir os alicerces que apoiarão a Sala da clareza, você precisa fazer o seguinte:

Âncora nº 1: Torne-se ciente da sua versão autêntica

PRIMEIRO PASSO: Sente-se sozinho, em silêncio.

SEGUNDO PASSO: Escute a sua voz interior. É provável que ela não seja a sua voz, mas seu ego, o senso de si mesmo que começou a ser formado nas suas primeiras experiências de vida. Também é provável que ela seja a voz de outras pessoas e daquilo que dizem sobre você. Depois que você estiver ciente disso, imagine que está afastando essas vozes, porque elas não lhe definem. Você se define.

TERCEIRO PASSO: Diga a si mesmo: *Minha versão autêntica não é essa voz. Minha versão autêntica escuta essa voz. Minha versão autêntica transcende o tempo e o espaço. Minha versão autêntica não depende dos rótulos nem das definições aos quais me apego. Ela não depende do meu ambiente, de pessoas nem de coisas.*

QUARTO PASSO: Afirme: *Minha versão autêntica é merecedora da minha aceitação*. No processo de trazer sua versão autêntica à tona, você automaticamente incorpora autoconhecimento, que é um pré-requisito da autoaceitação.

~

Antes de se aceitar, é preciso se conhecer.
Para se conhecer, é preciso ter consciência de quem você é.

~

Eu já havia escutado essas palavras um milhão de vezes. Eu as ouvia e pensava: *Sim, é isso mesmo que preciso fazer*. E entrava nessa onda de *Eu entendi tudo!* Mas a onda ia embora após alguns dias, muitas vezes durava apenas poucas horas. O problema era que eu estava tão determinada a compreender a mim mesma no estado presente que esquecia que aquela versão de mim era produto de um passado que me moldou. Era produto de identidades que me transformaram na pessoa que sou e das expectativas do mundo ao meu redor, de definições específicas do que era certo ou errado. Sem refletir sobre todos esses elementos, eu continuava sendo regida por eles.

Quando chegamos ao mundo, nascemos em um ambiente que molda nossas crenças e a nossa concepção de quem devemos nos tornar. A maioria das pessoas passa a vida inteira se esforçando para alcançar a maneira correta de viver segundo esse ambiente, sem nunca questionar o porquê. O processo de compreender esses motivos é o que nos desafia a analisar nossas crenças e descartar as inúteis, as que não fazem sentido para nós, ou aquelas em que não acreditamos.

É um erro não refletir profundamente sobre a fonte de uma crença, sobre nosso passado e nossa jornada, sobre o que nos trouxe a este instante. Assim como você cavaria o solo para construir os alicerces do seu lar, é necessário fazer o mesmo com a sua alma, com o seu passado, indo fundo o suficiente para alcançar a sua versão autêntica, para conseguir aceitá-la.

Então, o primeiro elemento básico dos alicerces que abre o caminho para a autoaceitação é o autoconhecimento.

Autoconhecimento

Pense na última vez em que você passou tempo com um grupo de pessoas pelas quais queria ser aceito. Nesse contexto, talvez você tenha sentido que estava em um estado de autoaceitação, porque se sentia enturmado com *algo*. Você se encaixava em *algum lugar*. Mas isso é igual a dizer *eu me aceito* sem se conhecer de verdade.

É neste ponto que, novamente, o conceito de construir um lar interior se mostra o objetivo final. A capacidade de aceitar a si mesmo em qualquer contexto, independentemente de onde ou de com quem você está, é o verdadeiro significado da autoaceitação profunda e autêntica. Porque o foco deixa de ser os elementos ao seu redor e se torna aquilo que está dentro de você.

Então, antes de dizer *eu me aceito*, certifique-se de que está completamente ciente da versão que está aceitando.

Aqui vão algumas das *versões* que talvez você aceite atualmente:

1. A versão que segue as expectativas dos seus pais.

2. A versão que é amada pelo seu cônjuge ou companheiro.

3. A versão que você acredita ser a correta.

4. A versão da pessoa a quem você se compara.

5. A versão da pessoa que você deseja se tornar.

6. *(Insira a versão que você está tentando ser.)*

Quando eu ansiava para que as minhas versões fossem aceitas por outras pessoas, não estava em contato com o meu eu autêntico. Durante a minha juventude, cultura e religião tiveram papéis essenciais na maneira como eu enxergava o mundo. A cultura, em específico, definiu o que era certo e errado em termos de ser uma mulher — os comportamentos considerados vergonhosos e os que eram apropriados. Naturalmente, acreditava que qualquer comportamento inadequado acabaria com a minha reputação e, por associação, com a da minha família. Então, eu carregava sobre as minhas costas o fardo da reputação dos meus parentes e da minha. Na minha cabeça, contanto que eu não envergonhasse a mim mesma nem à minha família, estaria no caminho certo. Eu acreditava que precisava ser essa versão. E isso é uma autoaceitação superficial, na melhor das hipóteses. Convencer a si mesmo de que a versão que as pessoas acreditam ser "aceitável", ou "boa", ou "suficiente" é a que você deveria adotar é uma autoaceitação superficial.

Conforme fui crescendo, depois de me mudar para o Canadá e abandonar a vida que levava em um vilarejo relativamente isolado aos 16 anos, a jornada para encontrar a minha eu autêntica começou. O que significava aceitável, bom e suficiente para *mim*? Eu me via usando máscaras diferentes, que espelhavam o contexto em que me encontrava. Por exemplo, na universidade, eu não podia sair com minhas amigas se elas fossem para o centro da cidade, mesmo se o estabelecimento não servisse álcool. Eu entendia que meus pais acreditavam que estavam me protegendo, mas me sentia isolada e sozinha. Eu queria sair com minhas amigas, mas não podia. Nunca fui de fazer nada escondido dos meus pais, então eu obedecia, mesmo com a sensação de ser excluída das oportunidades de formar conexões fora do ambiente universitário. Eu entendia muito bem que frequentar aquele tipo de lugar não trazia uma boa imagem para mim nem para a minha família; portanto, eu não ia. Durante essa época, sair ou ter qualquer tipo de relacionamento com homens não era nem cogitado. Eu não me permitia pensar nessas coisas, porque era simplesmente errado. Vamos pular para alguns anos no futuro, depois que comecei a lecionar, quando já tinha muito mais autonomia e contato com o mundo exterior. Foi só então que comecei, aos poucos, a desafiar os pensamentos que estavam entranhados em mim.

Certa vez, na minha época de professora substituta, um professor com quem eu trabalhava me pediu para ficar um pouco depois do horário da aula porque queria me fazer uma pergunta. Achei que ele ia me pedir para cobrir suas turmas no dia seguinte. Para a minha surpresa, ele me convidou para beber alguma coisa. Essa foi a primeira vez que um homem me convidou para sair. Eu tinha 22 anos.

Minha resposta imediata foi:

— Não posso.

— Por quê? — perguntou ele.

— Porque eu não bebo.

— Tudo bem. Que tal a gente tomar um café?

Eu repeti que não podia.

— Não saio em encontros.

— Por quê?

— Porque não é assim que as coisas funcionam na minha cultura. Não daria certo de toda forma, porque você não é muçulmano.

Penso na resposta dele até hoje. Ele disse:

— Como um homem norte-americano vai aprender sobre a sua religião se você não está disposta nem a conversar com ele?

Eu disse que ele poderia ir até uma mesquita para aprender por conta própria.

Ele não pareceu convencido. Provavelmente porque nem eu mesma acreditava de verdade nas minhas palavras, e dizia aquilo porque não sabia como argumentar. Lembro que fiquei muito surpresa por ele ter me convidado para sair enquanto eu usava um hijab. Eu achava que isso afastaria os homens, especialmente os que não eram muçulmanos.

Não fui eu quem respondeu a ele. Foi aquilo que eu aprendi. No meu íntimo, eu acreditava naquilo? Não sei. Eu não me questionava sobre isso.

Quando você não entende *por que* acredita em algo, não se sente bem. Há algo que não está certo. Você é passivo na própria vida. Falta autoconfiança. Você também pode manifestar isso entrando na defensiva, sendo agressivo ou simplesmente se isolando. Seus alicerces são instáveis, então você corre o risco de deixar sua autopercepção se desmantelar. E começa a projetar uma imagem de si mesmo moldada pelo mundo ao redor, em vez de trazer sua versão autêntica à tona.

~

Quando você é um reflexo do mundo ao seu redor,
entra em conflito consigo mesmo.

Em vez disso, seja sua versão autêntica e,
como consequência, o mundo ao redor mudará.

~

Âncora nº 2: Reflita sobre a sua integridade

1. Você se sente disperso? Perdido? Desorganizado?

2. Se a resposta for sim, por que acha que isso acontece?

3. Você aceita sua versão superficial para evitar revelar o seu eu mais profundo e autêntico?

4. Você está consciente da sua versão autêntica?

5. Você está projetando sua versão autêntica (refletindo a autoaceitação profunda) no mundo? Ou projeta alguma das suas outras versões?

   a. Se for a última opção, quais delas?

   b. Elas estão em conflito? (Você usa máscaras diferentes para esconder sua versão autêntica?)

   c. Como isso se manifesta em sua vida (medo, desejo de agradar a todos, nervosismo, entre outros)?

6. Você se conhece bem o suficiente para saber qual versão está aceitando?

Neste mundo regulado pelas redes sociais, é difícil definir a si mesmo sem usar rótulos. Nos últimos dois ou três anos, eu me defino como uma escritora, poeta, curadora e professora. E antes disso, quando as pessoas me perguntavam quem eu era, eu dizia rapidamente meu nome e logo passava para o meu currículo. Meus mestrados. O doutorado que estava cursando. Eu até pronunciava meu nome da mesma maneira como a minha primeira professora no Canadá, apesar de ela usar a pronúncia errada: "Ná-jua." O correto é *ne-jua*. E o *j* é muito leve. Mesmo assim, eu dizia: *Meu nome é NÁJUA. Sou professora na escola X. Fiz um mestrado em estudos curricula-res em pedagogia. Estudei multiletramento e multilinguismo. Isso me levou a estudar os fatores que afetam a motivação para o aprendizado de idiomas estrangeiros. Comecei a trabalhar com refugiados enquanto cursava um douto-rado para entender a relevância de currículos e políticas para recém-chegados.* Muita coisa, né? Mas era assim que eu me definia.

Com rótulos.

Quem eu era sem esses rótulos? Ninguém, na minha opinião.

Enquanto você viver assim, não encontrará um lar dentro de si mesmo. A analogia a seguir vai ajudá-lo a entender como a história primeva, os alicerces sobre os quais você construiu sua casa, mudam os resultados da sua vida.

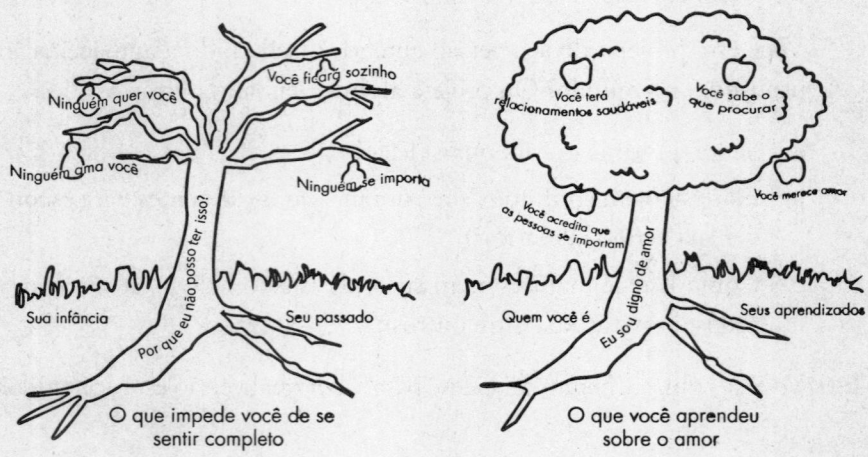

Alicerces sólidos de autoaceitação e autoconhecimento permitem que você enxergue a si mesmo e se aceite sem se prender a rótulos nem usá-los para se definir.

Âncora nº 3: Pergunte a si mesmo: sem os rótulos, quem sou eu?

PRIMEIRO PASSO: Escreva todas as formas que você usa para se apresentar às pessoas ao seu redor. No trabalho. Em ambientes sociais. Na escola. Em outros contextos.

SEGUNDO PASSO: Analise esses rótulos um por um e pergunte-se: *Quem sou eu sem esse rótulo? Como eu me sentiria sobre mim mesmo se não pudesse usá-lo para me descrever?* É importante que você os analise separadamente. Essa estratégia é muito mais poderosa do que renunciar a todos ao mesmo tempo.

TERCEIRO PASSO: *Agora que você já refletiu sobre todos os rótulos, quem é você? Não precisa responder com palavras. Responda em seu coração. Sinta dentro de você. Você consegue sentir sua versão interior? Aquela que é desprendida de todos os rótulos?*

Esses passos ajudarão você a conhecer e aceitar a essência do seu eu autêntico. Acredito que apenas lê-los não seja o método ideal. É fundamental que você use um caderno, reflita sobre as perguntas, fale sobre elas ou faça o que for necessário para encontrar as respostas.

A fórmula a seguir resume os elementos de alicerces firmes:

Autoconhecimento ↔ Autoaceitação ↔ Alicerces sólidos

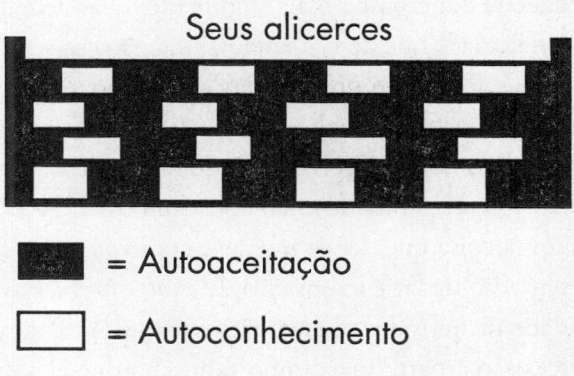

Seus alicerces

■ = Autoaceitação

☐ = Autoconhecimento

~

A única residência permanente que você tem cem por cento de garantia de manter é seu lar interior.

~

Não tenha pressa. Dedique tempo à autoaceitação e ao autoconhecimento. Lembre-se de que o seu lar é o melhor investimento que você pode fazer. E pode ser que demore um pouco até os alicerces ficarem prontos e você conseguir ter uma imagem geral do seu lar, mas vale a pena.

Com todo o conhecimento que tenho sobre amor-próprio, compaixão e bondade comigo mesma, quando se tratava de aplicá-lo, eu ainda era a garotinha de 8 anos que mencionei... aquela que perguntava *Por que eu não posso ter aquilo?* e ansiava pelo amor de uma fonte externa... aquela que aceitava as migalhas que as pessoas ofereciam, porque acreditava de verdade que não merecia mais. Eu ainda era essa menina porque não tinha consciência de mim mesma e me aceitava em um nível superficial. Sem curar aquela garotinha e compreender por que ela aprendeu a acreditar que só conseguiria receber migalhas de amor, seria impossível entender por que eu corria atrás das migalhas que as pessoas me ofereciam.

Você está nessa situação? Se acredita que amor-próprio e egoísmo são coisas equivalentes e se sente culpado por dedicar tempo para se amar, então ainda não construiu os alicerces do seu lar. Se raramente sente felicidade verdadeira e mergulha mais facilmente na ansiedade ou na raiva em vez de na felicidade que deseja, então ainda não construiu os alicerces do seu lar. E se é dominado por dúvidas e questiona sua autoconfiança, então ainda não construiu os alicerces do seu lar. Mais importante, se você convive melhor com seu sofrimento do que com sua disposição para se curar, então com certeza ainda não construiu os alicerces do seu lar.

Se existe uma coisa que desejo que leve com você destas páginas, é o seguinte: a sensação de lar é a sensação de *estou integrado comigo mesmo.* Essa integridade inclui todos os elementos do seu ser. Para você alcançá-la, os alicerces são a parte mais importante, porque eles exigem autoaceitação e autoconhecimento. Se os alicerces não estiverem lá, você pode ter todos os elementos necessários para o seu lar, porém não terá controle sobre eles. Sem os alicerces, os elementos se apoiam em bases externas: uma pessoa, um emprego, um diploma, um título, uma fase da vida, e assim por diante. Seu lar é um lugar seguro e estável. Quando você se sente desabrigado, o caos e a confusão reinam. Você busca pela estabilidade nos outros, se arriscando ao se definir e viver a sua vida de acordo com alicerces externos.

Mas isso acabou. Agora você tem alicerces para a sua versão interior autêntica. Sua estabilidade está dentro de você. Chegou a hora de colocar os elementos sobre a base.

Você está preparado?

Dois

Amor-próprio

~

O objetivo deste cômodo é fazer com que o amor-próprio deixe de ser um jargão clichê e se transforme em uma prática cuidadosa, ajustada às suas necessidades e fundamentada na sua descoberta interior. Assim como você poderia seguir um plano alimentar feito especialmente para as suas carências nutricionais, sua prática de amor-próprio também se alicerça em suas necessidades.

Desafio você a se imaginar todos os dias entrando nesse cômodo, para não se sentir tentado a voltar para o rotineiro ódio a si mesmo e outros costumes destrutivos. A maior forma de amor-próprio é se tornar o presidente da empresa *você*.

Preparado para ocupar esse lugar?

Vamos lá.

Amor-próprio. Talvez você pense que sabe o que é. Mas, agora que construiu alicerces firmes de autoaceitação e autoconhecimento, talvez você queira entrar neste cômodo, renovar a pintura, remover os móveis velhos e empoeirados e substituí-los por amor-próprio de verdade.

Primeiro, remova tudo o que você chama de amor-próprio, e vamos começar do zero. Um dia se paparicando no spa? Uma maratona de compras? Uma noite de farra?

Tenho certeza de que essas são algumas das primeiras opções que surgem na sua cabeça quando pensa em amor-próprio. E se forem delas que você precisa, então essa é a sua definição de amor-próprio. Mas duvido que um dia no spa cure traumas de infância e tudo o que eles causaram em sua vida adulta.

Você precisa entrar na Sala do amor-próprio todos os dias. Isso significa que essa é uma parte essencial da sua rotina, não um luxo ao qual você se permite de vez em quando. Dedique-se de verdade a saciar suas necessidades. E depois que esse tempo na Sala do amor-próprio o ajudar a entender o que realmente precisa, talvez seja bom visitar outro cômodo no seu lar.

O amor-próprio é uma prática, e como digo para meus alunos, a prática leva à perfeição. Se você aprendeu a odiar a si mesmo, esse hábito precisa ser interrompido. É impossível se odiar e se amar ao mesmo tempo. As duas coisas podem acontecer no mesmo dia, mas não no mesmo instante. E quando você transformar o amor-próprio em uma prática diária e sentir sua doçura, vai desejar passar mais tempo neste cômodo. Ele transformará a sua vida.

Antes de você conseguir se amar de verdade, precisa acreditar que merece amor. A construção da estrada para o seu lar e dos alicerces trouxe conhecimentos necessários e uma conscientização do seu valor como um todo, mas o exercício do amor-próprio exige um processo que engloba redescobrir e desaprender tudo que ocorreu antes na sua vida.

Quando você acreditar que merece amor, começará a enxergá-lo ao seu redor. E também começará a se definir de acordo com o amor que existe dentro de si, não do que recebe de fontes externas. Você passará a construir limites ao redor do amor que tem no seu interior para protegê-lo como uma propriedade valiosa para si mesmo e para as pessoas que recebe no seu lar. Amor-próprio significa não implorar para entrar no lar de mais ninguém, nem validar seu amor ao colocá-lo em algum lugar.

Vamos começar com uma reflexão simples. Pense na pessoa que você mais ama hoje.

O que você faria por essa pessoa se ela aparecesse na sua casa no fim do dia com uma baita dor de cabeça?

Vou adivinhar. Você faria tudo o que pudesse para ouvi-la, compreendê-la e ajudá-la.

Como você agiria se ela estivesse se sentindo sobrecarregada com uma tarefa que precisa concluir?

Você ajudaria o tanto quanto pudesse, não é?

O que faria se ela estivesse se sentindo insegura ou desanimada?

Você a incentivaria e a faria se sentir segura, não é?

Então aqui vai outra pergunta: você faz isso por si mesmo quando se sente vulnerável e inseguro?

Você se dá tempo nos momentos em que precisa? Você se dá espaço quando necessário? Dá amor a si mesmo?

Ao longo dos anos, encontrei pessoas com milhares de histórias diferentes e fui percebendo que a maioria delas não sabia por onde começar para alcançar o amor-próprio, pois nunca se amaram. E infelizmente só conseguimos compreender o quanto nos privamos quando nos deparamos com o exemplo do nosso amor por outra pessoa.

Concluo afirmando: *Amor-próprio é amar a si mesmo exatamente como você amaria a pessoa que mais ama. E esse sentimento realmente traz a sensação real de amor e faz você sentir como se suprisse suas necessidades.*

Pilar nº 1: Amor-próprio requer autodescoberta.

Para conseguir desassociar o valor do meu amor ao fato de ele ser aceito ou retribuído pelos outros, precisei me olhar no espelho por um bom tempo e me perguntar por que sofri tanto por Noah. A resposta estava diante do meu nariz.

Quando minha terapeuta perguntou sobre a conexão que eu sentia com ele, respondi: *No dia em que nos conhecemos, eu vi sua tristeza. E senti uma necessidade de tentar ajudá-lo. Sempre que ele se abria e se mostrava vulnerável, eu sentia nossa conexão se fortalecer. Eu conhecia aquela tristeza. Era confortável conviver com ela. Porque eu a entendia muito bem.*

Eu não sentia atração por Noah. Era o seu sofrimento que me atraía. Eu queria salvá-lo. Sentia necessidade de ajudá-lo a se curar. Uma das primeiras coisas que ele me contou quando nos conhecemos foi que seu último relacionamento longo fez com que ele entendesse que sentia pouquíssimo amor por si mesmo e precisava melhorar isso. Obviamente, por ser quem eu era, tomei para mim a responsabilidade de resgatá-lo, mesmo sem ele me pedir ajuda.

Porém, aquela não era a primeira vez que eu me sentia profundamente impelida a ajudar ou salvar alguém. Certa vez, no carro a caminho do escritório do meu contador, vi que um homem mais velho tinha caído da bicicleta do outro lado da estrada. Ele estava com o rosto todo ensanguentado. Eu queria pular do carro e ajudá-lo, mas a barreira de concreto que dividia as pistas não me permitiria alcançá-lo. E apesar de eu ter visto que outro carro havia parado para tentar ajudá-lo, passei alguns minutos com a mão no peito. Chorei só de pensar na dor que ele devia estar sentindo. Quando cheguei ao meu destino, meu contador comentou que eu parecia nervosa. Então contei o que aconteceu.

Desde a época da universidade, sou aquela amiga que todo mundo procura quando precisa receber conselhos ou ser consolado. Mesmo se essas pessoas tivessem me magoado no passado, elas sabiam que eu não lhes daria as costas nem as julgaria. Uma vez, uma amiga próxima que conheci no primeiro ano de faculdade parou de falar comigo por alguns meses, sem explicar por quê. Fiquei magoada, mas não falei nada. Mais tarde, nos encontramos por acaso no ônibus e começamos a conversar. Ela me contou sobre uma situação difícil pela qual estava passando. Escutei e fui compreensiva. Em determinado momento, ela disse:

— Você é uma boa amiga, sabia?

— Por que você está dizendo isso? — perguntei.

E ela respondeu:

— Porque eu magoei muito você. E você continua me dando apoio.

Ela não foi a primeira pessoa a me dizer isso. Eu tinha a capacidade de colocar as necessidades e os sofrimentos dos outros acima dos meus. Era isso o que me impulsionava a dizer "Está tudo bem" quando alguém me pedia desculpas, apesar de não estar nada bem. Para chamar minha atenção, bastava alguém demonstrar qualquer tipo de sofrimento, mesmo que fosse apenas em sua linguagem corporal. E eu absorvia tudo feito uma esponja. Choro quando penso no sofrimento dos outros. As emoções me dominam. Cômodos cheios de gente sugam minha energia e assim por diante.

A primeira terapeuta que consultei alguns anos atrás comentou algo cuja profundidade não compreendi na época. Eu estava explicando a ela como eu sofria ao ver as pessoas que me magoaram. Ela disse que era normal me sentir assim, especialmente por eu ter uma personalidade empata.

Personalidade empata?

— Você é extremamente sensível e sente as emoções dos outros como se fossem suas — explicou ela.

Ah. Esse foi um período de mudança de vida, mas que não permiti que mudasse coisa alguma em minha vida na época. Porque, em vez de perguntar como eu poderia interromper aquela transferência emocional, adotei a mentalidade do *Ah, bom, eu sou assim mesmo. As pessoas precisam parar de jogar suas emoções no meu colo.*

Porém a narrativa muda na Sala do amor-próprio. Responsabilizar os outros para não projetar as próprias emoções em você não faz sentido. As pessoas vão fazer isso. É você quem precisa desenvolver ferramentas e estratégias para aceitar sua personalidade empata e aprender a não absorver emoções ao se deparar com o sofrimento dos outros. Ou com o próprio sofrimento. Esta é uma forma de aplicar o amor-próprio: não deixar seu bem-estar à mercê dos sentimentos das pessoas ao seu redor.

Para aceitar sua personalidade empata e saber como construir limites para a sua dedicação emocional aos outros, é preciso lembrar que você merece o amor que oferece às pessoas. Oferecer esse amor a si mesmo não é egoísmo. Personalidades empatas em especial podem acreditar que são egocêntricas quando aceitam o próprio amor, quando se priorizam. Como se o amor interior fosse criado apenas para ser externalizado — criado apenas para ir embora, para você ser esvaziado e querer se preencher de novo, apenas para ter mais amor para oferecer aos outros.

Colocando para fora
todo o seu amor

Guardando o amor
para si

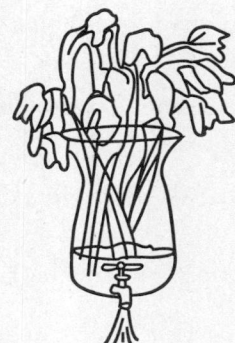 

Em cada cômodo, ofereço estratégias para decorações e móveis que o colocam em prática. Na Sala do amor-próprio, essas estratégias se chamam joias. Escolhi essa palavra por ela simbolizar a natureza valiosa e eterna da sala.

JOIA Nº 1: IMAGINE UMA BOLHA DE PROTEÇÃO DE PODER AO SEU REDOR.

Esta joia agirá como uma simples barreira entre você e as emoções das pessoas. Em vez de se misturar, sem querer, com os sentimentos dos outros, você tem o poder de usá-la para lembrar que, apesar de a sua primeira reação ao sofrimento de outra pessoa talvez ser involuntária, é você quem decide se quer mergulhar nessas emoções. É você quem decide como agir.

Imagine as emoções das pessoas vindo na sua direção feito flechas. Em vez de ser atingido, você as bloqueia com a sua bolha. É nesse ponto que pode perguntar a si mesmo:

1. Essa emoção me pertence a ponto de eu carregá-la?

2. Alguém me pediu para carregar essa emoção?

a. Se a resposta for sim, eu quero carregá-la? E tenho tempo e energia para fazer isso?

    i. Se a resposta for sim, decida o quanto você quer se dedicar a essa empreitada.

    ii. Se a resposta for não, diga a si mesmo: *Tenho o direito de decidir não carregar a emoção dessa pessoa.*

b. Se a resposta for não, deixe a emoção da pessoa fora da sua bolha.

A bolha impedirá você de se esgotar emocionalmente. Ela protege a empatia que existe no seu interior.

Mas o mais nobre que podemos fazer não é viver a serviço dos outros? O sacrifício mais nobre que podemos fazer não é oferecermos apoio aos outros?

Estou aqui para dizer que não. Doar é um ato de nobreza. Amar é um ato nobre. Mas não quando a doação e o amor ocorrem com o sacrifício de si próprio.

E se você sente que as coisas sempre foram assim, lembre-se de que o amor-próprio é um processo de autodescoberta. Então pergunte a si mesmo: em que momento da infância desenvolvi o comportamento que tenho hoje? No meu caso, tenho certeza de que aprendi a me doar emocionalmente com a minha mãe. Estou convencida de que não existe ninguém no mundo tão bondoso quanto ela. Minha mãe passou a vida se comportando como acabei de descrever, sempre se doando até ficar esgotada e exausta, só para se doar ainda mais logo depois. Ela nunca perguntava *E eu?* e, por muito tempo, acreditei que esse era o significado de ser uma pessoa com bom coração. Isso é visível nas minhas publicações mais antigas! E sempre que me doava ao ponto da exaustão, e me perguntava por que nunca havia reciprocidade, eu me sentia egoísta por questionar essas coisas. Eu me culpava por querer receber algo em troca, como se o desejo de ser recompensada maculasse a intenção por trás das minhas ações. Então eu "controlava" meu ego e voltava a me concentrar em um objetivo original.

Mas isso apenas amenizava minha vergonha. Não era uma solução para o problema.

Eu acreditava que ser boa significava priorizar todo mundo além de mim mesma. Ou simplesmente nunca me priorizar. Porque esta última

opção significaria que eu era impura. Egoísta. Eu não entendia que a educação que recebi da minha mãe, uma mulher tão *boa*, me fez encarar o
amor-próprio do jeito errado. Ao entender isso, tive que me esforçar para
redefinir o significado de amor-próprio.

Então fica a questão: *Se oferecer amor aos outros é um ato de nobreza,
como encarar a oferta do amor para si mesmo?* Não como um ato egoísta,
com certeza.

∼

*Se amar alguém é lindo, como
amar a si mesmo é menos que lindo?*

*Se desejar construir uma vida com alguém é lindo,
como construir uma vida consigo mesmo é menos que lindo?*

*Se desejar encontrar um lar em outra pessoa é lindo,
como encontrar um lar em si mesmo é menos que lindo?*

∼

Pilar nº 2: Amor-próprio significa aceitar sua versão autêntica.

Você pode ser a joia mais bonita, porém, nas mãos de alguém que não
valoriza joias, será menosprezada.

∼

*Se você definir o amor que você merece a partir
do que os outros acham, sempre irá encontrar um defeito
em si mesmo, quando a simples verdade pode ser
que você está buscando pelo seu valor nos lugares errados.*

∼

Em vez de perguntar a si mesmo *Por que essa pessoa não me ama?*, *O que eu preciso mudar para ela me amar?*, *O que há de errado em mim que faz com que ela não me ame?*, compreenda que, se alguém não te ama, isso não significa necessariamente que a culpa seja sua. Talvez essa pessoa não seja certa para você. Então pare de tentar mudar a si mesmo para convencer outra pessoa a amar você. Aceite sua versão autêntica, e as pessoas certas o respeitarão por se comportar de forma verdadeira.

Ao refletir sobre a minha experiência com Noah, achei que eu era insegura por me incomodar com as inconsistências dele, por desejar mais do que apenas trocar mensagens e nos encontrar para tomar um café de vez em quando, por querer entender os sentimentos dele sobre mim. Era isso o que a internet me dizia.

Quando aprofundei minha pesquisa, aprendi sobre uma teoria da psicologia chamada padrões de apego. De acordo com ela, há quatro padrões principais desenvolvidos no começo da vida e perpetuados quando nos tornamos adultos: seguro, ansioso, evitativo ou esquivo e ansioso-esquivo. Uma pessoa segura se sente em casa; ela se sente confortável em formar conexões e não mede seu valor de acordo com fontes de aprovação externas. Uma pessoa ansiosa é o completo oposto; ela vive em constante busca pela aprovação dos outros, tendo medo de abandono. A pessoa esquiva pode parecer insegura, mas evita formar conexões por medo de abandono. E a pessoa ansiosa-esquiva é uma mistura das duas últimas.

Ao ler o livro *Maneiras de amar: Como a ciência do apego adulto pode ajudar você a encontrar — e manter — o amor*, escrito por Amir Levine e Rachel Heller, fiquei chocada. Fiz o teste para entender meu padrão de apego e descobri que eu era predominantemente segura, com um toque de ansiedade. Por muito tempo, até chegar à conclusão poderosa de que era necessário construir um lar dentro de mim, eu me encaixei na categoria "ansiosa". Depois que me dediquei aos elementos do meu lar interior, aprendi muita coisa, mas continuei sem alicerces. Continuei analisando todo aquele conhecimento sob a perspectiva de outras pessoas. Esse teste me mostrou que eu sabia mais do que tinha aplicado nas minhas interações com Noah, e que eu sabia mais do que acreditava saber.

Então, se eu me sentia segura exercendo minha versão autêntica, por que Noah me causava tanta ansiedade? Não era por querer desesperadamente o amor *dele*. Mas por querer desesperadamente amor, ponto-final. Eu estava em negação sobre a possibilidade de não sentirmos a mesma coisa. Queria que aquilo desse certo. Então, em vez de terminar tudo, questionei a mim mesma por causa do comportamento dele. Mas isso não significava que eu não entendesse meu valor. Se eu não me incomodasse com os problemas de comunicação, consistência e transparência dele, provavelmente permaneceria tranquila em mantermos uma "quase" relação. Eu permaneceria apegada.

Desde então, bolei um plano simples para fortalecer a segurança nas relações.

Primeiro, descubra seu padrão de apego. Segundo, faça o necessário para ganhar o máximo de confiança possível.

Recomendo que você leia o livro *Maneiras de amar* para descobrir qual é o seu padrão de apego, e, caso ele resulte em inseguro, tente aumentar sua confiança nas relações. Faça isso sendo sua versão autêntica, o que significa não mudar apenas para ser aceito no lar de outra pessoa. Significa expressar suas necessidades mesmo que isso faça o outro ir embora. Convencer alguém a ficar não é sua responsabilidade. Principalmente quando isso acontece à custa da sua versão autêntica. Ser a sua versão autêntica significa se sentir seguro e não estar disposto a sacrificar a sua autenticidade para ganhar a aprovação de outra pessoa.

Você pode se sentir confiante e ainda se comportar com ansiedade. Foi isso que fiz quando permaneci apegada por tempo demais a alguém que estava emocionalmente indisponível. Fiquei ansiosa por medo de que, se eu mostrasse minha versão autêntica, que deseja transparência, consistência e comunicação, eu seria abandonada. Então, mantive comportamentos que trariam aquilo do qual eu acreditava precisar (ser recepcionada no lar de *qualquer um*) em vez de me empenhar no que eu realmente precisava: recepcionar *a mim mesma* no meu lar interior.

O problema não era ignorar o que eu precisava, mas pedir essas coisas para a pessoa errada.

Pilar nº 3: Amor-próprio é ter empatia por si mesmo.

Para deixar de ser uma pessoa sem lar e passar a se sentir em casa, é preciso analisar seu condicionamento com empatia, não com julgamentos, e fazer o necessário para mudá-lo. Em vez de perguntar a si mesmo *Qual é o meu problema?*, pergunte: *Quais experiências da minha vida me ensinaram a ser assim?*

Muitos de nós passam anos na terapia, tentando entender o que há de errado, tentando entender acontecimentos atuais, sem encontrar a raiz do problema. E quando a encontramos, todos os eventos atuais que nos fazem ir à terapia mudam. Achar a raiz do problema exige que você percorra a sua história do *Por que eu não posso ter aquilo?* de um jeito que lhe ajude a compreender por que certo padrão persistiu na sua vida. Assim, você passará a se entender, sem se julgar. É importante ter empatia por si mesmo e se esforçar para tornar-se a pessoa que você deseja ser, e não apenas tentar descobrir qual é o seu problema.

JOIA Nº 2: COLOQUE-SE NO SEU LUGAR.

Essa estratégia ajudará você a ter tanta empatia por si mesmo quanto tem pelas pessoas que ama.

1. Pense em uma experiência da sua vida da qual você se arrepende da forma como agiu ou do que aceitou.

2. Como um amigo empático, o que você diria para alguém que lhe contasse a mesmíssima história?

3. Diga isso para a sua versão mais jovem.

Certa vez, eu estava com uma amiga que tinha terminado um casamento de 15 anos. Fazia três anos que ela havia se separado. Enquanto falava sobre relacionamentos, ela disse:

— Eu aceitei tanta coisa que quase comecei a acreditar que merecia que se aproveitassem de mim. Não me defendia. Não ia embora quando

sabia que deveria ir. Ficava inventando desculpas sobre por que não conseguiria viver sem ele. Eu sabia que ele era abusivo, mas torcia para essa
parte desaparecer um dia. E olhe só para mim agora. Desperdicei tantos
anos da minha vida sentindo medo, quando eu podia ter começado meu
processo de cura muito antes.

Lembro que chorei durante a conversa. Eu conseguia sentir o sofrimento dela. E conseguia sentir o nível de arrependimento e culpa que ela
expressava. Falei que ela devia mentalizar que desejava amor, não agres-
sões. Segurança, não perigo. Isso era motivo para ter vergonha? Não. Eu
disse:

— Coloque-se no lugar da sua versão mais jovem e diga isso a ela.
Faça com que ela se lembre daquilo que estava buscando, e sua versão
ainda mais jovem, sua criança interior, não encontrou em casa. Diga para
ela deixar isso para trás e prometer a si mesma que nunca mais vai buscar
por amor em uma relação abusiva. Diga que está orgulhosa dela por ter
tido a coragem de ir embora.

O que você acrescentaria?

Agora é a sua vez de voltar para essas histórias, de voltar para sua
criança interior, a versão mais jovem que aprendeu sobre a maneira como
merecia ser amada antes de você se tornar ciente disso.

Quais coisas você precisa dizer à sua criança interior para acalmá-la?
Pelo que você precisa se perdoar?

Pilar nº 4: Amor-próprio é refletido na forma como você trata a si mesmo.

O fato de ter escolhido este livro da prateleira e tê-lo em suas mãos já indica que você se ama. Desejar construir um lar interior para o qual voltar
no fim do dia, em vez de implorar aos outros por esse amor, é a maior
forma de amor-próprio.

O poeta sírio Nizar Qabbani escreveu: "A mulher não quer um homem rico nem um homem bonito, e nem um poeta, ela quer um homem

que compreenda seu olhar quando ela ficar triste, que aponte para o próprio peito e diga: 'Aqui está o seu país.'"

Por anos, era isso o que eu queria. Até entender que, se eu não colocar a mão no meu peito e dizer *Aqui está o seu país* para a pessoa do outro lado do espelho, não vou me sentir em casa no peito de ninguém. Talvez você também precise dizer isso para si mesmo.

Amor-próprio. Amar-se. Mas o que o amor significa de verdade? O que significa dizer isso para si mesmo na prática?

Nós já discutimos que o amor-próprio exige autodescoberta, que significa ser sua versão autêntica, e que ele deve se tornar um hábito. Mas o que significa *amor* por si só? No passado, você pode ter compreendido o amor como o carinho que recebia dos outros. Você pode ter aprendido que o amor tem condições, que ele é adquirido, que é abusivo, que exige sacrifícios. Agora, isso está mudando. Nesta Sala do amor-próprio, nem as pessoas que mais amam você podem entrar. Existe outra sala para elas, a da compaixão.

O amor não destrói sua versão autêntica.

O amor não ridiculariza sua versão autêntica.

O amor não exige que você mude sua versão autêntica.

O amor não está nas palavras.

O amor está nos atos.

Quando eu era pequena, sempre ouvia um ditado em árabe que pode ser traduzido como "Amor é cuidado". Em outras palavras, amor é como você trata as pessoas que ama. De fato, queremos acreditar que o amor é aquele frio na barriga intenso que sentimos por alguém. A necessidade exaustiva de estar ao lado dessa pessoa. Ele pode parecer assim, mas não pode *ser* assim. O amor não é cansativo nem exaustivo. E amar não se trata de como você se sente, mas do que você faz com esse sentimento. Por exemplo, se uma pessoa diz "eu te amo", isso significa que ela ama você mesmo que os atos dela não demonstram isso? Da mesma maneira, eu realmente me amo, mesmo quando não me comporto dessa forma?

*Se você diz que se ama,
como demonstra isso?*

Pilar nº 5: Estar aberto a receber amor é um reflexo do amor-próprio.

Um dia, fui visitar meu irmão, e, assim que entrei na casa, minha sobrinha Leena, que tinha 3 anos na época, veio correndo me dar um abraço apertado. Ela sempre se comporta assim, mas ficou especialmente grudada em mim naquele dia. Ela sentou comigo e não me largou durante todo o tempo em que fiquei lá.

Estou chorando ao escrever isto, porque agora percebo como eu era ingrata por tudo o que o mundo tinha me dado até então. Eu fazia questão de não enxergar o amor ao meu redor. Enquanto Leena segurava meu rosto com suas mãozinhas, me dei conta de que o único motivo para eu sempre achar que não merecia amor era porque eu me impedia de enxergá-lo vindo de quaisquer outras fontes diferentes das que eu o procurava. Eu impedia a minha alma de aceitar o amor que me era ofertado de graça. Eu me cegava.

Um exemplo concreto seria decidir que você só pode beber um tipo de água. É um tipo de água que você bebeu uma vez e achou muito refrescante. Então, se ninguém oferecer essa água específica, você não bebe de outro tipo. Mesmo que esteja morrendo de sede. Apesar de existirem outros tipos de água, tipos que talvez você nem consiga imaginar, você não os enxerga, porque não procura por eles. E quando os encontra, diz a si mesmo que eles jamais o saciariam da mesma maneira que aquela água específica. Dessa forma, você acaba se exaurindo de sede e desidratação apenas porque a única fonte de bebida que deseja não está disponível. É bem provável que você esteja lendo isto e pensando... que ridículo. Eu jamais faria uma coisa dessas. Mas você faz isso com o amor, não faz?

JOIA Nº 3: REFLITA: QUE AMOR VOCÊ SE RECUSA A ENXERGAR?

1. Que fontes de amor você enxerga? Esses são os lugares nos quais você busca pelo amor.

2. Que fontes de amor realmente estão ao seu redor? Esses são os lugares que lhe oferecem amor (como o momento com Leena).

3. O que impede você de aceitar o amor que existe ao seu redor? Aqui quero que você se dê um tempo para escrever tudo em que pensar.

Aqui vai um exemplo com o qual você deve se identificar de alguma forma. Digamos que você goste muito de uma pessoa, mas o sentimento não seja recíproco. Pode ser alguém com quem você tenha tido um relacionamento amoroso, ou não. É possível que seu mundo gire em torno do fato de que essa pessoa não está disposta a lhe dar amor. Se o amor dela for a única fonte que você enxerga, o amor proveniente de sua família, amigos, colegas de trabalho ou até de potenciais interesses amorosos será ignorado. Porque você não presta atenção. Você nem os enxerga como uma fonte de amor. Então, indiretamente, você se cega para o amor ao seu redor.

Talvez você acredite que não merece ser amado e use situações do passado e do presente para justificar essa crença. Se for o caso, sua mente vai buscar por todas as provas possíveis para reafirmar a história que você acredita a respeito de si mesmo ou a interpretação que você tem acerca de certos acontecimentos. Algumas pessoas usam o termo "ego" para se referir a essa história, que é apenas a palavra em latim que significa "eu". Desde o instante em que você acorda até o momento em que vai dormir, seu ego busca por provas que reforcem as crenças que você tem sobre si mesmo. Sua vida é uma tentativa incessante de fazer com que tudo signifique algo a seu respeito.

Quando você chega ao trabalho e cumprimenta aquele colega de que nem gosta tanto, e essa pessoa o encara de volta sem sorrir nem dar oi, seu ego automaticamente cataloga isso como prova de que você não merece atenção. Mesmo que seja algo inconsciente, acontece. Quando você vai ao mercado e a moça ou o cara bonito na sua frente olha para você e segue andando, seu cérebro interpreta isso como uma prova de que você não merece atenção. Alguém que não abre a porta para você, que não retribui um favor ou que não oferece uma palavra bondosa... tudo isso é registrado como prova de que você não merece atenção. E essa foi a lição que a sua história do *Por que eu não posso ter aquilo?* lhe ensinou desde o começo.

~

Não importa pelo que seu cérebro esteja procurando, será isso que seus olhos verão.
Se você estiver buscando por algo positivo, será isso que verá.
E se você estiver buscando por algo negativo, será isso que verá.
A questão é o que você escolhe ver.

~

JOIA Nº 4: VEJA O AMOR.

Conforme você se esforça para aprender o amor-próprio, repita para si mesmo todas as manhãs: *Hoje terei provas de que eu mereço ser amado.*

Em vez de notar as pessoas que não sorriem para você, note as que sorriem. Em vez de notar as pessoas que não dizem "oi" de volta, note as que dizem. Em vez de notar tudo aquilo que falta, note o que você tem. E em vez de notar o amor que não existe na sua vida, note o que existe.

(No começo do dia)	(No final do dia)
O que eu verei hoje	O que eu vi hoje

Talvez você esteja pensando... *Mas você acabou de dizer que apenas eu posso entrar neste cômodo. Como vou receber o amor dos outros neste cômodo em que estou sozinho?* O que eu quis dizer foi o seguinte... sua capacidade de ver, receber e aceitar o amor dos outros é um sinal saudável de que você realmente se ama. Você acredita de verdade que merece esse amor. Em outras palavras, o amor dos outros não forma a base nem alimenta o seu amor-próprio. É a sua capacidade de enxergar, aceitar e sentir isso de verdade que mostra o quanto você se ama.

É muito importante deixar evidente que, na Sala do amor-próprio, não é necessário que uma fonte externa determine a quantidade de amor que você merece. Ser capaz de ver o seu valor refletido no mundo ao seu redor indica autoestima. Então, enxergar amor em vários locais é um resultado direto da crença de que você merece ser amado. Seu trabalho é começar a treinar seu eu interior para acreditar que é digno das coisas, sem precisar de aprovação externa.

~

Se você sair pelo mundo querendo enxergar amor, o enxergará.
E se você sair pelo mundo querendo enxergar a falta de amor,
enxergará sua ausência.

~

Pilar nº 6: Amor-próprio é uma prática, não um objetivo.

A prática do amor-próprio é um dos pilares essenciais deste cômodo. Lembra que parte do amor-próprio é dar a si mesmo aquilo de que você precisa? Se você necessita de tempo para se curar de uma situação, parte do amor-próprio é se dar permissão e tempo para melhorar.

Uma aplicação prática do amor-próprio é a construção de limites. Na minha opinião, a palavra *limites* é usada em excesso na teoria e pouquíssimo na prática. Limites não são aquilo do que você está se protegendo. Eles são aquilo que você protege dentro de si mesmo. Porque você valoriza o seu interior. A construção de limites começa quando você reconhece o valor daquilo que eles defendem. Imagine-os como uma cerca ao redor da sua casa. Se você já permitiu que alguém passe pelo portão, imagine que o limite seja a porta de entrada. Limites refletem o quanto você valoriza a si mesmo e aquilo que tem no seu interior. Limites protegem o coração. O lar. E é por isso que não se baseiam em comportamentos na defensiva, mas em comportamentos que demonstram que você se ama e se valoriza. Em comportamentos de alguém que *se sente em casa*.

Falaremos mais sobre limites na Sala da compaixão (Capítulo 4).

Ao construir limites, você compreende que pode viver como achar melhor, segundo as suas regras. Você é o líder da sua vida, é o administrador do seu tempo, é o presidente da empresa VOCÊ. Isso significa que o seu processo de cura segue o seu ritmo pessoal. E, às vezes, isso significa que algumas decisões tomadas em benefício próprio podem magoar os outros caso eles as interpretem de determinadas maneiras. Mas são eles que precisam encontrar uma maneira para superar essa dor. Por exemplo, enquanto você tenta superar um término de namoro, o fim de uma amizade ou uma briga com alguém de quem era próximo, talvez precise bloquear o número de telefone dessa pessoa ou removê-la das suas redes sociais. No início, talvez ela se magoe. O medo de machucar alguém pode dissuadir você, especialmente se tiver uma personalidade empata. Então, além de tentar lidar com as próprias feridas, você se preocupa com a pessoa que empunhava a faca que o golpeou. Sei que essa é uma forma muito forte de descrever a situação. E alguns leitores podem estar pensando: *Às vezes, nos magoamos por interpretar errado os atos de outra pessoa.* Sim, concordo plenamente com isso. Já me comportei assim muitas vezes. No entanto, não importa se uma pessoa teve ou não a intenção de magoar. Você está sofrendo, e permanecer no ambiente que lhe envenenou não removerá o veneno, independentemente de ele ter sido oferecido de propósito ou não. Você precisa se concentrar no fato de que está magoado. E é aí que o processo de cura começa. Ele se inicia com *por que estou sofrendo? O que posso fazer para melhorar?*

Conforme você caminha rumo à cura, talvez perceba que a pessoa que lhe magoou fez isso sem querer, mas demora um pouco até chegarmos nesse ponto. É preciso tempo e distância da situação. Então permita-se ter essas coisas.

Aqui vão algumas formas práticas e poderosas de ser o presidente da empresa VOCÊ.

JOIA Nº 5: MEDITE.

Sei que meditar pode parecer a sugestão da moda, mas é algo muito poderoso. Lembro que sempre ouvia isso e pensava: *Não preciso meditar. Estou sempre calma com as pessoas ao meu redor. Eu preciso é de uma válvula de escape para a minha raiva acumulada. Preciso de algo como arremessos de machados.*

Enquanto escrevo, estou rindo de mim mesma. Mas também compreendo minha versão do passado. Eu achava que meditar serviria para me acalmar. Para me ajudar a respirar. E agora sei que tudo isso é verdade, mas compreendo o verdadeiro significado de alívio. A meditação nos acalma porque nos permite entender quem somos, agora, no presente. Sempre pensei que eu estava fazendo algo de errado, porque, assim que passava um minuto quieta, meu cérebro enlouquecia, e eu apenas dizia: *Isso não está dando certo.* Na verdade, eu não sabia qual era o propósito da meditação e como alcançar a calma.

Eu também não sabia que era um processo. Achei que o resultado fosse imediato. E fazia sentido achar que seria impossível aliviar minha raiva, meu ressentimento ou a culpa que atribuía a mim mesma ou aos outros quando eu estava sentada em silêncio, pensando e sentindo todas essas coisas. Esses sentimentos só ficariam mais intensos. É tipo quando um incêndio encontra uma fonte de oxigênio: ele aumenta. Se meu propósito verdadeiro durante aquele silêncio for me compreender — me compreender profundamente, não apenas a superfície —, então esses sentimentos terão cada vez menos força, e eu posso me tornar a pessoa no comando da minha vida.

Então, como eu medito? Apenas sento em silêncio. Comece com cinco minutos. Tire todos os aparelhos eletrônicos e outras distrações de perto. E escute a si mesmo. Escute aquilo que sua mente fala. Você pode receber uma onda de pensamentos negativos no começo, o que é ótimo! Porque agora você está realmente ciente do que a sua mente quer dizer. Somente quando alcançamos essa consciência somos capazes de aceitar o pensamento e a emoção que ela carrega — e então tomar uma decisão. Por exemplo, você acabou de começar a meditar, e o primeiro pensamento que surge é o de uma pessoa com quem teve uma desavença, e você entra em desespero e pânico com a necessidade de tomar uma atitude. Há duas opções nesse caso. Você pode seguir essa linha de raciocínio e esse sentimento, e concluir: *Nunca vou encontrar o amor* ou *Não mereço ser amado.* Ou pode dizer para a linha de raciocínio e o sentimento: *Estou vendo vocês. Aceito que penso e me sinto assim. E entendo que vocês vieram da minha mente, mas vocês não me definem. Vocês não são bem-vindos como residentes permanentes no meu lar. Vocês estão aqui porque a minha mente os trouxe, porque meu coração os trouxe, mas não me definem. E escolho não segui-los.* Viu como isso é lindo? O ato de aceitar um pensamento e a emoção que ele carrega, ou vice-versa, remove a força deles. Afasta o comportamento que tentam incentivar. Agora, você se torna o líder, o tomador de decisões, aquele que escolhe qual caminho seguir.

Nós não alcançamos esse estado e permanecemos nele para sempre. Fico incomodada quando as pessoas perguntam: "Como você permanece otimista o tempo todo?" Não sou otimista o tempo todo. Pensamentos e sentimentos negativos aparecem. E em vez de fingir que eles não estão aqui ou ignorá-los, eu os escuto e tento entender por que surgiram, reflito se quero continuar a pensá-los ou senti-los (decisão que raramente tomo) e então abro mão deles. Quero compartilhar o poema a seguir como um lembrete pelos cômodos:

Quando a dor bater à porta,
receba-a.
Deixe-a entrar.
Sente-se com ela.
Tome um chá com ela.
Compreenda-a.
E então deixe-a partir.

Porque existe outro sentimento esperando na porta para ser sentido por você. Há outro pensamento esperando ser pensado por você. E a força real dessa situação é que a decisão de abrir a porta de entrada ou de acompanhar o convidado até a saída é apenas sua.

Como explicarei na Sala da rendição (Capítulo 6), o sofrimento pode surgir de muitas formas. Ele pode vir na forma de raiva, ressentimento, culpa, traição, decepção, e assim por diante. Quanto mais forte ele bater à porta (o que significa que está sendo ignorado por você), mais barulhento se torna. Com o tempo, o som é tão alto que se torna impossível de ignorar, ou você se acostuma a viver em meio a tanto barulho que esquece como sua vida poderia ser mais serena sem ele. Assim, o mero ato de abrir a porta dá a você o poder de decidir o que fazer com ele. Sim, alguns sentimentos surgem como um lobo em pele de cordeiro, disfarçados de algo que não são. Por exemplo, talvez aquilo que você acredite ser culpa, na verdade, pode ser vergonha. Culpa significa que você acredita que *fez* algo errado, enquanto vergonha é acreditar que *você* é errado. E quando você deixa esse sentimento entrar, pode perceber que ele é um desafio maior do que parecia. Porém... o segredo é nunca ignorar o que você sente ou pensa. Isso não soluciona nada. Apenas piora as coisas.

Então, voltemos à meditação. Apenas escute. E administre aonde seus sentimentos vão. Não seja regido pelos caminhos por onde eles o levam ou por quem eles fazem você acreditar que é. Tudo isso faz parte do amor-próprio.

Como resultado da meditação, talvez você descubra que precisa visitar outro cômodo na sua casa. Saber o que você precisa fazer por si mesmo também faz parte do amor-próprio.

JOIA Nº 6: DETERMINE UMA INTENÇÃO DE AMOR-PRÓPRIO PARA O DIA.

Cinco minutos são 0,3 por cento do tempo que você tem em um dia. Mas essa porcentagem pode mudar a sua vida. Literalmente diga a si mesmo: *Vou passar cinco minutos no modo amor-próprio.* Você pode começar com a leitura das afirmações a seguir:

1. Sou a única pessoa encarregada de me amar.
2. Eu encontrarei provas do amor ao longo do meu dia.
3. Eu sou a minha prioridade principal. Eu mereço meu amor.
4. Amar a mim mesmo significa me sentir em casa comigo mesmo.
5. Toda a minha força está dentro de mim.
6. Hoje atenderei meu chamado pelo amor.
7. Entendo que posso ter momentos em que recorro a hábitos antigos baseados no ódio por mim mesmo ou na sensação de desmerecimento, mas prometo que praticarei o amor-próprio sempre que perceber que estou sendo negativo.

Aqui vai uma forma poderosa de se tornar mais consciente da maneira como você fala consigo mesmo: **entre no modo amor-próprio.** Imagine-

-se ligando o interruptor de uma sala para acender a luz. Você está fazendo a mesma coisa aqui. Pergunte a si mesmo: *A emoção que estou sentindo
ou a ideia que estou pensando vêm acompanhadas de amor-próprio?* Essa é
uma forma simples de parar de falar consigo mesmo usando de autossa-
botagem ou menosprezo. Adoro essa ferramenta porque ela permite que
você fique ciente de como se sente ou pensa, ao mesmo tempo em que lhe
dá o poder de mudar. Ligar o interruptor significa que você percebeu que
está falando consigo mesmo sem amor, e agora fala da mesma maneira
como falaria com alguém que ama.

Por boa parte do tempo, especialmente agora com as redes sociais,
passamos inúmeras horas arrastando a tela do telefone, sem propósito,
torcendo para algo acontecer — talvez uma notificação ou uma informação que traga algum tipo de alívio. É apenas uma distração do presente,
algo que nos remove da força do momento atual, dando a esperança de
que algo externo fará com que nos sintamos melhores. Nós renunciamos
ao poder do que fazemos com nosso tempo, porque preferimos nos dedicar ao duvidoso do que ao certo. O duvidoso é a possibilidade de algo
exterior nos deixar melhor. O certo é nossa situação atual. O tempo todo,
nós buscamos por uma escapatória.

Pare de esperar alguma coisa acontecer, de esperar que alguém venha salvá-lo, de esperar por respostas. Pare de esperar por amor. Pare de esperar
pelo momento certo, pela situação certa, de esperar por alívio. Pare de
esperar por iluminação.

Em termos práticos, quantas vezes você se pega arrastando a tela do
celular sem propósito, esperando algo acontecer? Ou dedicando cada
momento em que você não está trabalhando, estudando ou cumprindo
qualquer outra obrigação a trocar mensagens, fazer telefonemas, assistir
a programas, e assim por diante? E isso tudo carrega a mesma sensação
que você tem quando come sem parar, mas não se sente saciado. Você
ingere tanta coisa que fica desnorteado, mas continua se sentindo vazio.
Isso acontece quando você fica subconscientemente desejando que algo

aconteça para tirá-lo da situação em que se encontra, seja lá qual for. É como se esperasse alguém abrir o tapete vermelho de um lar para você. Ou como se esperasse por aquele acontecimento ou mudança que transformará completamente a sua vida, que lhe trará felicidade.

Essa espera toda é uma fuga. Uma fuga da sua realidade. Uma negação dela. E, indiretamente, um julgamento dela.

Nenhum homem é capaz de salvar você. Nenhuma mulher é capaz de salvar você. Ninguém é capaz de salvar você. Não existe dinheiro, prestígio, fama ou riqueza capaz de salvar você. A salvação só acontecerá quando você mudar sua mentalidade sobre ela. Se você construir um lar interior para si mesmo, terá a segurança e o amor de que precisa, de forma que, ao olhar para os outros, não sentirá a necessidade de ser recepcionado no lar deles. Assim, ao mesmo tempo, você não menosprezará o próprio lar, o próprio ser, a ponto de estar disposto a depositar tudo em outra pessoa, na esperança de que ela construa seus alicerces. Se o seu lar parecesse tão seguro e tão receptivo, por que você estaria constantemente tentando encontrar outra pessoa ou outra coisa para lhe dar esses sentimentos?

JOIA Nº 7: PARE DE ESPERAR.

Então o que fazer nesse caso? Como parar de esperar?

1. RECONHEÇA. Torne-se consciente de quando você está esperando. É uma sensação de inquietação. Ou um estado de entorpecimento completo. Um entorpecimento triste ou totalmente distanciado da realidade. É fácil reconhecer esse estado de espera quando você observa sua vida rotineira e procura padrões na forma como usa seu tempo.

2. COMPREENDA. Compreenda pelo que você está esperando.

3. REFLITA. Você está renunciando ao próprio poder? Se a resposta for sim, para quem/o que está dando seu poder?

4. RECUPERE. Tire seu poder do campo das possibilidades e devolva-o para a realidade.

Este último é o passo mais importante. Você está recuperando o poder que cedeu para as incertezas e o desconhecido, devolvendo-o para aquilo que é certo e conhecido. E o que é certo? Que você é dono do seu poder. Você é o líder da sua vida. Você é o construtor da sua casa. Você é o tomador de decisões para a sua felicidade. Você é o seu presidente.

Pilar nº 7: Amor-próprio é compreender o próprio poder.

Seu poder está dentro de você. O amor que você sente em seu íntimo é o seu poder, e não algo que você recebe como resultado dele, ou o fato de alguém acreditar que ele é digno de ser recebido.

Com Noah, eu acabei me sentindo esgotada por dar amor a alguém que não estava pronto para aceitar esse sentimento. E a incapacidade dele me fez esquecer que não sou definida pelo amor que os outros aceitam de mim, mas pelo amor que tenho dentro de mim.

Se você passasse o dia preparando uma refeição para seu parceiro, como forma de demonstrar sua gratidão, e ele chegasse em casa e nem quisesse provar a comida, como você se sentiria? Provavelmente como se aquela refeição e o tempo que dedicou a ela não fossem valiosos, certo? Bem, vejamos se isso é verdade. O fato de alguém não comer a comida anula seu valor nutricional ou como ela está gostosa? Não. Mas a sua intenção e o seu objetivo eram receber reconhecimento do seu parceiro, sentir que aquilo que você tinha a oferecer era aceito por alguém querido. Porque, de alguma forma, isso significaria que as coisas que você oferece têm valor, o que por sua vez demostraria que *você* tem valor.

E se a sua intenção ao preparar a refeição fosse apenas usar suas capacidades para criar algo bom? Você sentiria que o esforço foi inútil apenas porque alguém, independentemente de quem fosse essa pessoa, não quis comer? É provável que não.

Quando paramos de avaliar o valor do nosso amor segundo quem o recebe, ou se ele sequer é recebido, ou pelo tipo de reação que obtemos ao oferecê-lo, passamos a enxergar o valor do nosso amor por conta própria. Em nosso lar. Não por meio da opinião que outra pessoa forma dentro do lar dela. Se você preparasse uma torta, a levasse para a casa do seu vizinho, e ele dissesse "Obrigado, mas não comemos doces", você ficaria sentado na soleira, esperando que ele mudasse de ideia, ou a comeria para dar valor à torta? Você só ficaria enrolando na frente da porta do vizinho se não tivesse um lar para onde voltar. Quando você tem a própria casa, pode voltar para ela e comer sua torta. Ou servi-la para alguém que goste de torta.

Não associe seu valor ao fato de a torta ser comida ou não, nem a quem irá comê-la. É exatamente isso que fazemos quando alguém nos *rejeita*. Eu adorava a palavra *rejeição*. Escrevi centenas de poemas sobre ela. Mas, agora, ela nem existe no meu dicionário. Rejeição não existe. A única rejeição possível é a rejeição do eu, ponto-final. Viver em qualquer estado além de *em casa* é rejeição. Porque se sentir em casa exige autoaceitação e autoconhecimento, lembra? Se você aceita a si mesmo de verdade e com convicção, então isso inclui o amor no seu interior. E se você aceitar esse amor, não definirá seu valor por quem o aceita e pelo que lhe dão em troca. E você não se sentirá desesperado para oferecê-lo só para sentir que ele tem valor. Fazer isso é sinal de que você julga seu valor apenas de acordo com as coisas que faz, não por quem você é.

~

Antes de oferecer amor sob qualquer formato para alguém, pergunte a si mesmo: a minha intenção é amar de verdade essa pessoa? Ou é receber a confirmação de que o meu amor vale alguma coisa?

~

Você já teve um ataque de vulnerabilidade? Defino esse termo como *querer tanto ser vulnerável, mas ter tanto medo disso, que acaba alternando entre a euforia de acreditar ser vulnerável e o pavor das consequências disso.* Eu costumava ter esses ataques com frequência. Por que eu queria ser vulnerável? Porque queria sentir uma conexão mais potente com as pessoas, com a vida, com o aqui e o agora. E do que eu tinha medo? Eu tinha medo de que a rejeição dessa vulnerabilidade me passaria a sensação de que traí a mim mesma.

Uma vez, depois que parei de falar com Noah (antes do término final que contei no começo do livro), ele praticamente implorou para que eu o escutasse. Disse que se abriria sobre o passado e me contaria por que era tão fechado. Eu escutei, mas não entendi quais eram as suas intenções ao me falar aquilo tudo. Ele continuou sem expressar o que queria de mim. Olhando para trás, ele apenas não queria que eu cortasse relações. Era apenas uma questão de poder e controle.

Depois que ele se abriu, passei a tomar muito cuidado quando nos falávamos. Minha personalidade empata sentia, no fundo, que havia algo errado. Então, eu alternava entre me mostrar vulnerável ou não. Eu não me impedia de ser vulnerável por falta de confiança nele, mas porque associava vulnerabilidade com renunciar ao meu poder. Eu tinha medo de que, se ele se fechasse para mim de novo depois de eu me mostrar vulnerável, a culpa seria minha. Expliquei meu medo, e ele me garantiu que as coisas seriam diferentes daquela vez.

Após alguns dias trocando mensagens o tempo todo, algo que achei que levaria a um encontro presencial, ele parou de me responder. Fiquei esperando.

No primeiro dia, fiquei tranquila.

No segundo dia, fiquei tranquila.

No terceiro dia, comecei a me sentir um pouco ansiosa.

No quarto dia, piorei.

E no quinto dia, piorei muito.

Eu estava duvidando de mim mesma. Fiquei me sentindo tão impotente. Por que eu me sentia impotente? Por que eu estava esperando por uma mensagem? Porque eu associava minha vulnerabilidade a renunciar ao meu poder. Porque eu sentia que traí a mim mesma quando ignorei meus instintos e preferi acreditar nele ao me dizer que daquela vez seria diferente.

Mas a verdade é que minha capacidade de acreditar nele e lhe dar outra chance para se comunicar de forma transparente e consistente só mostrava a minha empatia. A minha força. A incapacidade dele de cumprir uma promessa não removia o meu poder. A minha vulnerabilidade não me deixava impotente. A minha vulnerabilidade FAZ parte do MEU poder.

~

Se alguém escolhe tirar vantagem de você
e não cumprir uma promessa
de criar um espaço seguro para a sua
vulnerabilidade, isso é problema dela. Não é seu.
E isso não significa que você seja impotente.
A sua força é como um poço que nunca seca.
As pessoas podem beber da sua água.
As pessoas podem pegar água demais de uma vez.
Mas a fonte desse poder é você.

~

Pilar nº 8: Amor-próprio significa começar a responder o próprio chamado pelo amor.

Quando foi a última vez que você ficou chateado consigo mesmo por não suprir as próprias necessidades? Não de um jeito autodepreciativo, em que você se pergunta: *Qual é o meu problema?* Estou falando de ficar chateado por não ter responsabilidade e autocontrole para suprir as próprias necessidades. Talvez tenha ocorrido na forma de um questionamento constante sobre por que fulano ou sicrano não levou seus sentimentos em consideração ou por que uma pessoa não gosta de você.

Da próxima vez que você perceber que está esperando pela aprovação de outra pessoa, seja na forma de uma mensagem, de uma ligação ou de qualquer tipo de comunicação, pergunte a si mesmo: *O que essa validação vai me oferecer de verdade? O que ela vai me dizer sobre mim mesmo? O que vai mudar DE VERDADE para mim?*

Ela vai me dizer que mereço ser amado? Vai me dizer que estou bem? Ela vai me dizer que não tem problema eu me sentir vulnerável? Eu realmente preciso da aprovação de uma fonte externa?

Eu acabava sempre voltando para essa situação. Lembro-me de um dia em que, enquanto esperava uma mensagem de Noah, ouvi uma voz na minha cabeça questionando: *Como você teve coragem de trair a si mesma? Como teve coragem de não responder à própria mensagem? Como teve coragem de não chamar a própria atenção?*

Ele não está traindo você. Você está traindo a si mesma.

E é assim que você acaba com a sua capacidade de construir um lar dentro de si mesmo. Se você não enxergar valor nem beleza em seu lar, formado por todos os elementos reunidos nesse conjunto, por que iria querer construí-lo? Por que iria querer viver nele?

Coloquei o amor-próprio no começo do livro porque ele é um dos elementos mais importantes, mais incompreendidos e erroneamente definidos da nossa integralidade. Você pode dizer a si mesmo que amor-próprio significa não deixar as pessoas lhe tratarem com desrespeito ou descaso. Mas amor-próprio não é isso. Quando o foco está no outro, o poder também está. Amar a si mesmo é uma questão apenas *sua*. Lembre-se, o estado de se sentir em casa consigo mesmo significa que você está em casa aonde quer que vá, e com quem estiver. Porque você está no controle de si mesmo, em um estado verdadeiro de autoaceitação e autoaprovação. Seu ser e sua *capacidade de se sentir em casa* não são afetados pela aceitação ou pela rejeição do mundo exterior, seja ele um homem ou uma mulher, um trabalho, família, um círculo social, ou qualquer outra coisa. Contanto que a sua definição de amor-próprio envolva outras pessoas, você não está em um estado de amor-próprio. Você está alimentando seu ego — a história mentirosa que você se conta sobre si mesmo.

JOIA Nº 8: ATENDA AO SEU CHAMADO.

Criei essa ferramenta e a coloquei na Sala do amor-próprio como um lembrete para parar de esperar que os outros falem ou façam algo para você se sentir melhor. Ela é um lembrete para parar de esperar por qualquer símbolo do apoio de outra pessoa. Não importa se for um telefonema, uma mensagem, um e-mail, um gesto de amor. Qualquer coisa. Pare de basear seu bem-estar e seu valor na possibilidade de alguém atender ao seu chamado. Pare de esperar que alguém atenda ao seu chamado antes de você. Sempre que perguntar a si mesmo *Por que essa pessoa não me valoriza?*, inverta a pergunta e questione: *Por que estou traindo a mim mesmo e ao meu lar, dando tanto poder a outra pessoa sobre o meu valor, sobre a minha sensação de estar em casa? O que preciso dar a mim mesmo agora?* E se dê isso.

Então, nos aproximamos do fim do capítulo. E espero que você esteja se aproximando do fim da sua luta para ser amado pelos outros. Há uma ironia linda no sofrimento e nos términos. Você se lembra de, na Introdução, quando falei no fim da minha conversa com Noah que *aquele era o fim da batalha*? Olhando para trás, aquele era o fim de uma batalha que eu travava por toda a vida... a batalha para implorar pelo amor de alguém. Eu finalmente escutei o que todos os términos dolorosos me diziam: *Eu estou implorando para você me amar.* O *eu* era minha versão autêntica. E o *você* era a minha versão de 29 anos, que ainda perguntava: *Por que eu não posso ter aquilo?*

Escute a si mesmo. Você está dizendo: *Eu estou implorando para você me amar.*

Você vai atender ao seu chamado?

O Contrato do Amor-próprio vai ajudar.

JOIA Nº 9: ASSINE SEU CONTRATO DO AMOR-PRÓPRIO.

Leia o contrato com cuidado e assine. Consulte-o sempre que precisar.

Eu sou a fonte do meu amor. Eu sou encarregado de suprir minhas necessidades e desejos, e de curar aquilo que minha infância me ensinou sobre mim mesmo e o quanto mereço do amor. É minha responsabilidade não me diminuir nem me partir em pedaços para ser recebido no lar dos outros. É minha responsabilidade construir um lar interior e me recepcionar como eu sou. Inteiro, me curando e em um trabalho em progresso, tudo ao mesmo tempo.

Talvez eu não me sinta completo agora, mas entendo que minha versão autêntica merece ser amada. E a primeira pessoa a me amar sou eu. Quando faço isso, ninguém pode diminuir meu valor, se recusando a me amar. Se eu não for recebido no lar dos outros, isso não vai significar nada sobre mim. Não vou levar para o lado pessoal. Porque eu entendo que não é possível me sentir desabrigado enquanto eu tiver um lar para mim mesmo no meu íntimo.

Talvez eu ainda não tenha terminado a minha casa, mas não vou implorar a ninguém para me receber em sua casa nesse meio--tempo. A minha casa é a que merece todo o meu amor e energia. E até ela estar completa, não usarei os outros para me sentir em casa. Tudo que estou disposto a oferecer a alguém para me amar de volta será direcionado para a construção do meu lar. Farei todo o trabalho necessário para voltar até o começo do meu sofrimento, até a minha história do *Por que eu não posso ter aquilo?*, e curar todas as mentiras que contei sobre mim mesma.

Eu me amo.

Assine aqui:

TRÊS

Perdão

~

Nesta sala, você aprenderá como se livrar das amarras do sofrimento que lhe prendem. Você aprenderá que o perdão não tem ligação alguma com a pessoa que lhe magoou: o perdão tem a ver com você. O perdão tem a ver com desapego.

Perdoar a si mesmo permite que você se desapegue da pessoa que acreditava precisar ser. Perdoar os outros permite que você aceite o que aconteceu e se desapegue da necessidade de mudar o passado.

Você entrará neste cômodo sempre que sentir dificuldade em se desapegar de como alguém lhe fez mal. Talvez você acabe entrando aqui todos os dias, ou de vez em quando. E não tem problema. O perdão exige tempo e reflexão. Seja paciente consigo mesmo.

Você está preparado para começar a se desapegar?

Vamos começar.

~

Antes de entrar na sala, pergunte-se: *O que significa perdoar alguém?*

Independentemente da sua resposta, quero que você a deixe do lado de fora por um instante e tente respondê-la de novo após a leitura deste capítulo.

Ao entrar na Sala do perdão, seu objetivo é se livrar do sofrimento, é aceitar, não reverter, o que aconteceu, é superar a dor, passando por cima dela.

Você entra na Sala do perdão por si mesmo, não para beneficiar outra pessoa. Ninguém além de você pode entrar aqui. Não ache que a pessoa que causou seu sofrimento pode oferecer uma cura. Não espere por um pedido de desculpas para se dar permissão para sentir sua dor. Isso trará apenas mais sofrimento. E também dará a ela mais domínio sobre o próprio processo de cura. Você escolhe tomar essa decisão. Parece que estou sendo dura demais, não é? Mas é porque você precisa disso. E porque você não merece acreditar que o seu poder é tão limitado. Lembre-se de uma das principais regras da Sala do amor-próprio: *seu poder está no seu interior.*

Então, se for doloroso demais entrar na Sala do perdão porque você carrega a pessoa que lhe magoou para dentro dela, volte um pouquinho para a Sala do amor-próprio e lembre que assumir o controle do seu processo de cura é fundamental. Lembre-se de atender ao seu chamado, de que você é a sua principal prioridade e que é capaz de enxergar aquilo que procura.

A responsabilidade de se desapegar do seu sofrimento é sua e de mais ninguém. Posso garantir que, mesmo se a pessoa que causou sua mágoa surgisse agora, admitisse o que fez e dissesse que se arrepende, a tristeza não iria embora. Talvez ela sumisse por um instante. Mas isso não passaria de um curativo, de um Band-Aid.

Ninguém pode ser a fonte de dor e de cura ao mesmo tempo. Uma pessoa pode instigar a dor, mas não curá-la. É você quem deve fazer isso. E é provável que o sofrimento que essa pessoa causou em você tivesse de vir à tona em algum momento da sua vida. Não estou dizendo que você deveria agradecer a essa pessoa nem dizer que se sente grato pela dor. Oferecer gratidão pelo sofrimento seria uma forma de atribuir mais poder a essa pessoa.

Você não é o motivo
para terem mirado uma flecha na sua direção.

Você não é o motivo
para uma flecha tê-lo levado ao chão.
Mas você
é o único motivo
para escolher se levantar
e limpar o sangue
dos seus joelhos e das suas mãos,
e as lágrimas dos seus olhos.
É a resiliência do seu corpo,
das suas veias,
que leva o crédito,
não o tormento que vazou
do coração dos outros
ao mirarem a flecha em você.

Entenda que não há justificativa alguma para alguém magoar você. Não tente ser compreensivo. Seu objetivo deve ser compreender a si mesmo e o motivo por trás das suas reações.

Quando você perdoa os outros, está dizendo: *O que você fez comigo aconteceu. Não foi legal. Deixar isso para trás não significa minimizar a situação. Significa que você não tem mais poder sobre mim.*

Então, antes de entrar nesta sala, pergunte a si mesmo:

1. O que/quem eu preciso perdoar?

2. Estou pronto para perdoar?

3. Eu me permiti sentir essa dor?

4. Eu entendi o que esse sofrimento tentou me ensinar? (Caso a resposta seja não, visite a Sala da rendição.)

A Sala do perdão não funciona como uma máquina de venda automática que oferece uma válvula de escape instantânea para o seu sofrimento.

Há dores que levam anos para ser perdoadas por completo. O perdão é a prática do desapego.

Quando comecei a escrever este capítulo, nem imaginei o que me aguardava. Após inúmeras horas pensando em todos os pilares que planejei para o perdão, eu sabia que havia algo faltando. Quanto mais eu escrevia, mais necessidade sentia de escrever. Um dia, me peguei sentada em uma cafeteria aleatória, escrevendo no topo de uma página: *quem eu perdoo?*

Quem eu perdoo?

E quanto tempo preciso voltar no passado?

Dava para sentir o desconforto subindo pelo meu corpo até alcançar os olhos. Meus dedos. Apenas me recostei na cadeira e fechei os olhos. Não me importava se as pessoas estavam me encarando. Não me importava o que estavam pensando. Eu sentia o sol batendo no meu rosto. E tudo começou a vir.

Quem eu perdoo?

Quanto tempo preciso voltar no passado?

Por onde eu começo?

Pilar nº 1: Não há vergonha em precisar perdoar alguém ou algo.

Você não escolhe as dores que caem no seu colo nem quanto tempo leva para se curar. Mas é você quem decide o que fazer com essa dor depois que ela surge. Se você preferir resistir a ela só porque acha que, neste estágio da vida, não deveria mais sofrer assim, então ela permanecerá onde está. Frequentemente uso a analogia de alguém que bate à sua porta. Se você ignorar as batidas, elas só se tornarão mais altas e irritantes com o tempo. Mesmo que as ignore, você terá que adaptar seu comportamento ao momento em que elas começam, em que se tornam mais altas e em que param. Em outras palavras, elas controlam você. Acreditar que ignorá-las fará com que desapareçam é enganar a si mesmo.

Quando o sofrimento bater à porta:

Deixe-o entrar.
Caso contrário, ele vai bater
mais e mais forte.
Sua voz se tornará
mais e mais alta.
Então deixe-o entrar.
Passe um tempo com ele.
Compreenda-o.
Então acompanhe-o até a porta
e lhe diga para ir embora,
porque chegou a hora de você receber
a felicidade.

O mesmo vale para quando você nega que alguém lhe causou mágoas que precisam ser perdoadas. Talvez você pense que a dor não seja grande demais por se considerar uma pessoa "forte", alguém que deveria aguentar a dor.

Olhar para uma dor
que se agiganta sobre você
não é força.

Volte alguns anos no passado comigo. Estou sentada diante de uma das minhas chefes no trabalho. Só posso descrever meu estado como despersonalização. Tudo ao redor está embaçado. A expressão no rosto dela é o exato oposto da que ela exibiu no dia em que nos conhecemos, no dia em que fiz a denúncia. Naquele dia, ela me agradeceu por minha coragem, me abraçou, disse que eu ficaria bem, que me protegeria daquele homem. Agora, com um olhar que dizia *Vamos acabar logo com isso*, sem esboçar qualquer emoção, ela declarou:

— Você *precisa* esquecer isso.

Olho para meu colo e sinto as lágrimas molharem minha calça e alcançarem minhas pernas.

A esta altura, meus olhos são cachoeiras. Cachoeiras silenciosas.

Como eu deixei de ser a garota perfeita, a filha perfeita, a aluna perfeita, a professora perfeita, a garota que o diretor fazia levantar na frente da escola toda para que ele dissesse "Quero que todos vocês sejam iguais a ela"? Como deixei de ser aquela garota para virar esta? Para ser indiretamente chamada de mentirosa?

Aquele sistema não deveria acreditar em mim? Não deveria me proteger? Para uma mulher jovem com uma vasta interseccionalidade de identidades que me tornavam ainda mais vulnerável, o processo de investigação não deveria ser justo?

Não sei dizer qual parte do sofrimento foi pior naquele instante, mas sei que não senti apenas uma dor. O problema não era o fato de que os resultados estavam contra mim. Nem que as pessoas que eu admirava me decepcionaram ou me julgaram. Não era porque eu tinha de voltar ao ambiente de trabalho em que a pessoa que me fez sofrer permanecia no poder. Não era a negação da história. Não eram as inconsistências e as perguntas que ninguém me respondia. Não eram as mentiras que espalharam sobre mim. Não era a visão da minha carreira condenada ao fracasso. Era tudo isso. E, pior, era que, quando eu saísse por aquela porta, eu não saberia aonde ir, quem procurar, o que fazer. Era que, quando eu saísse por aquela porta, eu não saberia quem eu era. Naquela altura, eu não tinha contado coisa alguma para a minha família. Para os meus amigos. Eu era a forte, era a pessoa que jamais sofreria um baque daqueles.

Eu esperava que um sistema exterior a mim removesse minha vergonha. De certa forma, eu tinha construído um lar para mim dentro daquele sistema. E, talvez, se as consequências estivessem ao meu favor, eu seria capaz de desconstruir essa vergonha com o tempo, usando a aprovação de pessoas com vozes poderosas. Mas a triste realidade era que nenhuma conclusão de qualquer sistema poderia chegar à raiz da vergonha e se livrar dela.

Eu tinha de fazer isso.

Ao longo dos meus anos na América do Norte, lembro-me de todas as mensagens diretas e indiretas que recebi sobre as mulheres aqui terem mais direitos e serem mais respeitadas do que no lugar em que cresci. Isso até pode ser verdade em muitos contextos, mas, tomando por base as minhas experiências com o sistema, não foi a experiência que eu tive, assim como não é a de muitas mulheres que fazem denúncias. A opressão das mulheres assume formas diferentes em todo o planeta e costuma ser escondida atrás de cortinas de leis e slogans que servem apenas para proteger hierarquias misóginas de poder profundamente entranhadas.

Pilar nº 2: Perdoar alguém não acontece sob o teto da outra pessoa: acontece sob o seu.

Vamos voltar para a cafeteria. Quando apoiei minha cabeça na janela naquele dia, me julguei por pensar que eu tinha muito o que perdoar. *Eu estava sendo ingrata com tudo o que eu tinha quando só me concentrava no que precisava ser perdoado? Minha incapacidade de me desapegar significava que havia algo errado comigo?* Então mudei o rumo dos pensamentos... Falei para mim mesma que precisar perdoar algo não significa que você seja inferior aos outros. Não significa que você seja fraco. Não conseguir se desapegar de algo não significa que exista algo errado com você.

Eu pergunto: você parou de se abrir para os outros sobre sua dificuldade em se desapegar de uma pessoa, de uma situação ou de uma dor? Talvez você esteja com medo de parecer um disco arranhado. Um fardo. Você está cansado de si mesmo. Então volta a esconder seu sofrimento, assim como fazia antes de desabafar sobre ele.

Estaria na hora de eu simplesmente me desapegar do passado? Àquela altura, eu já tivera a coragem de quebrar tantas barreiras. Fazer isso havia sido como testemunhar a minha morte. De um jeito lindo, eu encarava a morte da mulher que me ensinaram a ser. A mulher que disseram que eu deveria ser. A mulher que me convenceram de que eu precisaria me transformar para ser feliz.

Eu encarava a morte dessa mulher simplesmente ao refletir sobre o que eu queria fazer de verdade. Não, não. Eu encarava a morte dessa mulher simplesmente ao pensar em conseguir refletir sobre o que eu queria fazer de verdade.

Verdade seja dita, eu não tinha ideia do que eu queria e de quem eu era.

Eu dedicava toda a minha energia a cumprir expectativas. Eu me orgulhava de trabalhar a cada segundo do dia. De não dormir porque não parava de pensar em tudo o que precisava ser feito no dia seguinte. E acabava trabalhando ainda mais. Isso, por si só, era uma medalha de honra.

Antes de começar a próxima parte, preciso dizer que compreendo que muitos integrantes da fé muçulmana e da cultura árabe podem ler o que escrevi e achar que estou passando uma imagem errada da fé e da cultura. Essa não é a minha intenção. Experiências pessoais sempre são diferentes, mas seria inútil esconder algumas histórias e ignorar sua existência apenas em prol da imagem coletiva de uma fé ou de uma cultura. Então o que vou dizer a seguir não é uma tentativa de afirmar que todas as pessoas que compartilham da minha fé, da minha cultura ou do ambiente em que cresci tiveram a mesma experiência. Quero apenas contar a *minha* história, como a vivenciei.

Comecei a frequentar a escola islâmica no oitavo ano. No recreio e na hora do almoço, as meninas e os meninos ficavam separados. Os meninos tinham redes de basquete no seu lado, mas nós, não. O espaço deles era o dobro do nosso. Os pátios ficavam em lados opostos da escola, e havia um caminho largo conectando os dois, com um portão de metal alto que só era aberto no fim do dia, quando os ônibus vinham nos levar para casa. Enquanto os meninos tinham aula de educação física, nós tínhamos de artes. Uma vez, na aula de artes, uma aluna estava falando que não se imaginava casando com um homem que não amasse. Nosso professor ficou muito nervoso e disse:

— O amor não é como você pensa. Primeiro, você casa com um homem; depois, aprende a amá-lo.

Nunca me permiti pensar sobre meninos. Porque meninos só podiam surgir nos nossos pensamentos quando falássemos sobre casamento. Foi isso que aprendi na escola. Era eu quem não me permitia pensar sobre meninos, ou nunca me permitiram isso? Não sei. Minha única certeza era que falar sobre meninos era errado. Eu nem sabia como falar com eles.

Desde muito cedo na escola, nós entendíamos que os homens eram mais privilegiados que as mulheres. Eles eram os protetores, podiam fazer muito mais do que nós porque... simplesmente porque eram homens. Por exemplo, eles tinham permissão de usar perfume, e até eram incentivados a isso, enquanto nós aprendíamos que usar perfume era equivalente a fazer sexo com um homem com quem você não era casada — um dos maiores pecados possíveis. Como eu confiava nos meus professores, a maioria homens, achava que esses ensinamentos eram baseados nos escritos do Alcorão. Só mais velha fui descobrir que a maioria dessas lições tinha sido criada por homens e não tinha qualquer origem islâmica.

Quase todas as meninas da minha turma gostavam de algum menino e achavam que estavam apaixonadas. Mas namorar e conversar sobre sentimentos entre meninas e meninos era proibido. Esse tipo de conversa só acontecia dentro do casamento e, obviamente, se casar era o maior sonho de todas as meninas. Mas não era o meu.

O meu sonho era o *aquilo*. Amor. Um lar. Pertencer.

Eu seguia pela vida sabendo, sentindo, que havia algo faltando. Sempre me senti malnutrida.

Até um dia.

Quando eu tinha 14 anos, um dos meus professores da escola islâmica começou a fazer com que eu me sentisse especial. Ele ligava tarde da noite para a nossa casa, dizia ao meu pai que era meu professor e que precisava explicar alguns conceitos para mim. Então, ele conversava comigo sobre a vida. Eu tinha 14 anos. Catorze. Ele me disse que nunca tinha conhecido uma moça tão madura. Tão bondosa. Tão compreensiva. Ele me disse que eu o lembrava de como era ser uma pessoa boa. Não demorei muito para me apegar à atenção que recebia dele. Um dia, minha amiga Mariam me convidou para ir à sua casa depois da escola. Isso acontecia raramente, porque ela vivia em outro vilarejo, então eu só podia ir se conseguisse uma carona de volta para casa. Mencionei meus planos para ele. E ele foi até a casa da minha amiga e ficou sentado com a gente no quintal. Nós tínhamos 15 anos àquela altura, então acho que foi por isso que ninguém achou estranho. Não sei o que ele pretendia, mas eu me sentia tão bem e tão envergonhada ao mesmo tempo. De certa forma, quando não consegui encontrar o *aquilo*, aceitei qualquer coisa parecida. Essa situação acabou quando fui visitar minha família no Canadá naquele verão; pouco depois, ele se casou com uma garota de 16 anos.

Essa não seria a última vez que um homem muito mais velho que eu admirava me daria o tipo de atenção que fazia eu me sentir especial. O último surgiu alguns anos depois da minha chegada ao Canadá. Essa história marcou o fim da minha necessidade de agradar homens, especialmente homens em posições de poder. Como havia um contexto profissional e diferenças de poder, fiz uma denúncia de assédio e recebi uma negação padrão a respeito do que havia acontecido. Foi o momento na sala da minha chefe que descrevi antes.

Sabe qual foi a beleza dessa negação? Parecia que alguém havia pegado um calendário e escondido anos da minha vida. A tentativa de apagar o sofrimento que era um residente vitalício dentro de mim parecia uma forma de me apagar. Mas esse foi o começo da detonação de uma bomba poderosa: minha voz. Os acontecimentos depois desse momento me ensinaram o que era o perdão. Ensinaram que, quando você finca seus alicerces — sua autoaceitação — sob o teto da pessoa que lhe causou sofrimento, você nunca acreditará que merece o próprio lar.

Só aprendi o significado real do perdão quando perdoei aquele homem. Sob o meu teto. Dentro do meu lar. Com a minha voz. Com a minha verdade.

E tudo começou quando compreendi a minha história através do meu olhar.

Pilar nº 3: Perdoar a si mesmo é fortalecedor.

Meu eu querido,
me perdoe por todas as vezes que eu disse
"está tudo bem"
quando eu devia ter dito
"nada está bem"
ou
"eu te perdoo".

Julguei a mim mesma pela maneira como inocentemente me deixei levar pela atenção de alguém que eu admirava. De certa forma, me deixar levar pela atenção era um reflexo do quanto eu me desvalorizava. Por muito tempo, tentei fazer as coisas voltarem ao "normal" com ele. E demorei bastante para compreender que nada *nunca* foi normal. Ele era alguém que eu admirava. O relacionamento nunca deveria ter passado desse limite. E eu precisava me lembrar constantemente de que não fui eu quem cruzou esse limite primeiro.

Eu me julguei por ter dificuldade de me desapegar da ligação tóxica que eu sentia por ele. A questão era ele? Ou a atenção? Era a atenção? Ou a atenção de um homem que tinha poder e prestígio na comunidade ao meu redor? Era a minha necessidade de agradar alguém tão poderoso? Ou a minha necessidade de me sentir valorizada como professora, como ser humano, como *mulher*?

Perdoar a mim mesma significou que eu me compreendi, que eu olhei para minha versão mais jovem, que nunca aprendeu que poderia dizer "não". Significou que voltei para minha versão mais jovem e disse a ela:

Me perdoe por lhe culpar
por algo que você não sabia.
Me perdoe por lhe culpar
pelas atitudes que os outros decidiram tomar.

No processo de me perdoar, refleti sobre o condicionamento da minha versão mais jovem. Essa foi uma parte essencial do meu processo de cura. Não bastava dar sentido ao sofrimento e ao trauma. Eu precisei me entender. Não me curei do trauma simplesmente entendendo os acontecimentos que o causaram. Precisei olhar bem para a minha vida como um todo e para os condicionamentos culturais e religiosos com os quais cresci. Eu achava que meu condicionamento era benigno e maligno ao mesmo tempo — benigno por causa de quanto tempo demorei para perceber que precisava mudar, e maligno por ser tão destrutivo para todo o meu ser. Entender isso tudo fez com que eu compreendesse a mim mesma.

Entender por que você reagiu de determinada forma diante de uma situação dolorosa aumentará seu autoconhecimento e a compreensão que tem de si. Ajudará a ter mais empatia pelos outros. E fará com que o autoperdão seja mais fácil.

Não concentre seu processo de cura em compreender por que alguém iria querer magoar você. É impossível saber qual era a intenção verdadeira da pessoa ou se ela agiu propositalmente. O melhor objetivo é tentar aceitar, e não decodificar, dissecar ou justificar o que aconteceu. Ficar empacado em uma tentativa de entender tudo é uma forma de resistir ou fugir dos seus sentimentos. E tudo isso distrai você do trabalho que precisa ser feito. De voltar à raiz do problema e extrair a dor da fonte.

Eu não me curei do meu trauma porque compreendi o que aconteceu de um jeito lógico, consciente. Esse trauma ainda surge na minha vida. A cura me torna ciente dele. Entender um trauma não significa que ele não voltará à tona quando você se deparar com gatilhos. Eu o sinto como se fosse um órgão invisível dentro de mim, separado do coração, bombeando a dor pelas minhas veias em certas situações. Parte de perdoar a si mesmo e se curar é aceitar a dor quando ela surge, sem se julgar.

Por meio de terapia e da anotação extensiva dos meus pensamentos, consegui compreender o meu trauma e os meus gatilhos. E compreendi que eles vão ressurgir de vez em quando. Eu não teria um lar dentro de mim agora se não tivesse aceitado isso.

~

Você precisa dar as boas-vindas para
a dor quando senti-la;
não basta apenas saber de onde ela veio.

~

"Mas, Najwa, eu sinto. Faz tanto tempo que sinto. Como consigo me livrar disso?" é uma pergunta que me fazem de várias formas. E eu a adoro. Aqui está minha resposta: ao mesmo tempo em que você sente a dor, precisa aceitá-la. Aceite como tudo aconteceu. Aceite o que você fez. Aceite o que o outro fez. É necessário aceitar o fato de que você nunca mais será a pessoa que era antes de tudo acontecer. Aceite as cicatrizes que ficaram. Você precisa transformá-las em lembretes da sua evolução apesar do sofrimento, e não mantê-las como lembretes constantes da dor. E, mais importante, é preciso assumir o controle sobre a própria vida.

As ferramentas neste cômodo serão chamadas de tomadas, porque elas oferecem oportunidades para você se ligar no perdão e se desligar da autorrecriminação e do apego ao passado. Se perdão exige desapego, é preciso estar disposto a liberar tudo o que está prendendo você — sentimentos, pensamentos, ressentimentos, rancores, desamparo.

TOMADA Nº 1: COSTURE SUA ALMA COM UM FIO DE OURO.

É preciso se desapegar da ideia de que cura significa voltar a ser a pessoa que você era antes da rasteira que levou. Muitos de nós permanecemos vidrados nas coisas que perdemos — que geralmente não têm valor monetário. Podem ser anos da nossa vida. Pode ser nossa inocência, nossa autoconfiança, nossa esperança, nosso otimismo. Nós nos focamos em recuperar o que foi perdido, porque, para nós, fazer isso é um sinal de que estamos no caminho certo. Passamos muito tempo preocupados em voltar a ser a pessoa que éramos, mas fazer isso é como tentar nos encaixar em uma fôrma na qual não cabemos mais. A pessoa que você era é familiar. Mas você entendeu em qual direção precisa seguir para recuperá-la? Ela está no passado. Atrás de você. Então, se é isso que você está tentando fazer, peço que pare.

Você se esfarrapou.
Você era lindo
antes de se esfarrapar.
Você era lindo
enquanto se esfarrapava.
Você é lindo
enquanto se reconstrói,
sem se remendar, você mesmo.
E, ah, como você será lindo
depois que costurar
os retalhos esfarrapados de si mesmo
com a agulha do amor-próprio
e o fio de ouro do
lar.

Quando você se esfarrapa, enxerga todos os pedaços que precisa enxergar. É a forma mais complicada e mais linda de se desfiar. Você será capaz de pegar cada retalho, compreendê-lo, amá-lo, assimilá-lo e escolher colocá-lo na sua nova versão. O ouro com que costura sua alma pode se assemelhar a cicatrizes, mas lembre-se de que cicatrizes são um lembrete do quanto você evoluiu.

Vou dar um exemplo de como fiz isso. Quando falei sobre sair daquela sala sem saber qual das dores era pior, minha concepção de cura era voltar a ser a mulher que eu fui antes de tudo acontecer. Eu estava esfarrapada e tentando me remendar. Mas o que eu precisava mesmo era me reconstruir. Porque me remendar significava que a dor desapareceria. E isso é impossível. A reconstrução é um ato consciente. Você não vai conseguir construir um lar se estiver vendado. Reconstruir significa conhecer todos os retalhos, saber o propósito de cada um e onde posicioná-lo. Na minha jornada de volta ao passado para compreender por que me tornei a pessoa que eu era antes de sofrer, dei aos meus retalhos a oportunidade de serem vistos, ouvidos e amados por mim. E não era que eu estivesse abandonando minha versão passada ao tomar essa decisão. Eu a reconstruía. Eu aprendia sobre ela. Agora, eu me *conheço* e sei como ser uma participante ativa na minha vida. Por exemplo, hoje sei que tenho uma personalidade empata e que isso era grande parte do motivo para eu sentir a necessidade de agradar a todo mundo. Tentar voltar a ser a mesma pessoa de antes significaria me pedir para ignorar minha empatia e deixar que ela me direcionasse para os lugares errados. Reconstruir significa decidir manter esse retalho, mas agora, tenho consciência dessa escolha. E valorizo isso. Portanto, posso construir limites ao redor dessa empatia.

Uso a analogia da costura porque dar pontos é doloroso, assim como o processo de cura. É algo que exige tempo e esforço. Exige perdão e desapego. Exige assumir a liderança da própria vida. E isso fará com que você perca pessoas. Talvez você se sinta solitário. Mas lembre-se de que está construindo a pessoa mais poderosa da sua vida — você mesmo. E essa é a maior vitória.

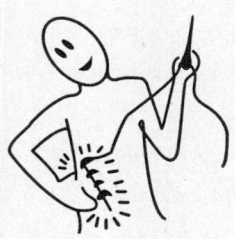

No processo de aceitar que não há como voltar a ser a pessoa que você era antes de um acontecimento traumático ou doloroso, seu processo de cura se torna automaticamente independente de um pedido de desculpas ou de um reconhecimento do que aconteceu. Você assume o controle pela sua reconstrução. Você se torna o construtor.

Em *Sparks of Phoenix* [Faíscas da fênix, em tradução livre], escrevi:

A pessoa que partiu você
não pode curá-lo.

É preciso desapegar da ideia de que você só será capaz de se curar caso a pessoa que causou sua mágoa peça desculpas ou se arrependa dos seus atos. Em vez de culpá-la pela sua situação atual, você precisa responsabilizá-la pelas ações dela e assumir o controle da sua situação atual. Ela não merece receber esse tipo de poder. Não pode manter você refém do sofrimento que causou. E aqui vai um segredo: muitas vezes, a pessoa nem sente que tem esse poder. Você dá esse poder a ela na sua cabeça, dá esse poder quando fica preso nos momentos dolorosos que acredita terem sido causados por ela. Ela não causou a dor. Ela a despertou dentro de você. Quero deixar algo explícito. Não estou dizendo que você *escolheu* sofrer como resultado do comportamento doloroso de outra pessoa. Estou dizendo que o poder dela está apenas naquele momento finito. Agora, o poder voltou a ser seu.

~

Às vezes, para nos perdoar, podemos contar
a história como a vivenciamos, não como se outra
pessoa a tivesse escrito.
Em vez de "Primeiro, ele fez tal coisa, depois tal coisa,
e então tal coisa", dizemos "Eu fiz, eu senti, eu...".
E esse não é um exercício para jogar a culpa em nós mesmos...
mas para nos tornar narradores da nossa história.

~

TOMADA Nº 2: USE FRASES QUE COMECEM COM "EU".

Boa parte do que sei hoje aprendi sendo professora. Enquanto eu estudava pedagogia, uma professora de educação pré-escolar nos disse para incentivar os alunos a usar frases que começassem com "eu" quando lidássemos com resolução de conflitos, um conceito criado pelo psicólogo Thomas Gordon, na década de 1960. Fiquei me perguntando por que não ensinavam essa técnica para alunos mais velhos. Por algum motivo, a resolução de conflitos era vista como algo importante apenas nos primeiros anos de vida, enquanto o foco nas turmas mais velhas era no gerenciamento da classe e no planejamento do currículo. E aquele curso não era obrigatório, então me ajudou a compreender a falta de discernimento que muitos professores exibem para resolver conflitos. Quando alunos mais velhos brigam, o foco não costuma ser nos alunos, mas em acabar com o problema, geralmente lembrando a eles que regras foram quebradas e punindo-os de forma adequada.

Para os mais novos, aprendemos métodos mais produtivos. Por exemplo, digamos que sou professora do quarto ano, e Lara e Sandy são duas alunas da minha turma. Um dia, no recreio, Lara vem até mim com os olhos cheios de lágrimas e diz:

— Ela me deixou triste!

Quando eu converso com Sandy, ela diz que Lara é irritante, porque sempre fica chateada quando Sandy brinca com outro amigo. Viu o que está acontecendo? Tanto Lara quanto Sandy apontam o problema na outra. Ao lembrar as duas de usar frases que começam com "eu", é mais provável que Lara diga:

Eu fico triste quando a Sandy não brinca comigo, porque me sinto excluída.

E é mais provável que Sandy diga:

Eu fico com raiva quando a Lara tenta me impedir de brincar com meus outros amigos, porque gosto de brincar com todo mundo.

Nós costumamos encarar os atos das outras pessoas como uma nuvem enorme pesando sobre nossa cabeça, porque a forma como interpretamos suas ações diz algo sobre nós. E quando conseguimos separar os atos dos outros daquilo que pensamos que eles querem dizer sobre nós, nos entendemos mais. E também entendemos mais a outra pessoa. É isso o que acontece quando usamos frases que começam com "eu".

Minha amiga Sam, por exemplo, veio falar comigo depois de descobrir que seu namorado, com quem vivia havia dois anos, estava trocando mensagens eróticas com outras mulheres. Ela estava tão magoada, repetindo o tempo todo:

— Não entendo como ele foi capaz de me trair assim! Por que ele nem está tentando se explicar? Por que não está tentando consertar essa situação?

Então pedi a ela para substituir toda pergunta com uma frase que começasse com "eu".

Em vez de dizer "Como ele foi capaz de mentir para mim?", você diria "Eu me sinto magoada quando alguém mente para mim, porque isso me dá a sensação de que não fazem questão de me contar a verdade".

Em vez de dizer "Ele nem tentou explicar por quê!", você diria "Eu fico triste quando alguém não tenta resolver um problema, porque isso me dá a sensação de que não fazem questão de lutar por mim".

As frases que começam com "eu" têm três elementos:

Eu fico _____ (insira emoção)
quando _____ (conte o que aconteceu)
porque _____ (insira o que você pensou)

Ao elaborar essa frase, você pode pegar este último elemento — o "porquê" — e perguntar a si mesmo se isso é verdade. É aí que começa o processo de cura. Você não está se curando do acontecimento, mas do que disse a si mesmo sobre ele. E isso permite que volte aos primeiros momentos da sua vida, quando essa crença surgiu. E, de repente, seu processo de cura passa por cima da outra pessoa e começa a depender apenas de você. Agora, em vez de culpar o outro por lhe dar a sensação de lar e então removê-la, você começa a construir o seu lar. Então, se você estiver no processo de construir o seu lar, lembre-se disso. E se ele já estiver pronto e você estiver apenas visitando a Sala do perdão, as frases que começam com "eu" sempre ajudam.

O objetivo ao usá-las é evitar as frases que começam com "você". Frases que começam com "você" insinuam uma sensação de desamparo, porque você está tentando encontrar a resposta em algum lugar fora de si mesmo. Ao usar frases que começam com "eu", separamos o processo de cura da pessoa que lhe causou qualquer tipo de mágoa. Elas levam você de volta a si mesmo. Para o seu lar.

Pilar nº 4: Perdão não se trata de culpa, mas de desapego.

Se esta sala tivesse outro nome, seria desapego.

Não importa quem causou seu sofrimento nem as condições que o causaram. O que importa é que você foi afetado de alguma forma. Saber quem foi o culpado não vai apagar sua dor. Na verdade, isso apenas abre espaço para o ressentimento. E esse é um sentimento pesado demais para ser carregado.

Minha dor vivia exposta. E ninguém me disse que a enxergava antes de eu me abrir sobre ela. A ferida que passei tanto tempo escondendo estava coberta por um curativo. Eu não a deixava respirar nem se transformar em uma cicatriz, porque não estava pronta para me desapegar. Eu queria que a ferida permanecesse ali, sangrando, para que continuasse me dando o direito de sentir dor. Para eu poder justificar a dor que sentia. Quer dizer, como eu poderia senti-la se o motivo não fosse nítido? Eu me apeguei à identidade do que aconteceu comigo para ficar remoendo os acontecimentos e, de algum jeito, me sentir viva. A parte difícil de renunciar à dor, ao acontecimento que me ensinou aquilo que eu acreditava sobre mim mesma, era me encarar. E encarar a verdade de quem eu sou.

Porque, se eu não tiver essa dor para me definir, quem sou eu?

TOMADA Nº 3: REDEFINA-SE: QUEM É VOCÊ SEM A DOR?

Se você tivesse que se apresentar para alguém agora, o que diria? (Vou ajudar. Comece com cinco palavras. Apenas cinco palavras.)

Antes de eu encontrar meu lar interior, eu costumava me apresentar dizendo o que aconteceu comigo. Aos meus olhos, eu era uma vítima de agressão. Eu era alguém que passou por assédio sexual e abuso de poder, era alguém que não foi escutada. Alguém que lutava para ser ouvida.

Na minha jornada para encontrar o meu lar, mudei a história. Não me defino mais pelas coisas que aconteceram comigo, mas por quem eu sou. Hoje eu me apresentaria como alguém que sobreviveu, que se reconstruiu, que se recriou. Eu me apresentaria como alguém que tem um papel ativo na própria vida, não como alguém que sofreu algo. Não como alguém que está reagindo, mas como alguém que vive.

É difícil nos definir sem nossas dores, porque, de repente, precisamos encarar a verdade sobre quem somos. A maioria de nós nem sabe quem é. Não digo isso com a intenção de envergonhar você ou a mim por se (me) apegar à dor. Estou apenas tentando destacar os motivos pelos quais é mais fácil viver sofrendo do que viver sem dor. Não é porque queiramos viver assim. É porque viver sofrendo é bem menos doloroso do que viver sem estar ancorado — a alguém, a uma memória, a um momento.

Quando não sabemos quem somos, sentimos que não temos propósito. Então caminhamos e vivemos sem rumo, sem qualquer senso de direção. Muitos de nós preferem não viver nesse estado incerto, então nos apegamos àquilo que temos. Dor. Nós acreditamos que carregar a identidade de quem passou por uma situação difícil é melhor do que não carregar identidade alguma.

Desapegar é ver e aceitar a si mesmo como você é, sem dor. Sem histórias. Sem rótulos. Sem a identidade que você criou com base na dor ou no passado. Aceitar que você não é o que sofreu. E que você não é o resultado desse sofrimento. Em vez disso, você é quem você é, com ou sem essa dor. Isso significa que o que aconteceu não foi ruim o suficiente? Ou que não foi importante? De forma alguma.

TOMADA Nº 4: CORTE OS CORDÕES.

Em *Sparks of Phoenix*, usei a analogia do fantoche:

> *Ele prendeu cordas à minha autoestima*
> *e brincou comigo,*
> *feito um fantoche.*

Se eu pudesse reescrever esse poema, diria:

> *Eu prendi minha autoestima*
> *à aceitação dele.*
> *Eu dizia, fazia e sentia*
> *o que eu achava que precisava dizer, fazer e sentir*
> *para merecer ser amada, vista e escutada.*

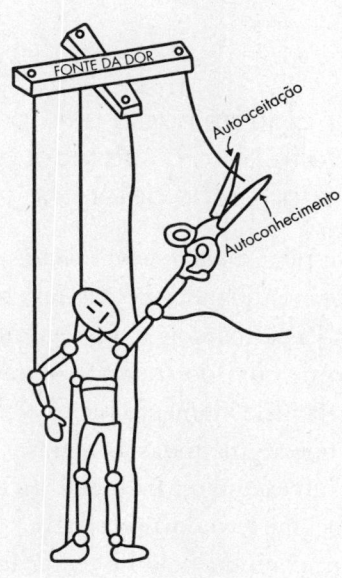

PRIMEIRO PASSO: Sente-se em silêncio.

SEGUNDO PASSO: Feche os olhos ou se concentre em um objeto.

TERCEIRO PASSO: Imagine a pessoa que magoou você. Pense em toda a força que dá a ela representada pelos cordões que amarram você (o fantoche) a ela. Cada cordão representa algo de que você não consegue se desapegar quando se trata dessa dor ou dessa pessoa.

QUARTO PASSO: Imagine que você pega uma tesoura. Ela vem direto dos alicerces da sua casa. Uma lâmina é a autoaceitação, e a outra é o autoconhecimento. Leve a tesoura a cada um dos cordões e diga: *Eu aceito e liberto você. Você não tem força alguma sobre mim.*

QUINTO PASSO: Sempre que cortar um cordão, imagine a força dele fluindo de volta para você. Para o seu coração. Para o seu lar.

Essa atividade é como dizer: *Estou desfazendo seu poder sobre mim. O poder que eu achava que era seu agora é meu.*

Pilar nº 5: Perdoar alguém não é uma permissão para que essa pessoa volte para a sua vida, até mesmo quando essa pessoa é sua versão anterior.

A principal parte deste pilar é *até mesmo quando essa pessoa é sua versão anterior.* Você se lembra de quando me descrevi sentada na sala da minha chefe, chorando? Passei os dois anos seguintes empacada naquele momento. O processo de cura do trauma — traumas — que ocorreu por alguns anos antes daquele momento me fez voltar para aquela garota inocente e protegida, que seguia todas as regras. Que se dava bem com todo mundo. Que era um exemplo para todos. Eu tentei tanto voltar a ser aquela garota que acabei me ferindo ainda mais.

Era como pegar um copo quebrado e tentar fazê-lo voltar a ser exatamente como fora antes. Eu precisava aceitar que eu nunca mais seria a pessoa que fui. Ela havia morrido.

Lembra quando eu disse que encarei a morte da mulher que eu acreditava ser necessária me tornar para ser feliz? Para ficar bem? Acompanhe-me até o momento em que comecei a aceitar que aquela mulher precisava morrer. Uma noite, antes de o meu pai partir para sua viagem anual ao Líbano, eu estava sentada à sua frente no sofá da sala, me sentindo sem vida. Minha família não sabia o que estava acontecendo comigo. Eles me viram murchar de todas as maneiras possíveis, especialmente minha mãe, mas não tinham a menor ideia do motivo. Eu sentia tanta vergonha. Tanto medo.

No Dia dos Pais, eu compartilhei no Facebook uma foto segurando a mão dele, quando eu tinha dois anos. Eu usava um vestido branco e vermelho. Meus cachinhos louros estavam presos em fitas vermelhas bonitas que pareciam cerejas. E eu sorria. Não dava para ver meu pai na foto, apenas seu braço que me mantinha de pé na imagem. Minha mãozinha apertava a sua com toda a força.

Sentado à minha frente, meu pai disse palavras que não memorizei exatamente, mas das quais ainda me lembro. Ele, um homem muito contido, disse:

— Sabe aquela foto que você compartilhou? Quando você era pequena, eu costumava olhar em seus olhos e dizer: "Essa garota vai longe." Por causa do olhar que você tinha. E ele desapareceu agora.

Naquela noite, eu me olhei no espelho. E chorei. E chorei. E chorei. Eu não conseguia me reconhecer. Parecia que estava olhando para uma desconhecida. Eu olhava para um céu, me engasgando, sem saber se iria chover ou se o sol apareceria.

Dava para entender o que meu pai quis dizer. Eu não era mais eu. Estava em transição entre quem fui e quem precisava me tornar. E meu corpo não conseguia aceitar nenhuma dessas versões, então me tornei apenas uma casca vazia, desesperadamente me agarrando a qualquer raio de vida que me acolhesse. Eu estava sem lar.

Para me tornar quem eu deveria ser, precisei parar de tentar ser quem fui. A mulher que eu era baseava seu valor em construir lares temporários em outras pessoas. A mulher que eu queria ser sabia que seu lar interior era o único do qual ela precisava.

Eu precisava parar de desejar que a dor desaparecesse, eu precisava parar de esperar por um pedido de desculpas. Eu precisava parar de esperar pelo reconhecimento do meu sofrimento, eu precisava parar de me sentir tão pequena ao lado de pessoas em posição de poder. Acima de tudo, eu precisava parar de desejar desaparecer e sentir vergonha de querer um lar. Eu precisava parar de esperar que alguém lutasse por mim, eu precisava parar de esperar que alguém me desse uma voz. Então lutei por mim mesma. E me fiz ouvir.

Olhando para trás, aquele momento em que as lágrimas caíam no meu colo na sala da minha chefe foi o momento em que comecei o luto pela morte da minha versão passada. E iniciei a construção do meu lar interior.

Depois dessa história, percebi que permanecer apegada ao que aconteceu nunca me curaria. Ficar remoendo por que minha chefe não me defendeu nem reconheceu como minha experiência tinha sido ruim apenas serviria para me afastar do meu lar. Quando você sofre uma injustiça, tudo o que deseja é que essa injustiça seja consertada. E eu acreditei que um sistema de poder me daria força, quando o que eu precisava fazer era nunca aceitar que a minha credibilidade dependesse de um sistema de poder para ser reconhecida. Eu não precisava que uma investigação provasse que passei pelo que sei que passei.

Perdoar aquelas pessoas... todas elas... significava me desapegar de coisas que estavam fora do meu controle. Perdoá-las significava seguir no meu tempo até me sentir capaz de desassociar aquilo que elas fizeram comigo de quem eu sou. Perdoá-las não seria possível sem que eu me perdoasse por acreditar tanto que minha dor precisava ser reconhecida pelos outros. Perdoar a mim mesma e perdoar aquelas pessoas fez com que o poder sobre a minha vida voltasse para as minhas mãos. Foi empoderador dizer: *Não sou quem vocês dizem que sou. Eu sou quem eu sou. A minha verdade não depende daquilo que vocês enxergam como verdade. A minha verdade depende da verdade que eu sei que vivi.*

A tomada a seguir ajudará você a alcançar o mesmo nível de liberdade.

TOMADA Nº 5: ENQUANTO DEIXA ESTA SALA, AFIRME.

Ao perdoar, desapego de tudo que não posso controlar.

Posso controlar meus pensamentos, meus sentimentos e meus atos (o que faço com meus pensamentos e sentimentos).

Eu decido quando e quem perdoar.

Eu me perdoo.

Não posso apressar o perdão.

Eu escolho se uma pessoa pode voltar para a minha vida ou não.

Para encerrar este capítulo, quero compartilhar um poema que escrevi quando me vi desejando que a dor desaparecesse. Ao aplicar o conhecimento que adquiri sobre o perdão verdadeiro, consegui guiar meus sentimentos rumo à aceitação.

Eu queria poder voltar
ao exato instante
antes do momento em que conheci você.
Dar meia-volta
e me sentar em um banco diferente
daquele em que me sentei
na noite em que conheci você.
Eu queria poder voltar ao
exato instante
antes do momento em que saí pela minha porta
naquela noite.
Dar meia-volta e fazer qualquer coisa.
Qualquer outra coisa.
Que não fosse sair pela porta.
Eu queria poder voltar
ao exato instante

antes do momento
em que sorri quando você disse oi.
Porque, por muito tempo, acreditei que meu sorriso
convidou você a dizer oi.
E que o meu oi
convidou você a dizer
todas as palavras que diria
para me atrair
como uma borboleta para um incêndio devastador,
tão parecido com os raios de sol.
Eu queria poder voltar
ao exato instante
antes de todos os momentos
em que eu disse sim
quando queria dizer não.
Para lembrar a mim mesma que,
se ser amada dependesse
de ser quebrada em pedaços,
posso escolher permanecer inteira.
Eu queria poder voltar ao exato instante
antes de todos os momentos
em que escolhi dizer
o que você queria ouvir.
Para lembrar a mim mesma que,
se ser escutada dependesse
do meu silêncio,
posso escolher deixar minha voz ecoar.
Ah, como eu queria...
poder voltar.
Mas, ah, como sou grata
pelo meu desejo nunca ter se realizado.
Porque, neste exato instante,

eu sou quem eu sou,
eu estou onde estou,
por causa de todo momento
antes de cada exato instante
em que me transformei em cinzas
apenas para renascer
com asas costuradas com fios de ouro
e uma voz tão poderosa
que nem mesmo eu consigo ignorar.

QUATRO

Compaixão

~

Em um mundo cheio de julgamentos e segregação, esta sala existe para lembrar a você dos três tipos de compaixão: pelo mundo, por si mesmo e pelos outros. Este é o único cômodo da casa em que os outros têm permissão para entrar. E o ato de receber alguém no seu lar necessariamente exige limites.

É fundamental que você demonstre compaixão por si mesmo e pelo mundo. E com esse mesmo nível de compaixão, é preciso ser seletivo com as pessoas que você recebe na sua casa. Assim como você demonstra sua compaixão pelo mundo por meio da empatia e do desejo de ajudar, o mesmo deve ser feito pelas pessoas que entram no seu lar. Elas devem ter a capacidade de sentir com você, não lamentar por você.

Você está preparado para aprender sobre o poder que tem sobre os convidados que entram no seu lar?

Vamos entrar.

~

Lembro-me de uma memória do quinto ano. Eu tinha 8 anos.

A lição da aula falava sobre um cardiologista que revolucionou um procedimento que salvaria milhares de pacientes da morte. Lembro que fiquei fascinada pela forma como aquele médico ajudou o mundo. E fiquei imaginando que recompensa ele mereceria por salvar vidas. Toda inocente, fui correndo até a professora no final da aula, cheia de admiração pelo médico, para perguntar se ele iria para o céu por ter salvado tantas vidas. E meu sorriso rapidamente desapareceu quando ela disse:

— Não. Porque ele não é muçulmano. Ele vai para o inferno.

Voltei para casa com o coração muito triste. Eu não conseguia entender como alguém que tinha feito tanto bem não iria para o céu. Minha avó sempre tinha me contado histórias lindas sobre religiões, e ela me ensinou a nunca julgar alguém por qualquer coisa além de seus atos. Fui conversar com meu pai e contei o que havia acontecido. E lembro que ele me disse:

— Não cabe a nós julgar para onde alguém vai. Só Deus sabe o que uma pessoa carrega no coração.

Se essa história não for prova suficiente de que crianças nascem como telas em branco que acabamos condicionando para enxergar o mundo através de rótulos, não sei o que seria. Fiquei triste porque não suportava a ideia de que alguém no mundo iria para o inferno simplesmente por não ser muçulmano. Dá para imaginar a pessoa que eu seria hoje se não tivesse ido para casa e contado a história para o meu pai? Ou se meu pai tivesse confirmado o que a professora disse? Dá para imaginar a pessoa que eu seria hoje se tivesse acreditado na professora naquele dia e seguido pela vida aceitando que ir para o céu ou para o inferno depende da religião que você compartilha? Eu continuaria a julgar os outros por meio de rótulos, sem ter qualquer empatia por ninguém. Eu permitiria que meu julgamento passasse por cima da minha empatia.

Tive a sorte de ter pais que me ensinaram uma versão da fé que é muito bondosa, misericordiosa e empática. Uma versão que respeita o livre-arbítrio e os atos das pessoas mais do que os rótulos com os quais elas se identificam.

Algumas vezes na minha infância, meu pai me levava para visitar seus amigos cristãos e drusos em vilarejos próximos. Uma conversa que sempre tínhamos na ida e na volta era que o que mais importava em uma pessoa era se ela era boa. Seus atos e comportamentos faziam mais diferença do que sua identidade religiosa.

Minha imagem de Deus era de luz. Eu não seguia as regras porque tinha medo de ir para o inferno. Eu as seguia porque adorava a imagem de Deus que via — justo, imparcial, compreensivo, empático —, uma versão que entrava em conflito com a que me ensinavam na escola islâmica. Meu pai sempre me incentivou a lhe contar o que eu aprendia na escola, para poder corrigi-las.

Acredite, meu problema não era com Deus. Meu problema era com o que as pessoas me diziam sobre Deus. Quando estava na universidade, essa mesma versão intolerante de céu-e-inferno, uma-coisa-ou-a-outra, da religião era praticada por muitas pessoas ao meu redor. Já me disseram que, se eu entrasse em um cômodo com o pé esquerdo, os anjos não me receberiam. Se eu usasse maquiagem, minhas orações não seriam atendidas. Se eu usasse esmalte, não poderia me limpar completamente antes de rezar.

Eu só me lembro de pensar: *Que diferença faz para Deus se minhas unhas estiverem pintadas enquanto eu rezar? Que diferença faz para Deus se eu entrar em um cômodo com o pé direito ou o esquerdo?* Esses detalhes bobos e insignificantes, na minha opinião, são mais importantes do que ser uma pessoa realmente boa? Eu via todas as garotas ao meu redor (eu não tinha amigos homens, porque isso era malvisto) sendo tão devotas em público, mas sabia que elas namoravam escondido dos pais. Sabia que elas faziam fofoca sobre as colegas. E, entre muitas outras coisas, eu as via julgar as outras pelas mesmas coisas que faziam escondido. Para mim, isso era pior do que eu usar esmalte enquanto rezava.

Minha imagem de Deus era de compaixão com todos, não apenas com quem se identificava como muçulmano. Deus me diz para enxergar as pessoas como elas são de verdade, desassociadas de todos os rótulos que as cercam. E é com esse tipo de compaixão que trato o mundo.

Quando alguém faz um comentário negativo sobre mim ou qualquer outro indivíduo, sempre paro para pensar se essa pessoa foi criada da mesma forma que eu. Será que ela teve um pai como o meu, que corrigia as crenças doutrinadas pela escola? Será que ela teve uma mãe como a minha, que sempre me dizia para prestar atenção nos atos das pessoas antes de ver seus rótulos? E me esforço ao máximo para manter isso em mente enquanto respondo. Não sou perfeita, mas sempre tento demonstrar compaixão em minhas respostas.

Vou compartilhar minha história sobre tirar o hijab no Capítulo 5, Clareza. Para os propósitos desta Sala da compaixão, quero falar sobre como a compaixão teve um papel nessa parte da minha vida. Tirei o hijab em julho de 2018. Quando tornei minha decisão pública, recebi muito ódio. Compartilhei a experiência nas redes sociais alguns dias após divulgar minha escolha:

Os últimos dias foram muito difíceis. A quantidade de ódio que recebi é tanta que nem as montanhas aguentariam seu peso. Até respondi de formas que não são do meu feitio, de tão opressiva que a negatividade se tornou.

Se você quiser me julgar ou julgar o que está no meu coração apenas com base naquilo que vê, fique à vontade. Se você quiser parar de me seguir, fique à vontade. Mas eu não vou mudar. E a minha mensagem não vai mudar. Meu coração não vai mudar.

Nunca julgo as pessoas pelo que elas afirmam acreditar, apenas pelos seus atos, pelo seu coração e pela sua consciência. Pelo bem que fazem ao mundo. É isso que a minha fé me ensina. Então não coloquem palavras na minha boca nem se achem no direito de fazer presunções sobre mim ou sobre os motivos para eu fazer o que faço.

Paz e amor para vocês, mesmo se me odiarem. Paz e amor para vocês.

Por que estou compartilhando isso? Porque é um exemplo perfeito da prática de autocompaixão ao expressar a minha versão de compaixão pelos outros. Em vez de permitir que as opiniões das pessoas sobre mim me causassem a sensação de inferioridade, preferi conversar comigo mesma com compaixão, empatia e a disposição de me ajudar a me reerguer.

Pilar nº 1: A autocompaixão é o parâmetro para a compaixão que você recebe dos outros.

Sentir-se em casa consigo mesmo não significa que você não sofra com o mundo ao redor. A prática da autocompaixão vai preparar você para o tipo de benevolência que está disposto a aceitar dos outros. No processo, você aprenderá a construir limites ao redor do seu lar. Sentir-se em casa consigo mesmo significa saber quem receber em sua casa, sob quais condições, e quando chega o momento de os convidados irem embora. Por isso, é importante que você aprenda a construir limites para todos os visitantes que tentem entrar na sua casa. Você percebeu que usei *construir* em vez de *impor*? É como construir uma cerca ao redor da sua casa ou colocar um trinco na porta. E parte desse processo é compreender que tipo de compaixão você merece.

O amor-próprio tem uma conexão direta com isso. Dedicar um tempo para aprender a ter compaixão por si mesmo e praticar a autocompaixão não é egoísmo. Você não passa a ter menos compaixão pelos outros só porque a tem por si mesmo. Na verdade, isso faz com que você não se esgote e não desenvolva ressentimento enquanto demonstra compaixão pelos outros. Isso garante que a sua compaixão seja saudável.

Antes, quando eu passava por qualquer tipo de situação difícil, costumava olhar para problemas maiores do mundo e dizer: *Mas o meu problema não é nada comparado a isso. Eu devia me sentir grata por não ter que passar por algo assim.* Eu pensava nos milhões de pessoas que vivem na pobreza ou que são vítimas de guerras. Com o tempo, percebi que ter compaixão pelos outros não significa minimizar meus problemas. Uma coisa não anula a outra. Você pode se esforçar ao máximo para ajudar os outros enquanto também tenta ajudar a si mesmo.

Além do mais, não é legal ter compaixão pelos outros só por pena ou por se sentir superior porque eles sofrem ou passam mais dificuldades que você. Isso é piedade, não empatia. A empatia requer que você sinta *com* a outra pessoa, e não sentir *pena dela*. E assim como eu não gostaria que os outros sentissem isso por mim, preciso sentir empatia *comigo*, não pena *por* mim.

Pilar nº 2: Recepcione aqueles que fizeram por merecer o direito de serem recepcionados.

Por mais que eu queira dizer a você que se sentir em casa consigo mesmo significa ser completamente independente, sem jamais pedir ajuda a ninguém, eu estaria mentindo. Permitir que as pessoas entrem na sua vida não impede você de se sentir em casa. Mas não podemos receber todo mundo. É essencial ser seletivo com os visitantes que batem à sua porta. Eles não se limitam a pessoas; as opiniões delas também podem ser visitantes, assim como normas culturais e religiosas.

Então, como vou saber quem posso permitir entrar no meu lar?

Chamo as estratégias desta sala pelo nome de blocos de ligação, porque elas são ferramentas para nos conectar com os outros.

O primeiro bloco de ligação é o mais importante.

BLOCO DE LIGAÇÃO Nº 1: LEMBRE-SE DE QUE VOCÊ É O ANFITRIÃO.

Antes de se concentrar em quem pode entrar na Sala da compaixão, recepcione a você mesmo. Lembre-se de que você é o dono deste lar. Você é o anfitrião. Tenha compaixão por si próprio. Coloque-se no seu lugar. Desenvolva o desejo de se ajudar. Se você oferecesse um jantar na sua casa, provavelmente ficaria tão ocupado em servir os convidados que se esqueceria de que é o anfitrião. É importante colocar o seu nome na lista de convidados e se dar um tempo para compartilhar a refeição que você preparou. Também é importante ocupar seu espaço entre as pessoas que você ama. Lembre-se de que o processo de construir um lar para si mesmo gira em torno de você. Gira em torno de ter um lugar para voltar ao fim do dia, antes de você sentir a necessidade de buscar outra pessoa. Então certifique-se de que o seu lar recepcione você em primeiro lugar.

Os convidados que forem recebidos na sua casa, que tiverem permissão de se sentar à mesa, serão aqueles que escutarão você sem fazer julgamentos, sem ter a necessidade imediata de responder, criticar ou analisar. As pessoas que praticam compaixão não somente a demonstram. As pessoas que, mesmo em desacordo com seus atos ou com os acontecimentos que levaram você a executá-los, dizem "Deve ser tão difícil. Nem imagino como você está se sentindo". Diferente de outras pessoas que diriam "Mas como você não percebeu isso ou aquilo?" ou qualquer outra coisa que faça você sentir que seu problema não é nada quando comparado ao que elas ou outros estejam passando.

As pessoas nas quais você pode confiar sua história são aquelas que merecem sua confiança. Você compartilharia seus pensamentos e ideias livremente com qualquer um por aí, mesmo sabendo que podem roubá--los, ignorá-los ou simplesmente não se importar? Não, você não faria isso. Então, pare de deixar essas pessoas entrarem no seu lar!

Você quer que seus visitantes sintam pena de você? Ou prefere que enxerguem a pessoa que você é e ofereçam apoio apenas por amor genuíno? Recepcione as pessoas que sentem empatia *por* você, não pena *de* você. A empatia é uma parte essencial da compaixão. Recepcione as pessoas que não ficam sentadas, comparando os problemas delas com os seus. Que oferecem conselhos quando você pede. Que amplificam sua voz quando ela parece fraca. Que lembram a você do próprio valor nos momentos em que você esquece. Que o fazem lembrar-se de raciocinar de modo lógico nos momentos em que você está tão imerso em uma situação que perde a capacidade de avaliá-la de forma imparcial.

O primeiro comentário que costumo receber quando me abro com amigos sobre alguma situação pela qual estou passando é "Por que você não me contou antes?!". E apesar de saber que eles têm boas intenções, a última coisa de que preciso é ter que explicar por que eu ainda não tinha tocado no assunto. A última coisa de que preciso é ter que provar minha confiança neles, em nossa amizade ou no que eles significam para mim. Isso acrescenta um peso extra. E me impede até de começar a desabafar, porque sei o que aconteceria. Eu sentiria como se estivesse carregando o peso da história e o peso de agradar a pessoa com quem estou me abrindo.

Apesar de querer muito conversar com alguém sobre o que eu estava passando, enquanto me afastava da mulher que eu acreditava que devia ser, meu instinto inicial foi dizer a mim mesma: *Ninguém vai entender. Então é melhor eu ficar quieta. Vão me perguntar por que não falei nada antes. Mas, antes, eu acabaria ouvindo algum comentário que me levaria a me questionar... como eu não percebi o que estava acontecendo?*

Os amigos que saíram da minha vida foram os que escutavam sobre a minha dor e agonia e faziam julgamentos, em vez de demonstrar empatia, desejando se sentir melhores sobre si mesmos enquanto me diminuíam. Não falo mais com essas pessoas. Não as convido mais para o meu lar. Isso não significa que sejam pessoas ruins — apenas que não fizeram por merecer um convite para a minha casa. Se elas baterem à porta, talvez eu escute o que têm a dizer. Mas eu lido com elas da mesma forma como lido com minhas emoções: como visitantes.

E se eu já recepcionei no meu lar pessoas que me tratam assim? O que faço agora?

BLOCO DE LIGAÇÃO Nº 2: ESCREVA SUA LISTA DE CONVIDADOS.

Imagine que está organizando um evento. Você convidou seus amigos mais próximos e preparou diversos pratos. Pense na lista de convidados — quem está nela? Escreva os nomes e volte aqui.

Você convidaria para esse evento alguém que o magoou profundamente ou algum amigo? Você receberia essa pessoa — ou qualquer desconhecido da rua — na sua casa? É provável que não. Então, por que permite que essas pessoas te afetem? Por que deixa que as opiniões delas se acomodem aos seus pés?

~

Às vezes, as pessoas chegam para uma visita usando uma capa de compaixão que logo descobrimos não ser real. Quando isso acontecer, lembre-se de que você é dono do seu lar. Você pode acompanhá-las até a porta da mesma maneira que as trouxe para dentro de casa.

~

Se algum convidado para o jantar ofendesse ou desrespeitasse você, qual seria a sua reação? Você não diria educadamente para ele ir embora e, se necessário, pediria a alguém para acompanhá-lo até a porta? E mesmo que você tivesse a paciência de continuar a noite com a presença dessa pessoa, repetiria o convite em outra ocasião? Pois é. O mesmo vale para manter em sua vida pessoas que não demonstram compaixão verdadeira por você. E não diga que você não tem escolha. Tem, sim.

Sempre pensei que a minha capacidade de ser gentil, paciente e compreensiva, inventando desculpas para os outros, me tornava uma boa pessoa. Eu era do tipo que sempre acreditava que todo mundo poderia mudar. Que todo mundo merecia uma segunda, uma terceira, uma décima chance se realmente quisesse fazer as coisas de um jeito diferente. E levei anos para entender que esse "tipo" era causado pela minha empatia. E não havia nada de errado com isso. Mas me ressentia quando essas pessoas me magoavam, apesar de todas as oportunidades que tive para dizer "não", ou para cortar relações e contato com elas, ou mesmo para encerrar a interação completamente. Mas eu escolhia persistir. E acabava me ressentindo delas por tirarem vantagem da minha empatia, sem, no entanto, me responsabilizar pelo fato de que eu aceitava aquele comportamento. Eu me julgava por ser rancorosa e acabava pedindo desculpas a elas pela maneira como eu reagia ou respondia. E o ciclo se repetia. Por quê?

Porque eu não tinha limites. Eu nem sabia o que eram limites. Mas, ah, como estava errada. Já falei sobre limites na Sala do amor-próprio, mas eles também podem ser aplicados aqui. Quando eu era jovem, nunca vi minha mãe dizer *não* para ninguém. Ela sempre se esforçava para apoiar todo mundo. Mas isso tinha um preço: ela mesma. No passado, sempre achei que me tornar igual à minha mãe seria a maior honra do mundo, mas agora que entendo como é autodestrutivo tentar agradar todo mundo ao seu redor, sei que é importante ter limites. Sei que me colocar em primeiro lugar não me torna uma pessoa ruim.

As pessoas não deviam se sentir tão confortáveis ao tratar você sem lhe dar o devido valor. Elas não deviam acreditar que você não vai retirar o privilégio de recepcioná-las na sua vida. Então, como decidir quem receber na sua casa? A construção de limites vai ajudar a determinar os critérios de quem entra e quem fica na porta. Limites são tão importantes em relacionamentos quanto uma cerca de proteção ao redor da sua casa ou uma tranca na sua porta. Você decide quem pode entrar, quem fica lá dentro e quem deve ir embora. Decide a frequência com que convida alguém ou se certa pessoa não merece mais ser convidada.

E lembre-se disto: seu lar não é visitado apenas por pessoas. As opiniões delas também fazem visitas. Apesar de não permitirmos que certas pessoas entrem em nossa vida, ainda deixamos que suas opiniões nos afetem. É importante estar ciente de que a influência delas costuma ir além da sua presença física.

Reflita sobre os pensamentos e as crenças da sua lista de convidados. Essa é uma forma poderosa de pensar sobre a opinião dos outros, não é?

E a sua vida não é afetada apenas pelas opiniões de pessoas específicas. Pressões sociais, regras religiosas e limites culturais também afetam você. Por exemplo, o tipo de corpo, o peso e os traços físicos de uma mulher são altamente escrutinados pela sociedade e julgados por uma série de regras implícitas reforçadas pelas redes sociais. Ao permitir que eles dominem a maneira como você se enxerga, está permitindo que os ideais da sociedade entrem no seu lar, mesmo que você os rejeite em nível consciente.

Abaixo, indico maneiras de como impor limites para impedir que essas regras implícitas entrem no seu lar através das redes sociais:

1. Pare de seguir perfis que pregam esses padrões. Pare de se expor intencionalmente a eles.

2. Prepare-se para lidar com a exposição não intencional. Por exemplo, você pode selecionar a opção "ocultar publicações semelhantes"; deixe comentários expressando sua opinião de forma educada; ou apenas continue descendo a tela, sem dar atenção à postagem. Existem outras formas de se preparar para essas situações?

Eu ainda permitia que pessoas que me julgavam entrassem na minha vida sem recepcioná-las no meu lar. Como? Deixando que as opiniões delas sobre mim afetassem a forma como eu me enxergava. Se eu me imaginasse recepcionando-as apenas quando elas viessem de forma compassiva, nunca as teria recebido. Um exemplo desses momentos foi quando escolhi tirar meu hijab. Quando me mudei da casa dos meus pais. Quando passei a me vestir do meu jeito. Elas pareciam convidados indesejados que simplesmente apareciam.

Pilar nº 3: Construa limites antes de permitir que as pessoas entrem no seu lar.

Quando descobri os limites, eu não tinha a menor ideia do que eles eram. Achei que tivessem a ver com a imposição de certos padrões para mudar o comportamento dos outros. Pensei que fossem um conjunto de regras que causariam problemas se alguém as quebrasse. No entanto, o tempo e a sabedoria me ensinaram que eu jamais poderia mudar o comportamento de alguém, nem deveria tentar fazer isso. Limites não têm nada a ver com outras pessoas. Eles só têm a ver conosco.

Em termos simples, quando construímos limites, nós dizemos: *Isso é o que eu aceito, e isso é o que eu não aceito.*

Você não constrói um limite diante de outra pessoa, você constrói um limite ao redor de si mesmo — honrando os valores que existem no seu interior. Criar barreiras como reação ao que alguém disse ou fez é um ato de medo. Os limites, por outro lado, honram e valorizam aquilo que você tem dentro do seu lar.

Aqui vai outra forma poderosa de visualizar limites: imagine que você tem joias e diamantes dentro da sua casa. Dizer *quero protegê-las para não serem roubadas* não é um limite. Impor um limite é dizer *essas coisas são valiosas, e não vou aceitar que alguém tente usá-las sem a minha permissão.* Essa é a diferença entre ficar na defensiva e tomar uma atitude.

~

Não siga pela vida constantemente na defensiva.
Quando seus limites forem violados, tome uma atitude. Não reaja.

~

Muitos de nós cometem o erro de acreditar que a imposição de um limite se resume a expressar para alguém que seu comportamento nos magoou. Depois disso, dependemos que a consciência da outra pessoa diga *é melhor eu parar de fazer isso.* Se você espera mudar o comportamento de alguém ao expressar seus limites, está errado. Limites são livres da expectativa de transformar uma pessoa. Essa é uma escolha que ela precisa tomar. Quando você associa a eficácia de um limite à mudança de comportamento de alguém, está entrando na casa dessa pessoa e definindo o seu valor com base na maneira como ela lhe trata.

Ao concentrar o limite em si mesmo, o foco deixa de ser a mágoa por sentir que alguém não lhe dá o valor que você merece para a compreensão de que essa pessoa violou o padrão de respeito que você determinou. E você diz: *O meu valor não depende de alguém respeitar a forma como eu quero ser tratado.*

~

Respeitar os outros é, em parte, respeitar os limites deles.
Respeitar a si mesmo é, em parte, construir
os próprios limites.

~

Em vez de perguntar *Por que as pessoas continuam a me magoar quando já expliquei que as atitudes delas me machucam?*, comece a questionar sobre: *Eu aceito isso na minha vida? Eu não aceito desrespeito, não aceito inconsistência na comunicação, não aceito que alguém me trate de um jeito que deixa explícito sua falta de respeito por mim enquanto ser humano.* Você não está baseando a eficácia do seu limite no fato de que alguém o respeita ou não. Você está assumindo o controle por avaliar o próprio valor. Esse limite trata desse valor. O bloco de ligação nº 3 entrará em mais detalhes sobre como fazer isso.

Falamos sobre essa questão na Sala do perdão: quando você começar a usar frases que iniciam com "eu", sua vida inteira vai mudar. Quando você se responsabilizar por aquilo que faz, por como se sente e pela maneira como pensa, é aí que a mudança começa. É aí que você desmantela o poder que qualquer outra pessoa tenha sobre você. O comportamento de terceiros só tem força sobre você, seu bem-estar, seus pensamentos e sentimentos se você permitir.

"Mas ainda fico magoado quando as pessoas fazem algo que sabem que me magoa." Escuto esse comentário com frequência. E aqui vai a minha resposta: imagine que você está caminhando pela rua e começa a chover. Você vai se molhar, mas cabe a você decidir se vai sair da chuva e parar em um lugar para se secar, ou continuar se molhando porque... você já está molhado mesmo. Na Sala da rendição, há uma analogia poderosa sobre como nosso coração se adapta ao contexto em que está inserido, que é exatamente a mesma coisa que dizer "já estou molhado mesmo". Por enquanto, pense em pegar uma chuva inesperada, é surpreendente. Você não sabe o que fazer nem como reagir. Pense no poder de dar um passo para trás e, em vez de ficar remoendo o que aconteceu e por quê, refletir: *O que eu faço agora? Isso* (seja lá qual for o limite violado) *aconteceu. Foi doloroso. Mas eu tenho opções. O que quero fazer agora?*

Sabe o que muitas pessoas fazem? O que eu fiz? E o que você provavelmente já fez? Se não tomamos uma atitude quando um limite é violado, acabamos repetindo esse comportamento quando outra situação parecida ocorrer, porque já a aceitamos antes. É algo familiar. Nós sabemos como a história vai se desenrolar, que conseguiremos sobreviver e que reclamar pode fazer com que o infrator se afaste de alguma maneira. Então permitimos que ele pisoteie nosso limite apenas para que permaneça conosco. Outra coisa que pode ter acontecido é você já ter dito à pessoa que a forma como ela se comporta é dolorosa. É comum que a gente tente mudar o comportamento dos outros jogando a culpa neles. Por exemplo, em momentos de conflito, dizemos coisas como: *Não acredito que você está fazendo com que eu me sinta assim. Eu não mereço isso. Não é justo.* Em ocasiões assim, quero que você se lembre de usar frases que começam com "eu". Você não depende da mudança de comportamento de outra pessoa para se sentir melhor. Você só precisa não aceitar esse comportamento depois de expressar sua opinião sobre ele.

BLOCO DE LIGAÇÃO Nº 3: CONSTRUA SEUS LIMITES.

Primeiro passo: Conheça a si mesmo. Saiba seu valor. Os alicerces do seu lar e a Sala do amor-próprio ajudarão muito com essa parte. Limites são um reflexo do valor que você enxerga em si mesmo.

Segundo passo: Imponha limites usando frases que começam com "eu". Apesar de os seus limites se basearem em você, eles serão diferentes em contextos diferentes — por exemplo, com amigos, parentes, sua comunidade religiosa ou cultural, colegas de trabalho, desconhecidos, e assim por diante. Em resumo, você se reserva o direito de colocar uma cerca protetora resistente ao redor do seu lar, de colocar um trinco na sua porta e expulsar qualquer um que entre pela janela ou sem bater à porta.

Aqui vão alguns exemplos de como podem ser seus limites:

1. Encerrarei a conversa com uma pessoa que me interrompe o tempo todo.

2. Direi "não" quando me sentir desconfortável.

3. Vou sair do cômodo quando fulano começar a gritar comigo.

4. Vou limitar o tempo e a energia que dedico às pessoas que tentam usar religião para me envergonhar.

5. Não vou tolerar o comportamento ou as palavras de qualquer pessoa só porque estou com receio de magoar os seus sentimentos se pedir para ela parar.

6. Não vou fazer nem dizer nada que diminua meu respeito próprio apenas para alguém se sentir melhor sobre si mesmo.

7. Acrescente seus exemplos...

TERCEIRO PASSO: Reforce seus limites. Expresse-os quando necessário. Novamente, algumas pessoas se adaptarão a eles por bom senso e ao perceber com o que você se sente confortável. Mas algumas pessoas precisam ouvir seus limites de forma explícita.

QUARTO PASSO: Cumpra sua palavra. Não fazer isso seria como ajustar a cerca ao redor da sua casa em uma altura que uma pessoa poderia facilmente pular. Por exemplo, se o seu parceiro gritar com você e você afirmar que vai terminar a relação caso isso aconteça novamente, mas não fizer isso da próxima vez que o comportamento ocorrer, você não honrará seu limite. E isso não quer dizer que o fato de ele escolher tratar você mal seja sua culpa. De modo algum. Mas cumprir seu limite é um reflexo direto do quanto você está convicto do próprio valor. Se você tiver medo do seu parceiro ir embora, vai continuar a diminuir esse limite e sentir uma mistura de medo, dependência, ressentimento e impotência. Seu limite será adaptado ao quanto essa pessoa está disposta a respeitar você. Por exemplo, você pode acabar dizendo algo como: *Pelo menos ele não grita comigo na frente da minha família.*

Quanto menos você se valorizar, menores serão seus limites, e menos fortes e poderosos eles parecerão aos seus olhos. Se você acreditar que merece menos, não saberá como impor um limite. Não saberá o que não quer aceitar na vida. Conhecer e aceitar a si mesmo são reflexos diretos dos limites que você irá construir.

E se você estiver se recriminando por aceitar ser maltratado, pare de ficar dizendo *já estou molhado mesmo*. Faça uma visita à Sala do perdão e se perdoe. Faça uma visita à Sala do amor-próprio e ame sua versão autêntica. Faça uma visita à Sala da rendição e sinta suas emoções. Faça uma visita à Sala da clareza e enxergue você mesmo. Volte aqui e prometa que vai reforçar seus limites de agora em diante.

Lembre-se da sua lista de convidados. Quem você permitirá que entre no seu lar? Serão bem-vindos aqueles que não respeitam a cerca e entram escondidos, sem bater à porta? Uma parte essencial de se sentir em casa é recepcionar as pessoas que respeitam os seus limites sem se comportar como se eles girassem em torno delas, e sim de você. As pessoas no seu lar têm acesso e capacidade de violar seus limites, mas podem escolher não fazer isso em respeito a você. É aí que você deve decidir quem manter do lado de dentro e quem expulsar.

Sempre que compartilho a necessidade de construir limites, recebo perguntas como "Mas e se for alguém da família?", ou "E se for alguém do trabalho?". Em outras palavras, "Será que eu preciso construir limites para pessoas que são próximas demais ou uma parte integral da minha vida?". É bem mais fácil construir limites para pessoas com quem não temos esse tipo de conexão ou passado.

Tenho uma história para contar. Quando comecei a expor um pouco do meu cabelo, fui a um jantar de família. Todas as tias, os tios e os primos estavam lá. Uma das minhas tias, na frente de todo mundo, me disse, tentando me envergonhar:

— Então, você está feliz agora?

Lembro que senti o sangue correndo para o meu rosto. Todo mundo escutou. A sala foi tomada pelo silêncio. Meus primos afastaram o olhar. Naquela altura da vida, eu era bem mais corajosa e disposta a não agradar todo mundo. Naquele momento, se eu voltasse ao meu hábito antigo de ser agradável, simplesmente ficaria quieta e remoendo a minha vergonha. Mas, desta vez, respondi. Eu disse a ela:

— Estou, sim.

No passado, isso seria considerado um desrespeito. Minha versão antiga diria: *Minha tia é mais velha do que eu. Ela é mais velha, ponto-final. Preciso respeitá-la, independentemente de qualquer coisa.* Mas a minha versão atual dizia: *Respeitar os outros não deve acontecer à custa de desrespeitar a si mesma.*

Depois desse incidente, não falei mais com a minha tia. Meses depois, ela pediu para minha irmã me transmitir seu pedido de desculpas. Eu aceitei, mas disse que nunca mais queria escutar aquele tipo de comentário. E nunca mais escutei.

O roteiro a seguir pode te ajudar em relação à sua família:

Sei que você acredita que está agindo por amor e proteção, mas precisa respeitar a minha autonomia. O amor que você dedica a mim não deveria depender da sua aprovação sobre as coisas que eu faço ou digo. Você pode achar que me envergonhar é uma forma de me proteger, mas isso só vai me impedir de me tornar a pessoa que desejo ser. Eu sou um ser humano. Vou errar. Isso não me torna um(a) filho(a) [por exemplo] ruim.

O ambiente de trabalho também pode ser uma área delicada para a imposição de limites. Especialmente quando se trata de pessoas em cargos de poder, talvez você não queira incomodá-las nem causar um atrito. E se você tiver uma personalidade empata, talvez ache insuportável sentir que não está agradando alguém. Quero que se lembre de uma coisa: *você não é uma pessoa ruim por não aceitar que alguém tire vantagem de você ou do seu tempo. Você precisa se defender.* E se isso significar dizer "não" ou "Isso não faz parte do meu trabalho", tudo bem. Denunciar comportamentos inadequados e assédio também faz parte da construção de limites. No fim das contas, justiça e oportunidades iguais no ambiente de trabalho nunca devem depender do quanto você agrada os outros. E com certeza não devem depender de você aceitar qualquer tipo de desrespeito ou tratamento injusto.

Pilar nº 4: Compaixão por si mesmo é, em parte, construir limites ao redor das suas emoções.

Emoções são visitantes no seu lar. Em *The Nectar of Pain*, escrevi:

> *Se a dor construir um lar no*
> *seu coração,*
> *lembre que ele tem*
> *portas.*
> *E que ele tem*
> *janelas.*
> *Abra as janelas para*
> *permitir a entrada da felicidade.*
> *Melhor ainda, abra as portas e*
> *saia.*

Se você estiver em um momento em que sente que sabe seu valor (o valor daquilo que está no seu lar), mas visitas de emoções negativas (falaremos mais sobre isso no Capítulo 6, Rendição) fazem com que você busque a aprovação de outras pessoas para se certificar do seu valor ou procure refúgio no lar dos outros, quero que se lembre do seguinte: *apesar de ser crucial que você esteja ciente das emoções que o visitam, também é importante não dar a elas um local permanente dentro do seu lar.* Lembre-se de que é você quem está no controle — não suas emoções.

Assim, mesmo que essas emoções (vergonha, culpa, constrangimento, e assim por diante) não fiquem para sempre no seu lar, faça planos de como reagir quando elas o visitarem. Que limites devem ser construídos? Qual é o processo de pensamento que faria uma emoção negativa — tal como *Tem algo errado comigo (vergonha)* — ir embora? Você deve simplesmente ignorá-la? Se você ignorar emoções porque deseja se anestesiar e não sentir sua dor, o sofrimento irá se acumular com o tempo. O objetivo é chegar a um ponto em que você se torna capaz de dizer para ela: *Eu recepciono você. Escuto o que está me ensinando sobre mim mesmo. Reconheço por que você surgiu. Sei que não há nada errado comigo. Eu cometi erros, mas isso não significa que exista algo realmente errado em mim. Agora você pode ir embora.*

O problema que muitos de nós enfrentam é que, com o passar dos anos, nos acostumamos que nosso lar seja permanentemente ocupado por certas emoções. Parte de aprender a construir limites para outras pessoas é aprender a extrair os ocupantes que já estão no nosso lar — nossas emoções — e questionar sua presença. Por exemplo, meus sentimentos de inutilidade e isolamento sempre estiveram dentro de mim. Mas não surgiram do nada. E eu só aprendi que devia construir limites para os outros quando afirmei para esses ocupantes que as coisas que eles me diziam sobre mim mesma não eram verdade. Foi assim que consegui enxergar meu valor (o primeiro passo do Bloco de Ligação nº 3).

~

Emoções são visitantes do seu lar, não ocupantes.
Separe você mesmo das suas emoções.

~

Se certas emoções são ocupantes do seu lar e você acabou de se tornar cientes delas após rastrear sua história do *Por que eu não posso ter aquilo?*, agora é o momento de ir até a Sala da rendição e permitir que todas essas emoções sejam experienciadas.

Você precisa abrir espaço dentro de si mesmo para novas emoções entrarem. Que tal trocar a vergonha pelo amor-próprio? E a culpa pelo perdão? E não se contentar em apenas se sentir satisfeito sobre quem você é? Sentimentos opostos não podem coexistir dentro de você, então qual deles escolher? Você precisa abrir espaço para a sua escolha. Não dá para encher a geladeira de comida fresca quando ela está cheia de produtos antigos, estragados. Primeiro, é preciso jogar fora as coisas velhas. Você não vai conseguir colocar os livros novos que deseja ler em uma estante abarrotada de livros antigos que já leu. Vai?

Pilar nº 5: Acredite que você merece aquilo que as pessoas têm a oferecer.

Antes de receber as pessoas no seu lar, acredite de verdade que você merece aquilo que elas têm a oferecer. Quando você não sabe o que merece, é mais fácil deixar entrar qualquer um que bata à porta, porque você associa alguém batendo à porta com a disposição dela de deixar que batam nela. Ao desenvolver compaixão por si mesmo, você deixa de ficar parado na rua, pedindo para qualquer um entrar no seu lar. Em vez disso, você se encontra são e salvo dentro da sua casa, decidindo se quer receber as pessoas que aparecem.

Uma vez, eu estava conversando com Stephan, um novo amigo meu que é um palestrante muito bem-sucedido. Ele estava me ajudando a organizar os tópicos da minha palestra e minhas propostas para a agência de palestrantes. Uma das primeiras coisas que ele me perguntou foi:

— O que você está disposta a aceitar?

— Disposta a aceitar? – perguntei, pensando *O que isso significa?!*
Stephan explicou:

— Você pode me dizer que está disposta a aceitar cinco ou cem palestras por ano... quarenta mil dólares ou quinhentos mil dólares por ano.

Mas você está pronta e disposta a aceitar tanto dinheiro? Você acredita de verdade que merece tanto? Porque isso faz toda a diferença.

Naturalmente, lágrimas escorriam pelo meu rosto.

Eu não sabia o quanto merecia. Naquela altura da vida, era mais fácil ficar remoendo o que não recebi sem nunca expressar o que eu queria receber. Vamos aplicar essa ideia a recepcionar pessoas na sua casa. Quando você não sabe o que está disposto a aceitar, vai receber qualquer coisa e depois perceber que é muito pouco ou que simplesmente não era aquilo que desejava. Mas quando você dedica um tempo a entender o que quer, vai se tornar aberto e pronto para receber essas coisas.

Eu sempre me sentia um fardo quando alguém se oferecia para fazer algo para mim. Eu me sentia mal ao ver a pessoa se esforçando apenas para facilitar a minha vida. Mas essa sensação era causada por eu não saber que, às vezes, as pessoas expressam seu amor por meio de esforços e ações, e que eu merecia isso! Vou dar um exemplo. Adam, o homem sobre quem falarei mais na Sala da rendição, mora a uma hora de distância de mim, em outra cidade. Nas primeiras vezes que nos encontramos, ele veio até um parque perto da minha casa, e nós fizemos longas caminhadas. Sempre que eu sugeria que nos encontrássemos no meio do caminho ou na sua cidade, ele dizia:

— Eu sei que você está exausta de tanto escrever, e não quero que fique mais cansada dirigindo. Eu tenho tempo. Então posso vir encontrar você.

Esse cara, além de dirigir duas horas por dia para chegar ao trabalho, dirigia mais duas horas só para me ver. E eu me sentia tão mal que comecei a me sentir culpada por encontrá-lo, porque sabia que isso significaria mais duas horas atrás do volante para ele.

Depois de refletir sobre minha conversa com Stephan, percebi que eu me sentia culpada porque não estava disposta a receber as demonstrações de amor de outra pessoa por mim. Porque eu não acreditava de verdade que as merecia. Por causa das minhas crenças sobre mim mesma, eu me recusava a ver o quanto merecia aquilo que os outros tinham a me oferecer. Então, após alguns encontros, parei de me sentir mal. E comecei a dizer:

— Fico feliz por você ter passado tanto tempo dirigindo só para me ver. Obrigada.

Às vezes, as pessoas só querem nos dar amor, tempo, atenção e afeto porque enxergam quem somos de verdade. E estão dispostas a nos dar tudo isso com compaixão. E é a nossa rejeição de nós mesmos e daquilo que merecemos que nos faz acreditar que elas estão oferecendo coisas demais.

Você lerá isto novamente na Sala da rendição, mas também é válido aqui: leva um tempo para aprendermos a aceitar mais do que migalhas quando acreditamos que não merecemos tanto. Qual é o problema de alguém priorizar você? Qual é o problema de alguém se esforçar para demonstrar seu amor? Você merece isso. Não é excessivo. É o mínimo que você merece da pessoa que recebe no seu lar.

BLOCO DE LIGAÇÃO Nº 4: ESTEJA ABERTO A RECEBER ALGO DOS OUTROS COM COMPAIXÃO.

Na próxima vez que alguém lhe oferecer algo e o seu primeiro instinto for dizer "não", reflita se a sua recusa é por realmente não desejar aquilo que a pessoa oferece ou porque você acredita que não merece aquilo que está sendo oferecido.

É fácil se tornar cínico em relação ao que as pessoas têm a oferecer quando você sempre recebeu muito pouco. Percebi que eu me concentrava demais em todas as pessoas que não me apoiavam nos momentos difíceis — as pessoas em quem eu confiava, mas que me julgavam em vez de demonstrar compaixão quando eu mais precisava. Aceitei que o que elas me ofereciam era o máximo que eu receberia. Afinal, essas eram as pessoas mais próximas a mim. Elas me conheciam. Isso me cegou para aquilo que os outros poderiam me dar. Acabei acreditando que não poderia confiar em ninguém. Se as pessoas mais próximas eram capazes de me trair daquela forma, como as outras poderiam ser diferentes?

Para elas, escrevi:

Para todas as pessoas que afastei enquanto me curava:
Perdoe-me por não ser capaz de
recepcionar você
quando eu realmente queria fazer isso.
Eu tive medo.
Eu tive medo
de que você me julgasse.
Eu tive medo
de que você não entendesse.
Eu tive medo
de que você me perguntasse como eu não percebi o que aconteceria.
Eu tive medo
de que você se afastasse
e me lembrasse de todos os motivos
pelos quais não mereço ser amada.
Eu tive medo.
Todo mundo que recepcionei antes de você
mentiu
ou foi embora
ou sugou de mim mais do que eu tinha para dar.
Todo mundo que recepcionei antes de você
só ficou enquanto eu era a pessoa que queriam que eu fosse,
em vez de quem realmente sou.
Desculpe por eu passar a impressão de que não confiava em você
quando a verdade era que eu não conseguia confiar nem em mim.

Conforme terminamos este capítulo, quero que você se lembre de uma coisa: você vai evitar muito sofrimento se, antes de permitir a entrada de alguém no seu lar, perguntar a si mesmo se essa pessoa está vindo com compaixão.

Se ela não acreditar em você, isso demonstra compaixão? Não. Então por que permitir a presença dela na sua vida?

Se ela não lhe oferece apoio, isso demonstra compaixão? Não. Então por que permitir a presença dela na sua vida?

Se ela desrespeitou você, magoou você, mentiu para você, mentiu sobre você ou inventou fofocas sobre você, isso demonstra compaixão? Não. Então por que permitir a presença dela na sua vida?

CINCO
Clareza

~

O objetivo da Sala da clareza é ajudar você a enxergar com nitidez. Você removerá as camadas que o impedem de enxergar a si mesmo. Quanto mais tempo passar nesta sala, mais límpida será sua visão, em todos os sentidos da palavra.

Você pode entrar aqui quando não conseguir entender uma situação pela qual está passando, quando se sentir confuso. Durante momentos difíceis da vida, talvez você passe a maior parte dos dias aqui. Em outras situações, quando estiver enxergando com mais nitidez, pode ser que você sinta a necessidade de visitar outros cômodos. A maioria de nós busca transparência nos outros. Tentamos enxergar nossas verdades através dos olhos de terceiros. Nesta sala, você enxergará com os próprios olhos, porque essa é a clareza mais importante. Ela permite que você veja seus valores e a pessoa que realmente é.

Enquanto você desconstrói a pessoa que aprendeu a ser e desvenda sua versão autêntica, diferentes espelhos refletirão as emoções que podem estar enuviando sua visão, como raiva e culpa.

Você está preparado para transformar a confusão em clareza?

Vamos entrar.

~

Na Sala da clareza, vejo espelhos em todos os cantos. Aqui, não há como se esconder de todas as verdades e histórias sobre quem realmente somos. Gosto de me olhar no espelho quando me sinto confusa ou acho que estou me perdendo. Isso me faz chorar em certas ocasiões, e faz com que eu me sinta a rainha do universo em outras.

Nós temos o hábito de reclamar sobre como ninguém nos enxerga de verdade, mas acredito que o maior problema é quando nós não nos vemos com clareza. Aqui, vou compartilhar como os espelhos da Sala da clareza me ajudaram. Então, para ajudar você a encontrar sua versão autêntica neste cômodo, explicarei estratégias específicas que chamo de espelhos. Esses espelhos oferecem um processo reflexivo em que você pode ser real, natural e autêntico consigo mesmo. Essa é a única forma de alcançar a clareza.

Há várias camadas ao redor da essência de quem você realmente é que o impedem de se enxergar na sua completude. Essas camadas ofuscam sua versão autêntica. Elas incluem a pessoa que você acha que deveria ser e a que acha que não deveria ser. E o que impede você de ser a pessoa que realmente é e a pessoa que você acredita que deveria ser é o seu medo de não ser bom o suficiente. O medo embaça sua visão, impedindo que você enxergue com nitidez.

Quando nos esforçamos para nos tornar a pessoa que acreditamos que deveríamos ser e para evitar a que acreditamos que não deveríamos ser, temos a sensação de que somos atores. Viramos mestres da arte de esconder nossa versão autêntica. E se passarmos tempo suficiente fazendo isso, acabamos nos esquecendo de quem realmente somos. Perdemos a capacidade de estar autenticamente presente na nossa vida. É isso o que acontece quando temos a mentalidade de "fingir até conseguir o que queremos". Alguns de nós ficam tão imersos no fingimento que esquecem quem são. Até ser tarde demais... quando chegamos ao fim da vida e olhamos para trás, para a vida que desejávamos ter vivido.

Assim como incentivo no Jardim dos Sonhos (Capítulo 7), não finja até conseguir o que quer. Viva até chegar aonde você precisa ir.

Quando você se apega demais à imagem de quem deveria ser, acaba contando que o mundo ao redor vai lhe definir. Porque esse *deveria* não vem de você. Ele vem do ambiente que o cerca. Ao nascer, você é a sua versão verdadeira. Autêntica. Então você cresce, e o mundo ao seu redor começa a lhe dizer o que é certo e errado. Quem você deveria ser e quem não deveria.

Às vezes, depois de personificar essa imagem idealizada, você sente que precisa mantê-la, que precisa continuar exibindo-a com perfeição. Vejo isso acontecer com frequência com mães, por exemplo. As mulheres costumam ser condicionadas a acreditar que a maternidade é o marco da feminilidade... que essa é a conquista mais importante que uma mulher poderia alcançar. Apesar de não existir problema nenhum em acreditar nisso, também não há nada de errado em não acreditar. Nem toda mulher pode ter filhos e nem toda mulher quer ter filhos. A questão é a seguinte: se você seguir esse caminho apenas porque a sociedade lhe convenceu de que é o certo, então você tem uma crença subconsciente de que, quando alcançar esse destino, você será suficiente. Você estará bem.

O mesmo vale para qualquer outro objetivo, caminho ou rótulo que você esteja atualmente convencido de que precisa para "ganhar na vida". Para ser suficiente. E, ao chegar lá, você se esforça tanto para mostrar ao mundo que está bem... não apenas que está sobrevivendo, mas que está prosperando. Você começa a depender da aprovação do mundo sobre o quanto você se encaixa no padrão. Mas, se parar por um segundo para se olhar no espelho e se perguntar *É isso mesmo que eu quero?*, a verdade será revelada.

Quando você se esforça demais para se adequar a expectativas externas, acaba se abandonado. Acaba abandonando quem você realmente é.

Então, ao se olhar no espelho, tanto no sentido literal quanto no metafórico, seu foco deve estar nas partes embaçadas. Você só consegue enxergar a pessoa que *deveria* ser, as coisas que faltam para você ser aceito. Você repete a si mesmo as palavras que ouviu dos outros.

E todas essas coisas enuviam ainda mais sua visão e o impedem de enxergar sua versão verdadeira. É como se olhar em um espelho que não é limpo há décadas — se você conseguir enxergar sua sombra, já será muito.

Com o passar dos anos, foi isso que notei sobre mim mesma. Para levar você pela jornada da limpeza do meu espelho, vou contar algumas histórias. Vamos começar com um trecho de um poema que li pela primeira vez em um evento sobre diversidade, em 2016.

Pilar nº 1: Conheça a sua história.

QUE HISTÓRIA DEVO CONTAR A VOCÊ?
Se eu fosse contar a minha história,
me perguntaria:
Que história devo contar a você?
Devo contar a história da menininha
que sofreu bullying na escola?
A história da menina
que sempre ouviu que era sensível demais?
Devo contar a história da menina que
morou em 2, 3, 4, 5, 6, 7 nem sei mais
quantas casas?
Ou devo contar a história da menina
que nunca acreditou que tinha uma voz?
Sempre quieta.
Sempre "bem".
Que nunca ouvia a pergunta
"Como foi o seu dia?"
Que nunca escutava
"Eu te amo".
Devo contar a história da menina que
se mudou para outro país no aniversário de dezesseis anos?
Que viu em chamas o aeroporto onde ela estava algumas semanas
antes pela televisão?

Devo contar a história da menina que
quase perdeu o pai quando tinha doze anos?
Devo contar a história da menina
que nunca sentiu que tinha um lar?
A que passou a vida construindo lares
em outras pessoas,
implorando para ser bem recebida?
Para se sentir amada?
Para se sentir valorizada?
Para se sentir respeitada?
Que história devo contar para você,
quando a única história que você deve enxergar
ao me ver
é esta (apontando para meu hijab)?
É como se o que cobre minha cabeça
cobrisse todas as histórias que
eu vivi.
É como se o que cobre minha cabeça
não cobrisse apenas meu cabelo,
mas a minha humanidade.
Como se cobrisse a menininha sobre a qual acabei de falar.
Como se cobrisse a mulher que sou hoje.
Vivo em um lugar e em uma época em que
as pessoas querem me resumir a
isto.
Elas se esquecem sobre o mundo dentro de mim.
A curiosidade dentro de mim.
A profundidade dentro de mim.
Elas se esquecem da voz que anseia rugir,
saindo de dentro de mim,
como se o que cobre minha cabeça estivesse
cobrindo minha boca.
Então, que história devo contar a você?

Devo contar a história da menina no ônibus
que ouviu que não deveria se vestir assim
porque estava no Canadá?
Ou a história da menina que
sempre é encarada como se fosse oprimida?
A menina que sempre escuta a pergunta
por que você usa isso?
de um jeito que faz com que eu me sinta incompleta
porque escolho cobrir minha cabeça.
De um jeito que faz com que eu sinta que algo em mim
é essencialmente errado porque
há partes do meu corpo que escolho não mostrar.
E fico triste por muitas pessoas acreditarem
que isto *é a pior coisa que poderia ter acontecido comigo.*
E faz com que elas não vejam
todas as outras histórias enterradas dentro de mim,
como se as minhas histórias fossem escritas na pele
e escondidas pelas roupas com que visto meu corpo.
Tenho tanto medo de desabar na frente dos outros
porque parte de mim tem medo de que as pessoas não vejam
que estou com o coração partido por causa do mundo, não por causa
disto.
Que não tenho voz por causa do mundo, não por causa disto.
Que sou magoada pelo mundo, não por isto.
E elas podem simplesmente me dizer
que estou acabada,
sem voz
e magoada POR CAUSA *disto.*
Esse é o meu lado que você vê,
mas quando chego em casa todos os dias,
e isto *sai,*
ah, como eu queria que todos os meus problemas
sumissem também.

Ah, como eu queria que as coisas fossem tão simples.
Que, se eu tirasse isso,
eu seria ouvida de uma hora para a outra
ou que os cacos do meu coração que parecia quebrado demais
poderiam ser costurados.
Ou que as amarras que mantêm cativa a voz dentro de mim
simplesmente desapareceriam
e minha voz poderia rugir.

Li esse poema em vários eventos para falar sobre a importância de olhar além da aparência de uma pessoa. Além dos rótulos. Na época, eu ainda vestia meu hijab, o véu tradicional usado por muitas mulheres que seguem a fé muçulmana. Vale mencionar que nem todas as muçulmanas o usam e que há crenças diferentes entre os fiéis sobre a obrigatoriedade dele.

Na época em que escrevi esse poema, eu já havia publicado meus dois primeiros livros por conta própria, *Mind Platter* e *The Nectar of Pain*. Eu sabia muito bem que o mundo admirava minha versatilidade e força por ser uma mulher visivelmente muçulmana que escreve bem. Apesar de os meus textos não terem nada a ver com religião ou cultura, várias matérias e críticas se referiam a mim como uma imigrante muçulmana que escrevia sobre sua jornada desde o Líbano até o Canadá, algo bem longe da realidade. Meus pais se casaram no Canadá, tiveram cinco filhos, decidiram se mudar para o Líbano, e foi lá que eu nasci. Eu virei cidadã canadense semanas depois de nascer e visitei minha família no Canadá várias vezes. Meus irmãos mais velhos foram voltando para o Canadá um atrás do outro enquanto eu fiquei com meu pai e vários parentes no Líbano até meu aniversário de 16 anos. Naquela altura, todos os meus parentes, com exceção de uma irmã casada, moravam no Canadá. Eu vim fazer uma visita, e a guerra explodiu no Líbano pouco depois, então não voltei. A questão aqui não é me afastar dos rótulos. A questão é dizer: *A minha história não é essa.* *Você não pode usar a minha aparência para contar a história que acredita ser a minha. Eu conto a minha história.* Eu era uma imigrante? Certamente. Em todos os lugares que eu ia. Mesmo quando eu morava no Líbano. Porque nunca tive a sensação verdadeira de ter um *lar.* Eu era muçulmana? Sim. Mas por que isso precisava fazer parte do meu título? Por que isso precisava ser mais importante do que aquilo que eu estava fazendo?

Quando escrevi esse poema, eu me esforçava tanto para mostrar a todo mundo ao meu redor que eu estava sofrendo. Sofrendo por não ser vista — vista de verdade. Eu escondia anos de busca por um lar, escondia o quanto me sentia deslocada, como me sentia humilhada e emocionalmente debilitada por ter sofrido assédio sexual e abuso de poder. Ao ler esse poema, eu estava de pé sobre um palco, gritando sem gritar: ME ESCUTEM. Me vejam. Acreditem em mim. Vejam além dos rótulos. Vejam além do que os seus olhos enxergam. Deixem que seu coração me veja.

Sempre que me convidavam para palestrar em eventos e salas de aulas, o assunto girava em torno de religião, cultura ou o hijab. E eu queria dizer: *Eu não me resumo a isso.*

Eu estava mudando. Minhas crenças estavam mudando.

E eu era mais do que uma muçulmana que usava o hijab e que, por acaso, escreveria bem.

Eu não era mais a garota inocente de 16 anos que veio para o Canadá com todas as crenças que me ensinaram no meu vilarejo minúsculo no Líbano.

Lembra como, no começo deste capítulo, falei que é pior não enxergar a si mesmo com clareza do que não ser enxergado pelo mundo? Era exatamente isso que eu fazia nesse caso. Eu pedia para ser vista e ouvida, mas não conseguia me enxergar. Eu pedia ao mundo ao meu redor para remover as camadas — a vergonha e o medo — que me impediam de ser eu mesma, em vez de fazer isso por conta própria, sem me importar com o que o mundo pensava. Eu pedia permissão para contar histórias que, como falei no poema, estavam escritas na minha pele, escondidas sob as minhas roupas.

Eu estava esperando que alguém me desvelasse. Que alguém me salvasse. Só que a verdade mais difícil, porém mais libertadora, era que eu precisava desvelar a mim mesma. Eu poderia facilmente me esconder atrás das minhas palavras e ficar torcendo para encontrar alguém que me entendesse. Só que eu sabia que não podia mais me esconder.

Então o processo de desvelamento começou.

Não me lembro do momento exato em que ele se iniciou. De certa forma, já fazia um tempo que eu me descobria por dentro. Mas você se lembra da noite em que meu pai disse que eu tinha perdido o olhar que sempre tive? Esse foi um momento importante para eu perceber o quanto tinha me distanciado de mim mesma. Esse foi o momento em que algo explodiu dentro de mim. A ânsia de voltar para mim mesma, apesar de eu não saber quem "eu mesma" seria ou ao que pretendia voltar. Olhando para trás, eu estava voltando para o meu lar... estava voltando para *mim*.

Em minha palestra do TEDx, sobre encontrar um lar por meio da poesia, descrevi como me enxerguei naquela ocasião: "Eu me lembro de ter me olhado no espelho naquela noite e ver uma pessoa que não reconhecia. Eu não fazia ideia de quem era ela. Meu rosto não parecia comigo. Meus traços pareciam distorcidos. Era como olhar para o céu quando ele é um mar de cinzas — sem sol, sem nuvens, sem chuva, nada, apenas um mar."

Pilar nº 2: Desvele e desconstrua a pessoa que o mundo lhe disse para ser — seja quem você é.

Para me desvelar, precisei me perguntar como me tornei quem eu era... para desvendar isso e recriar uma versão que eu conseguisse reconhecer no espelho. Comecei a me questionar. Fiquei curiosa. Analisei como era minha vida atual e me fiz a seguinte pergunta sobre cada parte dela: *Se eu tivesse escolha, seria isso que eu iria querer?*

Eu iria querer manter o silêncio sobre a minha experiência com abuso de poder e assédio sexual? Não. Mas não posso compartilhar essa história, porque ninguém entenderia. Ninguém acreditaria em mim. Foi mesmo tão ruim assim, ou estou apenas exagerando? Além disso, minha reputação seria arruinada, porque me envolvi emocionalmente com um homem, e ponto-final.

*Eu iria querer esperar pelo momento em que um homem apareceria e
me pediria em casamento só para eu poder me casar, começar uma família
e cumprir meu destino como mulher? Não. Mas é assim que as coisas devem
acontecer, não é?*

*Eu iria querer morar com meus pais? Não. Mas não posso me mudar,
porque isso é malvisto tanto no sentido cultural quanto no religioso. Ainda
não sou casada.*

*Eu iria querer usar o hijab? Não. Mas não posso tirá-lo agora, porque uso
ele há tanto tempo, e todo mundo pensaria que estou fazendo uma crítica...
que quero mostrar meu corpo, e esse seria um comportamento muito vergonhoso. Vão achar que quero atenção. E isso acabaria com a imagem de boa
moça que estou construindo há tantos anos.*

Para começar a desvelar sua versão autêntica, vamos começar avaliando
sua vida no espelho Tela em Branco.

O espelho Tela em Branco

Imagine esse espelho como uma tela da sua vida.

1. Em uma lousa ou um papel, escreva exatamente como é a sua vida
   agora (faça uma análise).

2. Pergunte a si mesmo: Essa tela *me* reflete de verdade?

   a. Pergunte a si mesmo: Se eu tivesse escolha, iria querer isso?

   b. Faça um sinal de conferido nos itens para os quais você disser sim
       e um X para os que disser não.

3. Pegue uma nova lousa ou um papel. Imagine uma tela em branco
   para a sua vida.

4. Se essa tela realmente refletisse **você** e todas as suas opções, como ela
   seria?

5. Pergunte a si mesmo: Que mudanças preciso fazer para sair da minha vida atual e chegar à que eu quero?

Foi isso que eu fiz.

Eu sabia que seria necessário coragem para ter uma vida que realmente me refletisse. Eu teria que remover todas aquelas camadas para revelar minha versão autêntica escondida. Mas minha versão autêntica acharia muito fácil dizer "não" para a vida que eu *acreditava* ter que viver e "sim" para a vida que eu *queria* viver.

Então, depois de contar minha história em particular e sentir que não era escutada, eu a compartilhei em público. E enfrentei tudo que foi dito sobre mim. Aprendi que *reputação* não passa de uma palavra inventada para manter as mulheres vivendo com vergonha, que não é minha responsabilidade ser uma representante da minha cultura e da minha religião e que posso viver com uma reputação arruinada. Por causa dessa ruína, descobri que o meu valor não vem de ideais impostos pela sociedade, cultura ou religião nem é limitado por eles. Meu valor vem de mim. De dentro de mim.

Uma jornalista me ligou na época e disse:

— Quando a gente se conheceu, você parecia estar indo com a maré. Agora, quando olho para você, eu penso... Nossa! Você sabe quem é.

Foi a força que ganhei ao me defender que me deu o impulso para expressar que eu não sentia mais medo dos homens. Eu não sentia mais medo de homens em posições de poder, não sentia mais medo de ser mulher e não me sentia mais incompleta a menos que casasse. Eu me lembro de ter ido a uma reunião de mulheres em que uma das convidadas disse sobre a prima:

— Ela tem quase 22 anos. É lógico que vai ficar preocupada por ainda não ter se casado.

Eu olhei para ela e disse:

— Preocupada? Eu tenho 27.

Foi a força que ganhei ao conseguir falar assim, ao enfrentar a hipocrisia, que me impulsionou a dizer que eu queria sair da casa dos meus pais.

Foi fácil? É óbvio que não. Apesar de ter 27 anos, eu sentia muita vergonha de dizer que queria viver sozinha. Porque eu estava agindo contra as regras. E por que eu iria querer viver sozinha? O que eu poderia querer fazer quando ninguém estivesse olhando? Mas eu queria. Encontrei um lugar. E me mudei.

Foi a força que ganhei ao conseguir sair de casa que me impulsionou a dizer "Quero tirar meu hijab". Se eu pudesse voltar ao momento em que decidi usá-lo, no oitavo ano, e me perguntar se eu queria aquilo, a resposta teria sido "não".

Dá para perceber que o meu desvelamento não se tratou apenas do desvelamento físico? Foi um processo de desconstrução de tudo que aprendi que era certo e errado, perguntando a mim mesma: Você acredita que isso é certo ou errado? O que *você* pensa disso?

Eu desvelei a história.

Eu desvelei meus desejos e necessidades.

Eu desvelei minha voz.

Eu desvelei meu cabelo e meu corpo.

Eu desvelei a mim mesma.

Reescrevi este capítulo inteiro pelo menos cinco vezes, porque tive dificuldade em apontar qual foi o momento mágico em que tudo mudou... quando o desvelamento começou. Como você pode ver, não houve um momento especial. Não foi como um filme de Hollywood. Muitos momentos pequenos e importantes tiveram que acontecer. Momentos que desenvolveram resiliência para outros acontecerem.

~

Como seria sua vida se você a vivesse da maneira como quer, e não como foi convencido de que precisava viver?

~

Pilar nº 3: Não permita que a culpa segure você — aprenda com ela.

Quando você tenta remover a névoa que existe entre você e o espelho, com certeza vai sentir culpa. Vai sentir que fez algo errado. É uma emoção tão desconfortável que talvez você prefira manter o espelho embaçado a lidar com ela. Mas lembre que a culpa é uma emoção normal quando vamos contra algo em que passamos tanto tempo acreditando.

Desvelar sua versão autêntica pode ser um processo demorado. Você pode sentir que está se prejudicando ao ter um comportamento contrário ao seu habitual. Isso não significa que você esteja no caminho errado. Apenas que está mudando. Assim como o desvelamento, a limpeza de um espelho que está sujo há séculos pode demorar.
E talvez você precise de um tempo para se acostumar com o reflexo. Você pode se sentir como um desconhecido... um desconhecido para a pessoa que você foi por tanto tempo. Mas essa não era a pessoa que vivia construindo lares nos outros, esperando ser recebida?
Sua versão desvelada é aquela que se sente completamente em casa.

Quando tomei a decisão de tirar o meu hijab, a culpa que senti por querer expor meu cabelo e meu corpo seria impossível de explicar. A primeira vez que saí de casa mostrando um pouco do cabelo e do pescoço, me senti nua. Eu me sentia tão culpada por querer aquilo, por gostar de sentir o vento soprar meu cabelo, o sol tocando minha pele. Eu me sentia na obrigação de explicar a todo mundo por que eu queria tirar o hijab. Foi apenas com o tempo que compreendi que o que eu faço com o meu corpo não é da conta de ninguém.

Comecei a usar o hijab quando frequentava a escola islâmica, no Líbano. Eu estava no oitavo ano, e tinha 12 anos. Eu queria parecer com a minha irmã mais velha. E queria ser a melhor "boa menina" possível. Usar o hijab significava estar um passo mais perto de Deus. As meninas que não o usavam eram julgadas de um jeito velado, porém perceptível.

Na escola, aprendemos que o hijab era obrigatório e que não poderíamos entrar no céu se não o usássemos na terra, nesta vida. Um professor chegou ao ponto de dizer para as meninas que quem não o usasse passaria a eternidade pendurada pelo cabelo. Nada disso é baseado no Alcorão, sendo parte de táticas antigas criadas pelos homens para assustar mulheres e convencê-las a seguir as regras.

Eu usava o hijab não por medo, mas porque queria ser uma boa menina. Eu queria estar mais perto de Deus. A maioria das mulheres ao meu redor o usava, então eu não me destacava. Era como se eu me encaixasse mais no meu meio.

Lembro que, no dia em que decidi usá-lo, meu pai pediu para conversar comigo.

— Alguém disse que você precisa usar? Se você não quiser, não precisa.

— Eu quero usar.

— Tem certeza? — perguntou ele de novo. — Não quero que você pense que precisa fazer isso. É uma escolha pessoal. A decisão é sua.

Eu me sentia tão adulta, podendo dizer *É isso que eu quero.*

Não vou mentir. Houve momentos em que, logo depois do banho, eu olhava para o meu cabelo e desejava poder sair no sol com ele exposto. Eu adorava meu cabelo, adorava como o castanho ficava dourado no sol. Mas agora que eu tinha resolvido cobri-lo, precisava ser fiel a essa escolha. E a dificuldade em mantê-la, ou em seguir qualquer regra religiosa, significava que eu estava no caminho certo. Porque aprendi que o caminho "certo" era difícil. Aprendi que esse era o verdadeiro significado do jihad: a batalha da alma para permanecer espiritualmente próxima a Deus, seguindo as regras e evitando comportamentos pecaminosos.

Como contei mais cedo, e como mencionei em "Que história devo contar a você?", quando me mudei para o Canadá aos 16 anos, minha família já estava aqui. Eu tinha visitado o Canadá muitas vezes antes, mas apenas durante o verão. Meu pai veio conversar comigo, como tinha feito anos antes, e disse:

— Você vai *morar* em um país novo agora, e as pessoas são diferentes aqui. Sei que você é sensível e quero que saiba que, se quiser tirar o hijab, não tem problema.

O hijab havia se tornado parte da minha identidade e de como eu me enxergava. Era uma proteção da qual eu não estava pronta para me desapegar. Era como eu me via há alguns anos. Ele representava a imagem da boa menina religiosa que eu tinha me convencido de que precisava ser. Então continuei com ele. Eu não sabia que era vista de um jeito diferente até a história que vou contar agora. Ela foi um marco na minha jornada com o hijab.

Estou no ônibus, a caminho da universidade. Uso uma saia jeans comprida que minha irmã me deu e uma blusa branca com florzinhas cor-de-rosa e azuis. Estou com meu hijab favorito. Vou até o fundo do ônibus, e é então que percebo que um homem mais velho me encara. Não dou muita bola.

Por uns dez minutos, ele continua me olhando de um jeito que só posso descrever como intenso. Seu corpo é coberto por tatuagens. Só consigo me concentrar nisso. Ele levanta no seu ponto, para diante da porta enquanto ela se abre, olha para mim e diz:

— Você sabe que está no Canadá. Não precisa se vestir assim.

E então ele salta do ônibus.

Eu abaixo a cabeça. Lágrimas começam a escorrer pelo meu rosto. A mulher na minha frente se vira para mim e diz:

— Sinto muito. Isso não foi nada legal. Você pode se vestir do jeito que quiser.

O resto é um borrão.

Agora, eu estava completamente ciente de que me destacava. Eu estava completamente ciente de que o ser *canadense* talvez não me incluísse... talvez não incluísse a minha aparência. Talvez não incluísse a minha proteção.

Na manhã seguinte, enquanto eu me arrumava para a faculdade, me olhei no espelho. Peguei o hijab e, antes de enrolá-lo ao redor da cabeça, me perguntei: *Quem sou eu? Que valores eu represento?*

Por que estou usando isto? É importante? Vale a pena? Por que não tirá-lo e parar de escutar esse tipo de crítica? Todo mundo me enxerga desse jeito? Foi por isso que me tratavam mal no meu primeiro emprego? É por isso que me sinto tão isolada e deslocada?

As perguntas giravam sem parar pela minha cabeça. Elas doíam.

Falei para mim mesma: *Se não usar isto significa que você vai ter uma aparência mais agradável para os outros, então tirá-lo é um sinal de fraqueza. Acordar todos os dias e dizer "Eu escolho usar isto" — é força. É coragem.*

Quem sou eu? Eu sou corajosa.

Que valores eu represento? A coragem.

Então, naquele dia, escolhi a coragem. E no dia em que saí do meu apartamento pela primeira vez com uma mecha de cabelo e meu pescoço expostos, me lembrei das perguntas que fiz a mim mesma:

Quem sou eu? Eu sou corajosa.

Que valores eu represento? A coragem.

Então, naquele dia, escolhi a coragem também. Fui criticada, sim. Talvez eu tenha perdido uns duzentos seguidores nas redes sociais na época, por causa dessa decisão. Ao mesmo tempo, tantas pessoas vieram me parabenizar por estar "livre". E eu só queria dizer: *Não estou livre porque tirei meu hijab. Estou livre porque eu tomei essa decisão.* No dia em que decidi continuar a usá-lo após o incidente no ônibus, aos 19 anos, eu estava livre. E no dia em que decidi tirá-lo, aos 28, eu estava livre. Eu não queria que ninguém definisse o que era a minha liberdade. E lhe digo: *Não deixe que ninguém defina o que é liberdade para você.*

Porém, para chegar a esse ponto, eu precisei entender de onde vinha minha culpa. E ela veio da minha educação escolar, que me ensinou que eu não poderia ser uma boa menina devota sem usá-lo.

Pilar nº 4: Use a confusão como uma estrada para a clareza.

Meus maiores momentos de confusão me levaram às melhores decisões da minha vida em termos de honrar a construção do meu lar interior. A incapacidade de decifrar o comportamento das pessoas — um dia, me recepcionando em sua vida; no outro, fazendo eu me sentir uma desconhecida — me deixava confusa. Porque, sejamos sinceros, quando alguém se comporta de um jeito estranho, você questiona a si mesmo. Você questiona sua sanidade, a forma como se lembra dos acontecimentos... a forma como os entendeu... como entendeu a pessoa... si mesmo...

Por mais doloroso que seja, a confusão nos coloca cara a cara com todas as mudanças que precisam ser feitas para nunca deixar a clareza nas mãos de outras pessoas. No lar de outra pessoa.

Vou explicar. Quero levar você em uma jornada que chamo de *Desilusão*.

Parte 1: Imagine chegar em casa ao fim de um longo dia. Você estaciona seu carro. Vai até a porta. Pega suas chaves. Ao tentar abri-la, a chave não gira na fechadura. A porta não abre. No começo, você olha ao redor para se certificar de que está no lugar certo. Você fica incrédulo, porque vai até aquela casa todos os dias. Então começa a se questionar. Eu virei na rua errada? Eu estacionei no lugar errado? Você bate à porta, mas ninguém atende. No fundo, você sabe que este é o lugar que chama de lar todos os dias. Imagine como isso seria devastador. Você não sabe para onde ir. Nem o que fazer. E como esta é a casa para a qual você sempre vinha, continua voltando todos os dias. Mas a chave nunca gira na fechadura. Um dia, a pessoa que mora lá finalmente abre a porta. Você sorri de alívio e tenta entrar, mas a pessoa olha para você como se não o reconhecesse. Você a reconhece, mas ela parece nunca tê-lo visto antes. Na verdade, ela diz para você não insistir na tentativa de abrir a porta todos os dias, ou vai ter que chamar a polícia. Então, confuso, em negação e sem acreditar no que está acontecendo, você vai embora.

Caso contrário, vai se meter em encrenca. E não é como se você tivesse tempo para sofrer ou tentar entender o que acabou de acontecer... Você simplesmente sabe que algo mudou na realidade em que acreditava.

Agora, imagine essa história, mas, em vez de uma casa física, substitua-a por um ser humano que esteve na sua vida por tanto tempo que começou a parecer um lar. Uma pessoa que criou os alicerces de um lar. Imagine ir ao encontro dessa pessoa, desse espaço de almas que vocês compartilhavam, e descobrir que ela não está mais aberta para você. E em vez da chave, você tenta todas as coisas que aplicou antes. Tenta ser gentil e amoroso, tenta ser sua versão antiga. Mas nada funciona. Ela olha para você como se não o reconhecesse.

E simplesmente não faz sentido que alguém que conhecia você — você de verdade — deixasse de o reconhecer. Qual seria sua primeira atitude? Você começaria a se questionar, especialmente se vocês dois fossem os únicos que soubessem desse lar. Toda a existência desse lar está nas suas mãos. Ele depende de você enxergá-lo ou não. Então você começa a bater à porta, no coração daquela pessoa. E ninguém atende. Na verdade, você é mandado embora, e quando pergunta por quê, dizem que não há espaço para você. E quando você questiona por quê, de repente, o espaço acabou, escuta que nunca houve espaço e que você é maluco por acreditar que havia. Você fica lá, sozinho no meio de uma estrada em que começou a caminhar sem saber aonde chegaria. Você começou a caminhar com uma pessoa em quem confiava profundamente para lhe guiar para o lugar certo. Você já perdeu de vista o lugar em que começou, porque seu foco não estava na estrada, mas na pessoa que caminhava ao seu lado. E agora, essa pessoa desapareceu e convenceu você de que nunca esteve lá. E não é como se você tivesse tempo para sofrer seu luto, porque a experiência inteira desapareceu e você foi informado de que ela nunca aconteceu.

Parando para pensar, diz a pessoa, deve ter algo errado com você. Então o trauma desse momento vive no seu interior, mas você não tem permissão de senti-lo. Você não tem permissão de se curar, porque disseram que você inventou tudo. É como tentar se recuperar de uma doença sem ter ninguém para confirmar o diagnóstico.

Escrevi isso para descrever o choque do abandono. Todos os dias, recebo a mesma história de formas diferentes. Como a de Sally, que descobriu que foi traída pelo marido durante todos os 16 anos de casamento. Eles tinham dois filhos. Quando ela entrou em contato para me contar sua história, disse que a pior parte foi ele chamá-la de insegura sempre que ela mencionava as ausências ou os comportamentos que a faziam questionar a lealdade dele. Assim como ele dizia que era loucura dela achar que ele teria um caso, apesar de ela perceber que ele sempre escondia o celular. Mesmo tendo todos os motivos para acreditar que havia algo errado, pensou que estava louca e exagerando por confiar na própria intuição.

Como a de Sena, que se mudou do Paquistão para o Canadá depois de casar. Ela me contou: "Eu não percebia o quanto fui afetada pelo *gaslighting* dele. Eu desapareci. Deixei de ser uma pessoa superconfiante e comecei a questionar minha existência constantemente. No começo do relacionamento, ele me convenceu a tomar antidepressivos, e fiquei anestesiada. Com os anos, parecia que eu estava sendo lentamente talhada pelo controle e pelas humilhações. Só fui entender como eu estava destruída quando ouvi você explicar a palavra *gaslighting*. Eu não tinha a menor ideia de que isso existia. Aceitei que havia algo errado comigo. Ainda tenho dificuldade em me distanciar de tudo que me destruiu."

Defino *gaslighting* como a negação da sua realidade por alguém em quem você confia — não importa qual seja a realidade que você vivencia ao lado dessa pessoa. Falo sobre isso neste capítulo porque é a absoluta, embora extrema, forma de confusão. É algo que ocorre com frequência em relacionamentos, mas também na política, no ambiente de trabalho, em amizades e em relações familiares. Os danos causados podem ser irreversíveis. O termo vem de uma peça britânica chamada *Gas Light* [Luz a gás], de 1938, na qual um marido abusivo faz a esposa acreditar que está louca ao abalar psicologicamente a percepção dela da realidade. Uma de suas táticas era manipular o nível do gás na iluminação da casa, para que ficasse baixo e então voltando ao normal. Isso a assusta, mas, quando ela toca no assunto, ele diz que não percebeu nada, fazendo-a pensar que está enlouquecendo.

Um homem me chamou de louca várias vezes quando o lembrei das coisas que ele tinha me dito. Ele me falou que eu estava inventando tudo. E apesar de eu ter mensagens que confirmavam minha versão, questionei minhas lembranças, porque confiava nele. A confiança que eu tinha nesse homem passou por cima da confiança que eu tinha em mim mesma. Isso foi só um detalhe da situação toda, mas conto apenas partes da história para não me jogar de volta na tristeza desse momento.

O dia em que descobri a palavra *gaslighting*, senti como se a minha confusão, a minha visão obscurecida, estivesse magicamente começando a clarear, agora eu conseguia entender o que havia acontecido.

Denominar a experiência permite que você entenda que não está sozinha. E desanuvia sua visão. Traz segurança. Saber que sua experiência tem um nome e que outras pessoas passaram e continuam passando por ela... traz certo alívio.

〜

*Quando você conseguir dar um
nome para sua experiência,
já encontrou clareza.*

〜

Lembra quando Sena disse "Só fui entender como eu estava destruída quando ouvi você explicar a palavra *gaslighting*"? Ela me mandou essa mensagem por áudio. O alívio que escutei em sua voz foi surreal. Porque quando ela soube que havia uma palavra para explicar sua história, se sentiu internamente justificada. Quando isso acontece, você consegue se distanciar da experiência.

~

Você não está confuso.
Você está passando por uma situação confusa.
Separe a situação confusa de quem você é.
Se você disser "Estou confuso", está insinuando
que a confusão faz parte de você. Não faz. Ela faz parte
da situação em que você está. A resposta para a confusão não está na
confusão em si. Mas na capacidade de se afastar dela e enxergar que
você está passando por ela em vez de ser definido por ela.
A resposta está dentro de você.

~

Pilar nº 5: Escute seus instintos.

Se algo não parece certo de um jeito que você não consegue explicar, provavelmente não está certo mesmo. O corpo avisa quando há algo de errado.

Mas, às vezes, a gente não acaba fugindo das coisas que nos fazem bem? Sim. Talvez exista a possibilidade de algo bom estar vindo, mas você *sente* um incômodo por aquilo não ser familiar. Falarei mais sobre isso na Sala da rendição, mas, para o propósito da Sala da clareza, quero que você escute seus instintos. A questão não é segui-los ou não. A questão é não ignorar o fato de que eles estão tentando dizer alguma coisa. Para saber o que eles querem dizer, você precisa se voltar para dentro.

Durante minha situação com Noah, sempre senti que havia algo errado. Simplesmente não dei a devida atenção aos meus instintos. Torci para que eles estivessem errados. Confundi os altos e baixos da minha confusão com gostar dele. Amir Levine e Rachel Heller (os autores de *Maneiras de amar*) se referem a isso como um sistema de apego ativado. Por eu não ter construído um lar dentro de mim e não ter a segurança de realmente internalizar que merecia ser amada, interpretei a indisponibilidade dele como um sinal de que precisava me esforçar mais para mostrar que eu valia à pena. Sua indisponibilidade emocional confirmava a minha história do *Por que eu não posso ter aquilo?*, ela ativava o estilo de apego ansioso que desenvolvi na infância e me colocou de volta no corpo daquela garotinha que ansiava por conseguir algo que não tinha. Ele sempre estava na defensiva, e sempre me mostrava um pouquinho de si mesmo, apenas o suficiente para me impedir de desistir.

No entanto, era aí que estava a manipulação. Era aí que meus instintos diziam: FUJA. Mas eu não escutei. Na verdade, eu os ignorei. Nos momentos em que ele sentia que eu estava desistindo, me dizia algo autodepreciativo, como "Nunca me senti confiante por causa da maneira como fui criado", sabendo que eu entraria no modo salvadora e lutaria contra seus demônios. Tenho uma personalidade empata, lembra? Não digo isso para culpá-lo pelas minhas escolhas. Eu assumo total responsabilidade por tentar ajudá-lo. Afinal, ninguém pode obrigar você a fazer qualquer coisa. Mas, quando se trata de apego emocional, a lógica não é o primeiro instinto a entrar em ação.

Ele me guiava até o ponto em que dizia: "Fique vulnerável. Diga o que sente por mim." E assim que eu fazia isso, ele ficava muito feliz, mas nunca retribuía. E assim que eu pedia por algo tão simples quanto nos encontrar para tomar um café, ele imediatamente se transformava em alguém que eu não reconhecia. Ele dizia: "Não estou pronto para nada sério." E eu imediatamente entrava na defensiva, respondendo: "Desculpe. Não quis insinuar isso. Só sinto que esse parece ser o próximo passo natural para o que nós temos." Eu me sentia tão confusa. Não conseguia entender o que ele queria e por que ele continuava buscando momentos de conexão comigo que realmente pareciam um relacionamento se pretendia me dispensar.

E a parte engraçada é que todos os meus amigos não apenas o detestavam... eles o desprezavam. Não entendiam o que eu via nele. Sabe, eu criei a imagem de um homem ferido que precisava que alguém acreditasse nele e que eu fosse paciente quando seu comportamento demonstrasse a maturidade emocional de um menino de 12 anos.

Se eu tivesse escutado meus instintos, que me diziam *Isso não é certo. Isso não parece certo, muito menos saudável*, teria me poupado de muito sofrimento.

Apesar de detestar admitir isto, eu também sofri *gaslighting* com Noah. Mas só entendi e percebi isso quando me distanciei da experiência por tempo suficiente para conseguir enxergá-la com objetividade. Um exemplo simples foi o seguinte: na primeira vez em que Noah me convidou para tomar um café, ele me pediu para lhe avisar quando seria a melhor data. Então expliquei meus horários. Nós nos encontramos. Na metade do encontro, ele me perguntou:

— Então, por que você quis vir tomar café?

Eu só conseguia pensar: *Mas foi você quem me convidou!* Isso devia ter sido o primeiro sinal de que ele queria me vender a ideia de que era eu quem estava atrás dele.

Mas não ouvi meus instintos.

Naquela noite, fui até a casa da minha amiga Jenan depois do café com Noah. Até hoje, ela diz que o odeia por ter visto o quanto eu estava pálida após o encontro. Ela diz que sabia que havia algo de errado.

Pilar nº 6: Veja a história como ela realmente é, não como você gostaria nem como você desejaria que ela fosse.

Quando você se sente confuso, sua alma está buscando por clareza. E ela não pode ser encontrada quando está obscurecida por seus desejos e desilusões sobre o que é a verdade. Assim como você não consegue se enxergar com clareza no espelho quando enuvia sua visão com a versão do que acredita que você precisar ser, o mesmo acontece com outras experiências da vida. A verdade costuma estar bem na sua frente. Lá dentro de você. E a aceitação completa geralmente é impedida pela negação.

Quando você prefere a negação e a confusão, o que isso indica? Você deve ter adivinhado... Você está procurando por um lar, por clareza, dentro de outra pessoa. Em alicerces diferentes dos seus.

Parte de mim entrou em negação completa sobre a possibilidade de estar sofrendo *gaslighting* de alguém, especialmente de Noah. Como poderia eu, depois de tudo que passei, ser vítima de *gaslighting*? Era eu quem estava salvando Noah. Era eu quem estava impulsionando Noah. Como poderia ele, um garotinho triste em seu íntimo, ser capaz de criar tanto conflito e confusão dentro de mim? Não podia ser.

Mas era.

Era.

Eu precisava aceitar isso.

E só aceitei quando parei de buscar clareza dentro dele. Quando parei de tentar compreendê-lo. Precisei buscar clareza dentro de mim. Precisei olhar o que havia no meu interior que me levava a me agarrar aos problemas de outra pessoa... que me fazia assumir a responsabilidade por consertar os estragos na vida dele. E eu tive que parar de tentar prepará-lo para ser a pessoa de quem eu precisava.

Você precisa parar de enxergar os outros como quer que eles sejam, ou como você achava que eram. Você precisa vê-los como são de verdade. Você precisa parar de enxergar a história da forma como sua versão em negação acha melhor.

Você precisa parar de enxergar aquela pessoa como ela era quando seus sentimentos surgiram. Sei que isso parece mais fácil na teoria do que na prática. Sei que alguns acontecimentos e sentimentos são irreversíveis. Então, não os reverta. Honre-os. Mas também honre o fato de que eles não existem mais. Honre o fato de que existem acontecimentos e sentimentos novos que também precisam ser valorizados. Você não pode continuar olhando para trás, para a versão que você via antes dos acontecimentos que o fizeram enxergar a verdade sobre alguém. Por exemplo, quando você descobre que alguém passou um relacionamento inteiro mentindo, não dá para continuar olhando para essa pessoa do mesmo jeito que você fazia antes de descobrir as mentiras. Bem, dá, mas por que escolher essa opção? Seria como continuar a acreditar que a Terra é plana quando você sabe que ela é redonda.

Vamos voltar para *Desilusão*.

Parte 2: Você precisa se concentrar em juntar seus cacos para repará-los com ouro e criar uma nova versão de si mesmo.

Não se ressinta da sua sinceridade e empatia nem acredite que elas foram o motivo para pessoas terem tirado vantagem de você. Compreenda que não é o seu interior que abre espaço para os outros tirarem vantagem. Foram eles que escolheram fazer isso com o que viram no seu interior. E o que os outros viram no seu interior não define você. O que está no seu interior é o que define você.

Você não precisa ser recebido no lar de ninguém. Você precisa ser recebido no seu lar.

Pare de buscar por alguém para guiá-lo até o fim da estrada, porque você vai perder a si mesma enquanto faz isso. E pare de olhar para a desilusão da pessoa que você viu no passado. Comece a se concentrar na estrada. E, ao fazer isso, você vai pavimentar o seu caminho. Sim, pode estar escuro, e talvez você não saiba para onde vai. Mas, contanto que continue seguindo em frente, você vai chegar em casa.

Você vai chegar em casa.

Pilar nº 7: Pare de procurar agulhas em palheiros.

Quando estamos buscando por clareza, especialmente em relacionamentos, é fácil nos perder na busca por algo que não existe. Em casos assim, é preciso dar um passo para trás, se distanciar da situação e ver o cenário geral. Se você chegar perto demais do espelho, ficará tão concentrado nos detalhes que coisas pequenas começam a ficar exageradas aos seus olhos. Esse é o poder da sua atenção. Afaste-se do espelho e tente enxergar sua história como um todo.

Quando a mente fica remoendo infinitamente todos os detalhes, questionando o que deu errado, ou como alguém pôde ser tão cruel com você, ou enxergar coisas ruins em você, e quando você se frustra consigo mesmo por não conseguir parar de pensar nisso, aqui vai algo que quero que se lembre.

Às vezes, as pessoas fazem coisas que nos machucam sem pensar na dor que causam. E isso não necessariamente as torna pessoas ruins. Não cabe a você decidir isso. A verdade é que ficar preso à raiva ou ao ressentimento por alguém ter lhe magoado não traz qualquer tipo de paz. Só traz mais dor.

Você está buscando por uma conclusão. E espera conseguir seguir em frente quando entender por que aquela pessoa fez o que fez. Mas... dedicar tanto tempo a analisar cada detalhe, na esperança de encontrar sua resposta, de algum jeito, nas entrelinhas desses detalhes é como procurar uma agulha no palheiro. Você nunca vai encontrá-la. Porque seu foco não deveria ser esse. Você precisa se concentrar no fato de que a pessoa que lhe magoou não merece receber mais do seu tempo e da sua energia do que você. Talvez essa pessoa não mereça nada. É você quem merece seu tempo e sua energia. E, mesmo que doa muito, descarregue essas emoções no choro, em conversas, na escrita, na dança, em gritos. Faça o que for necessário para elas irem embora. Não se busca cura no veneno. Ela não está lá. A cura está dentro de você. Se você está magoado porque ofereceu amor, bondade e compreensão, então tenha amor, bondade e compreensão por você.

Deixe a pessoa ficar com o que ela tirou de você. É assim que espalhamos nossa luz pelo mundo. Não lute para recuperar o que foi perdido. Lutar para compreender, receber uma justificativa ou um encerramento é o mesmo que lutar para recuperar aquilo que você deu. Apenas deixe com ela. Mesmo quando tudo que você recebeu de volta foi dor, veneno, palavras grosseiras e flechas no seu coração, na sua autoestima e no seu valor próprio. Deixe tudo com ela.

Era isso que ela tinha a oferecer. E talvez ela fosse capaz de dar mais, porém escolheu dar o que deu a você. E se ela fosse capaz de oferecer mais, por que você iria querer passar a vida com alguém que decide magoá-lo de propósito? Você não quer isso.

É doloroso porque essa pessoa era importante para você. É doloroso porque você acreditou nela. É doloroso porque você via um futuro na relação, você se mostrou vulnerável e dedicou tempo e energia a ela. É óbvio que vai doer. Então, não tem problema sentir dor. Deixe. Passe um tempo com a dor. Isso nunca deve ser normalizado para você. Você não deve permitir que alguém o maltrate e o traia, que alguém em quem você confiava vire e o trate como se você não significasse nada. Você nunca deve permitir que esse tipo de acontecimento ocorra e estar tranquila em relação a isso.

Você não precisa permitir as coisas para aceitá-las. E você precisa aceitá-las, porque a cura vem da aceitação. A empatia, a sensibilidade e a beleza que permitem que você sinta a dor de ser tratado desse jeito tornam você a pessoa que é. É por isso que você é capaz de oferecer amor. É por isso que você é capaz de oferecer as coisas, ponto-final. Você escolhe não causar sofrimento. E isso faz de você a pessoa que é.

Então, pare de tentar entender por que alguém magoou você. Pare de tentar buscar por razões por que essa pessoa mudou. Pare de procurar por aquela agulha no palheiro e enxergue o palheiro como um todo. Se você conseguir deixar aquele encerramento, aquela pessoa, aquela experiência se dispersarem pela sua vida, com todas as pessoas que você ainda vai conhecer, com todo o amor que ainda vai sentir, oferecer e receber... se você conseguir fazer isso, então verá como aquela pessoa e aquela experiência são pequenas em relação à glória de tudo que você pode vivenciar. Porém, ao buscar por algo que não existe, você vai acabar soterrado. Você vai acabar sufocado se realmente acreditar que é impossível sair dessa a menos que encontre aquela agulha. Então, deixe-a para lá. Deixe-a desaparecer, e siga em frente. Continue vivendo. Continue respirando. Continue caminhando rumo a lugares e pessoas que não exigem que você se engula, que você se afogue dentro de si mesmo, para lhe dar atenção.

Pilar nº 8: Não obscureça sua visão ao reprimir a raiva.

Quantas vezes você convenceu a si mesmo de que só precisava *se acalmar*? De que expressar raiva é, de alguma maneira, um sinal de fraqueza?

Quantas vezes você respondeu "Está tudo bem" para um pedido de desculpas quando nada estava bem? Quando você sabia que as desculpas não poderiam remover a dor sentida?

Saiba que reprimir sua raiva não torna você uma pessoa boa ou calma. Reprimir sua raiva impede você de enxergar a história como ela é. Impede você de enxergar a si mesmo como é. Bloqueia a sua visão de conseguir enxergar a verdade. De enxergar a *sua* verdade. Nós nunca aprendemos que a raiva é uma emoção saudável e normal que deveria nos trazer alívio e resolução. Ela é um alarme que diz: *Cuidado! Algo aqui é ameaçador!* E quando paramos de expressá-la (pior ainda, quando nos impedimos de senti-la), ela pode ser — na verdade, com certeza será — prejudicial para a nossa clareza.

Sentir raiva não significa que há algo errado com você. Da mesma forma, ficar com raiva de alguma situação não significa que há algo errado com você.

~

Em vez de se punir por sentir raiva,
pergunte a si mesmo: O que essa raiva quer me dizer?
Ela quer mostrar que meus limites estão sendo violados?
Ela quer mostrar que estou sendo silenciado?
Ela quer mostrar que eu deveria dizer não?

~

Especialmente quando se trata de mulheres, nós somos ensinadas a permanecer em silêncio, que a raiva não é algo feminino — que isso afasta os homens. Somos ensinadas a pedir desculpas por expressar nossos sentimentos de formas que pareçam agressivas quando estamos apenas mostrando nossos limites ou avisando que um limite foi ultrapassado. Mas, se um homem falar com raiva, isso será considerado completamente normal, talvez até másculo.

Pense na raiva como um fogo aceso dentro de você. A madeira são seus limites, crenças, respeito próprio, sua voz. Os fósforos são gatilhos (externos, pelas ações de terceiros, ou internos, pela internalização daquilo que o comportamento dos outros deve significar sobre nós). O ar é o poder dela. E a raiva queima e aumenta, assim como o fogo. Mantê-la no seu interior serve apenas para queimar você. Colocá-la completamente para fora, projetando-a nos outros, pode queimar alguém, e isso é necessário às vezes.

Por exemplo, quando você diz "não" para uma pessoa, talvez a queime com esse fogo. E está tudo bem. Porque você não está reprimindo suas vontades apenas para agradar alguém.

Você deve aprender como lidar com o fogo da raiva, não suprimi-lo à custa das coisas que você realmente quer dizer. Suprimi-lo é o equivalente a lhe dar mais poder, mais ar, para continuar queimando.

As pessoas costumam me dizer: "Não imagino você com raiva." A menina mais jovem e inocente que eu fui responderia: "Eu nunca fico com raiva. Tenho formas mais saudáveis de acalmar meus sentimentos do que ficar com raiva." Agora, simplesmente digo: "Só porque eu não grito, não significa que não estou com raiva."

A raiva é um *Não*.

A raiva é um *Isso não está certo*.

A raiva é um *Isso está me deixando desconfortável. Pare.*

A raiva é um *Você não pode fazer isso.*

A raiva é subir em um palco quando eu estava sendo judicialmente ameaçada por compartilhar minha história em público — na frente de pessoas que avisaram que estariam me assistindo — e dizer: *Não vou pedir desculpas por contar a minha verdade e usar a minha voz.*

Vamos observar o dia do meu discurso.

Eu vejo tantos rostos familiares. Meu advogado está sentado ao meu lado. Sei que as pessoas vão ficar com raiva do que eu tenho a dizer. Começo a ficar ofegante, sabendo que tudo que direi será usado contra mim.

Mas então eu lembro.

Eu me lembro da garota que saiu daquela sala sentindo que teve as asas quebradas. Eu me lembro da garota que estava tão apavorada na véspera da denúncia que desabou no chão da cozinha e gritou para a mãe socorrê-la. Eu me lembro do olhar nos olhos da minha mãe enquanto ela, prestes a cair no choro, dizia em um tom desesperado: "Tem alguma coisa acontecendo e você não nos conta o que é." Eu me lembro da garota sentada na sala de investigação, que começou a hiperventilar assim que ele relatou as mentiras contadas pelas testemunhas.

Eu me lembro dela.

E fico com raiva.

O fogo dentro de mim começa a arder, e, ao subir no palco, sinto asas de fogo me cercando. Levo comigo cada segundo da minha raiva. E paro ali. Empertigada. E orgulhosa.

Minha voz estremece quando começo a ler, porém, quanto mais eu falo, mais coragem sinto. E isso me leva de volta ao que eu disse antes, sobre como não existe um único momento que muda completamente a sua vida. Existe uma série de momentos que se acumulam. É como um efeito dominó.

Falo por vinte minutos, olhando para a plateia sem saber quem está assistindo. Mas sei que há pessoas o suficiente em posições de poder com a capacidade de fazer injustiças da mesma forma que fazem justiça. E quero que elas escutem. Vejo lágrimas nos olhos de muitas pessoas, especialmente mulheres. E sei que é porque elas sabem; elas passaram pela mesma experiência que eu.

Encerro meu discurso levantando a pilha de papéis que me foi entregue ao ser notificada por um oficial de justiça e dizendo: *Não vou pedir desculpas por contar a minha verdade.*

Então leio um poema de Jasmin Kaur:

Grite
para um dia
daqui a cem anos
outra irmã não precisar
secar as próprias lágrimas se perguntando
em que momento da história
ela perdeu a voz.

Então eu disse: eu gritei, o mais alto que consegui. Vocês vão gritar comigo.

Faço a você a mesma pergunta. Você vai gritar comigo?

Você vai gritar por si mesmo?

A sua raiva não precisa
parecer com raiva.
A sua raiva não precisa
soar como raiva.
A sua raiva pode ser o sussurro
mais suave,
bondoso,
gentil,
que diz
NÃO
e ecoa pelo mundo
nas asas da borboleta
que disseram que jamais
sairia do casulo.

O seu não *não precisa*
soar como um não.
O seu não *não precisa*
parecer com um não.
O seu não *pode se transformar*
no fogo com que tentaram lhe queimar,
com que tentaram transformar você em cinzas,
em um fósforo
que acende uma chama
que faz nascer a fênix
que disseram
que jamais ressurgiria.

Espelhos adicionais nesta sala

O ESPELHO DO PROPÓSITO

Olhe neste espelho para compreender o seu propósito, o seu "por quê". Ele pode ser relacionado a qualquer trabalho ou ato de sua autoria.

As perguntas a seguir ajudarão você a avaliar seu comportamento atual e se ele está alinhado com o seu propósito, que pode ser um emprego ou qualquer forma de ocupação na vida.

1. O que estou fazendo agora? (ações)

2. Qual é o meu objetivo ao fazer isso? (propósito)

3. Minhas ações estão alinhadas com esse propósito?

    a. Se a resposta for sim, ótimo!

    b. Se a resposta for não, o que preciso mudar?

Essas perguntas podem parecer simples demais, porém, ao dedicar tempo para respondê-las, você perceberá que elas lhe darão um impulso para refletir, redirecionar suas ações ou se reassegurar de que está no caminho certo.

Houve um breve período da minha vida em que me vi extremamente focada nas métricas das redes sociais. Marcas geralmente solicitam impressões, alcance, dados demográficos, entre outros. A maioria dos profissionais ao meu redor se definia pela quantidade de visualizações e seguidores. Na época, eu não entrava em contato comigo mesma diariamente, e meu foco nas métricas acabou me afetando. É fácil acabar avaliando seu sucesso por meio de números quando é óbvio que o mundo avalia você da mesma maneira. Mas, no fim das contas, você não quer se enxergar da mesma forma como o mundo enxerga nem mudar para se adequar aos valores dele, para se sentir valorizado. Você quer ser fiel a si mesmo, para conseguir ver e sentir seu valor real e então projetá-lo para o mundo. As métricas me deixavam muito abalada, e pedi para a minha equipe planejar o número de postagens que precisávamos fazer por dia, os horários certos, essas coisas. Mas isso parecia tão... errado. Eu me sentia uma hipócrita. Fiquei tão imersa na forma como as outras pessoas lidavam com as redes sociais que parei de confiar em mim mesma.

Um dia, eu estava me sentindo tão confusa. Tão desconectada. Tão distante de mim mesma. Sabe quando você se sente inquieto? Era isso.

Minha versão autêntica estava confusa com a versão que eu exibia para o mundo.

Então comecei a escrever para me questionar. Eu me perguntei: *Por que estou fazendo o que estou fazendo?*

Para ajudar a curar as pessoas do mesmo modo como estou me curando.

E foi então que caiu a ficha de que meus atos não estavam alinhadas ao meu propósito. Não era que eu estivesse explorando meu público. Mas eu confiava mais naquilo que os outros faziam do que no que eu fazia. Apesar de as minhas postagens ajudarem no processo de cura das pessoas, meu foco subconsciente era aumentar o engajamento nas redes sociais.

Depois que me dei conta disso, me ouvi dizer: *Não, não, não! Não vou mais fazer isso. Meu propósito é ajudar as pessoas a se curarem. Esse sempre foi o meu propósito. Então, antes de publicar qualquer conteúdo, vou resetar minhas intenções até isso se tornar o meu* normal *novamente.* Foi por isso que imediatamente decidi mudar de rumo.

E foi assim que o Espelho da Intenção surgiu.

O ESPELHO DA INTENÇÃO

Olhe para esse espelho quando você esquecer por que está fazendo o que faz.

Com que frequência você se pega fazendo algo e pensando: *Por que estou fazendo isso? É porque eu quero ou porque estou acostumado?* Ao olhar neste espelho, você reseta sua intenção com base na pessoa que você é e no seu propósito. Uma vida autêntica precisa estar alinhada com suas intenções verdadeiras. Se isso não acontecer, você se sentirá desorientado.

Uma definição simples de *intenção* é: o motivo verdadeiro para fazer o que você faz. Imagine sua intenção como uma semente. Ela é pequena, mas vai crescer.

Treine sua mente para fazer o seguinte questionamento antes de você fazer qualquer coisa: *Qual é a minha intenção com esse ato?* Por exemplo, *Por que você está postando isso nas redes sociais? É porque quer mostrar aos outros como a sua vida é de certa forma? É porque quer aprovação?* Não é preciso julgar sua intenção, mas o simples ato de se questionar torna você mais consciente, causando um redirecionamento ou uma reafirmação do seu comportamento.

~

*Plante a semente da árvore da qual
você deseja colher os frutos.*

~

O ESPELHO DA FUGA

Olhe neste espelho quando você estiver com vontade de fugir. Este espelho busca oferecer clareza sobre o sentimento ou emoção do qual você está fugindo. Quando uma emoção intensa e desconfortável bate à porta, nossa reação inicial é querer que ela desapareça. Porque senti-la é difícil e incômodo. Por exemplo, vejamos a raiva. Voltemos para o momento antes de eu subir no palco e discursar (Pilar nº 8). Fugir teria me impedido de expressar minha raiva, minha voz, minha verdade. Não importaria aonde eu fosse, o silêncio sempre me seguiria. Fugir me pouparia do sofrimento de me expor e ter que lidar com as consequências, sim. Mas eu decepcionaria a mim mesma.

Escrevi a reflexão a seguir para lutar contra minha vontade de fugir... de recomeçar e não ser lembrada de tudo que aconteceu desde que me mudei para o Canadá com 16 anos:

Então, me diga o que aconteceria se você fugisse? O que acabaria? A presença de algumas pessoas e os sentimentos que elas causam poderiam desaparecer. A sensação de insignificância poderia sumir por um tempo. Porque você baseia o seu valor em outra pessoa além de si mesma. Em algo além de si mesma. Mas quer saber? Não importa aonde você for, as coisas de que você quer fugir serão seu destino até você vivenciá-las por completo... Até você mostrar para si mesma que o seu medo é uma construção da mente. Até você aprender o que ele quer lhe ensinar. Até você parar de se esquivar dele. Você pode achar que é forte por evitar as coisas que lhe assustam. Mas não é. Você é prisioneira do medo. Sentir-se em casa significa se sentir poderosa, não uma fugitiva nem alguém com medo.

Pergunte a si mesmo: *De qual sentimento ou emoção estou fugindo?* Agora, receba-o no seu lar, sinta-o, e permita que ele vá embora para você se libertar.

Após olhar neste espelho, talvez seja bom dar uma volta na Sala da rendição.

O ESPELHO DO "QUEM SOU EU?"

Olhe neste espelho quando quiser compreender quem você é e o que você significa. Em qualquer momento de confusão sobre sua versão autêntica, olhe no espelho e se pergunte:

1. Quem sou eu?

2. Que valores eu represento?

O ESPELHO DO DESVELAMENTO

Olhe neste espelho para enxergar as camadas que precisam ser removidas até você conseguir enxergar sua versão verdadeira.

1. Com qual rótulo você acha que o mundo ao redor enxerga ou define você? (Eu me refiro a ele como *aquilo* no poema "Que história devo contar a você?", no Pilar nº 1.) Pode ser algo relacionado ao seu corpo, seu gênero ou qualquer outra classificação que o mundo use para você.

2. O que há por trás disso — sua versão real?

3. Você enxerga sua versão real mesmo que o mundo não faça o mesmo?

4. Do que você tem medo ao compartilhar sua versão real com as pessoas ao seu redor?

O ESPELHO DA HISTÓRIA VERDADEIRA

Olhe neste espelho para ganhar objetividade sobre a realidade em vez de enxergar aquilo que você pensa ou que deseja que ela seja.

Em um lado do papel, escreva: *Que história estou contando a mim mesmo?* (baseada no ego).

Do outro lado, escreva: *Qual é a história verdadeira?* (baseada na realidade).

Você se lembra daquela manhã horrível de segunda-feira em que Noah me ligou e disse que não falaria mais comigo? A história que eu ficava repetindo para mim mesma era *Você não merece ser desejada por pessoa alguma.* Mas seria essa a história verdadeira? De forma alguma. Meu ego queria se segurar à identidade que dei a mim mesma anos antes, para ter um senso de importância. Eu me dei uma história que reforçaria algo que sempre acreditei sobre mim.

Lembro-me de pegar uma folha de papel e riscar uma linha no centro. De um lado da linha, escrevi todas as conclusões a que cheguei sobre mim mesma como resultado das coisas que Noah disse. Do outro lado, respondi a cada conclusão de acordo com as seguintes perguntas:

1. Isso é verdade? E mesmo que seja,

2. Acreditar nisso me ajuda em alguma coisa?

Uma das coisas que escrevi foi *Ele acha que eu não valho à pena.* Na coluna ao lado, em resposta a *Isso é verdade?*, escrevi *Não sei.* Em resposta a *Acreditar nisso me ajuda em alguma coisa?*, escrevi *Não.*

Essa reflexão simples pode mostrar que você está enxergando a si mesmo e à sua história através do ponto de vista de outra pessoa, através do lar de outra pessoa, não do seu.

O ESPELHO DO INTERLÚDIO

Olhe neste espelho para encontrar o espaço calmo, tranquilo, entre o passado e o futuro: o presente.

Sabe quando você acorda de um sono profundo e, por um milésimo de segundo, esquece onde está, que dia é, que horas são? O tipo de sono que rouba você, ah, de um jeito tão lindo, de todas as memórias e todos os sonhos que costumam rondar sua mente? Como esse momento é leve, como é libertador. É como uma página em branco para a sua vida.

E então a realidade começa a voltar. Aos poucos. Parece um veneno sendo derramado gota a gota enquanto você se recorda de tudo que pesa em suas costas. Enquanto você se lembra dos acontecimentos que lhe acorrentam ao passado, e o futuro rouba a sua sensação de ser suficiente agora.

O Espelho do Interlúdio ajudará você a recriar o momento de completo desapego do passado e do futuro. Aqui vão as instruções:

1. Sente-se, fique de pé ou deite-se em um lugar calmo.

2. Imagine sua versão passada sentada atrás de você.

3. Imagine sua versão futura sentada na sua frente.

O que normalmente acontece quando fazemos isso é sentir que o passado e o presente se aproximam, e você fica tão entremeado e embolado neles que não consegue sentir nada além desses momentos. É como se duas paredes fossem se juntando mais e mais, e você sente que está sufocando por medo do que elas podem fazer ou significar.

4. Enquanto você imagina esse estado, visualize uma força protetora ao seu redor, emanando do seu lar interior, que impede o passado e o presente de encostarem em você.

5. Repita: *Estou seguro. Estou bem. Eu sou suficiente. Eu sou merecedor. Eu não sou definido pelo que aconteceu antes. Eu não sou definido pelo que fiz antes. Eu não sou definido pelo que pode ou não acontecer no futuro. Eu não sou definido pelo que posso ou não conquistar no futuro. Eu estou bem agora, do jeito que sou. Eu me sinto em casa comigo mesmo agora, neste momento.*

Quando você permanece preso ao passado, seja por se arrepender de algo que fez ou disse, ou que não fez ou disse, seja por apego a um acontecimento que não lhe ajuda mais em nada (um término de relacionamento, a saída de um emprego, uma mudança de casa, qualquer coisa), você escolhe sair do seu lar. Nós não apenas construímos lares em outras pessoas, como também os construímos em outros momentos. Naqueles que não servem mais para nada. Você também pode acabar se obcecando demais com as *possibilidades* do futuro. Seu lar é aqui e agora, com você. Ele está vivo em você. Ele muda com você. Ele cresce com você. Cada momento da sua vida se torna parte de você, mas o passado deve ser deixado para trás, onde é o lugar dele. Quanto mais carregá-lo, mais seu lar se tornará um lugar insuportável, porque você permitiu que momentos passados lotassem seu espaço presente. Quando você vive no passado, seu lar é prejudicado; ele se torna entulhado de objetos inúteis, causando uma estagnação pesada.

Vale mencionar que essa abordagem não pretende minimizar acontecimentos traumáticos. Se você passou por qualquer tipo de trauma, por favor, saiba que essa estratégia pode ajudar, mas talvez algumas repetições sejam necessárias antes de você conseguir se distanciar completamente de momentos traumáticos do passado e das preocupações futuras. E talvez você precise se consultar com um terapeuta profissional que vai lhe ajudar com isso. A minha experiência com terapia não me ajudou a me livrar dos meus traumas. Mas me lembro de momentos importantes que me deram um empurrão para a frente.

Um dia, ao sair da sala da minha terapeuta, falei:

— Só não entendo como algo tão pequeno pode ter me afetado tanto.
— Eu estava me referindo ao *gaslighting* pelo qual passei.

Ela respondeu:

— O trauma não é o que aconteceu. É a maneira como você reagiu ao que aconteceu.

Tal comentário me deixou abalada por vários dias e me trouxe muita lucidez. Então, se você passou por um momento traumático, por favor, lembre-se de que ninguém tem o direito de lhe dizer se você pode ou não se sentir traumatizado. Se o acontecimento causou um trauma, ele causou um trauma. E o objetivo é se curar dele.

6. Agora que você está no seu lar, se sentindo em casa consigo mesmo, livre das amarras do passado e do futuro, se pergunte: *O que eu gostaria de estar fazendo agora? Como eu gostaria de estar me sentindo agora?* E faça isso.

O ESPELHO DO FOCO

Olhe neste espelho quando você se sentir distraído. Começa com uma pergunta simples: *Por que não consigo me concentrar?* Seja sincero. Pode ser porque seu propósito não está bem definido. Pode ser porque você está distraído com os seus arredores. Pode ser porque você tem um sentimento ou uma emoção batendo à sua porta. Pode ser porque você está fazendo muitas coisas ao mesmo tempo. Responder a essa pergunta com o máximo de sinceridade possível trará clareza sobre o que você precisa fazer para recuperar o foco.

O que me permitiu manter o foco no trabalho foi escrever um plano para o meu dia na noite anterior (prefiro escrever à noite para evitar confusão pela manhã sobre o que preciso fazer). Meu plano inclui objetivos e etapas organizacionais, um cronograma ajustável e lembretes.

Como objetivos, geralmente escrevo três principais, como: (1) terminar o capítulo que estou escrevendo agora; (2) fazer n vídeos sobre n assuntos; (3) revisar n arquivos. Como etapas organizacionais, entro em mais detalhes. Por exemplo, sob (1) "terminar o capítulo que estou escrevendo agora", coloco:

1. Concluir o Pilar nº 8.

2. Consertar erros de gramática e estrutura.

3. Consolidar o formato dos pilares.

4. Remover ideias repetitivas.

5. Manter um fluxo contínuo de ideias.

Para o cronograma, geralmente incluo a hora de comer, fazer exercícios, ir ao mercado, encontrar amigos, entre outros.

E como lembretes, geralmente escrevo algo que me lembre de manter o foco no dia seguinte.

O plano deve ser um esboço realista e factível daquilo que você quer executar no dia seguinte. Lembre-se de fazer uma coisa de cada vez. Você não é um super-herói das multitarefas. Seja intencional com o seu cronograma. Certifique-se de reservar tempo para comer, descansar, realizar qualquer forma de atividade física ou meditação, socializar, e assim por diante.

Você acha que o planejamento acabou? Você sabe que não.

O que vou dizer agora é importante demais: *Identifique suas distrações. Faça uma lista. Remova-as. Fique sozinho com seus pensamentos e seja objetivo sobre o que é melhor fazer neste momento.*

Se forem redes sociais, saia delas. Remova os aplicativos do seu celular por um dia, uma semana ou pelo tempo que for necessário, se você precisar. Lembre que uma "curtida" ou um "seguidor" não definem você. Lembre que as doses constantes de dopamina são exaustivas. Se for a televisão, desligue-a.

Se for estar sempre disponível para os outros, deixe seu telefone em outro cômodo até terminar o trabalho.

Faço isso sempre que sinto que estou sendo drenada sem conseguir trabalhar. Acabo me sentindo confusa e perdida no meu ambiente. Sei que é porque estou deixando minha energia se esvair em várias direções. Tento preservar essa energia ao remover distrações potenciais antes de começar a trabalhar. Geralmente deixo o celular em outro cômodo, porque sei que ele é o que mais me dispersa.

SEIS

Rendição

~

Entre nesta sala quando sentir que uma emoção bate à sua porta. Ao entrar, você abandona a resistência às suas emoções de verdade e se dá permissão para senti-las. Isso permitirá que você aceite a realidade e compreenda todos os padrões que segue quando lida com suas emoções — tristeza, vulnerabilidade, vergonha, raiva... Você pode perceber uma resistência ao aceitar suas emoções, um entorpecimento, ou simplesmente a negação da existência delas. Vivenciar essas emoções abrirá espaço para as outras que você escolher. Parte de construir um lar para si mesmo é abrir a porta para sentir o que realmente está acontecendo no seu interior. A exposição emocional a si mesmo é o âmago desta sala.

O principal objetivo de se sentir em casa consigo mesmo é nunca vivenciar emoções negativas, mas aprender a mergulhar nelas através da escuta e da compreensão construtivas, não se afogar nelas com uma resistência contínua.

Você está preparado para começar a recepcionar suas emoções?

Vamos lá.

~

Renda-se... renda-se a si mesmo. Ao que realmente está acontecendo dentro de você. Abandone a máscara. Abandone as desculpas. Abandone a resistência. Abandone a necessidade de parecer que você está indo bem segundo quaisquer padrões ao seu redor. Da sua família, da sua comunidade, do mundo, das redes sociais, e assim por diante. É por isso que as ferramentas desta sala se chamam submissões, não significando fraqueza, mas o oposto da resistência.

Simplesmente se renda. Não apenas *escute* sua voz interior. *Escute* de verdade a si mesmo. Escute seu coração. Escute sua alma. E...

Escute sua dor.

Escute a si mesmo.

Durante a época em que eu tentava entender por que minha necessidade por amor era tão dolorosa, por que eu queria tanto que alguém — qualquer pessoa — me amasse, eu sentia como se tivesse construído um lar de tristeza dentro de mim. Eu me sentia triste o tempo todo. Eu me sentia menor. Sabe como uma árvore estica suas raízes na direção da água? Parecia que eu estava me esticando em todas as direções para receber amor de alguém, em qualquer lugar, de qualquer jeito. Apenas para conseguir seguir em frente. Eu escondia muito bem meu desespero enquanto buscava todas as confirmações possíveis de que não merecia ser amada. E sempre que encontrava essas confirmações, eu me convencia que elas eram uma fonte de amor. Eu buscava um remédio na dor. Porque eu achava que a dor tinha mais poder para mudar a forma como eu me enxergava do que eu mesma.

Cada rejeição, cada "não", cada sinal de indiferença provava que eu não merecia ser amada. Como resultado, eu voltava para aqueles que me ofereciam migalhas de atenção e amor, mesmo quando elas vinham com uma avalanche de toxicidade. Eu estava disposta a suportar relações abusivas para receber um pouquinho de amor. Era um ciclo que me jogava na fossa da tristeza e do desespero. E sempre que eu retornava para esse padrão de comportamento, eu me culpava. Eu me culpava por tomar a decisão de ir atrás do que me machucava. E internalizava isso como *Você merece sofrer e ser decepcionada até aprender sua lição.*

Mas que lição era essa?

Assim como removi as camadas que me impediam de ser minha versão autêntica na Sala da clareza, também precisei me desvelar aqui. Precisei voltar para a criança que sempre sentia que algo estava faltando. Precisei voltar e perguntar por que ela continuava a acreditar que lar, acolhimento, amor e se sentir bem eram coisas que nunca teria. E não apenas enquanto eu tentava aprender o que é amor-próprio. Ou quem eu sou. Mas também enquanto aprendia por que tenho essa resistência profunda contra... alguma coisa.

Contra... ter uma crise.

Contra... me desvelar.

Contra... sofrer.

Contra... pedir pelo que eu quero.

Contra... pedir pelo que eu preciso.

Contra... sentir vergonha do que eu preciso.

E se eu pudesse olhar para a minha vida e me perguntar que forma tomava essa resistência, seriam os anos de ansiar por ser vista, ouvida e amada de verdade, enquanto me julgava por ter essa ânsia e escondendo-a por trás de algo que eu acreditava ser coragem.

Eu deixei minha ânsia na porta. Porque tinha vergonha de aceitá-la. Ela continuou batendo. E, com o passar dos anos, permaneceu insistindo. As batidas foram ficando mais e mais altas, até *mais alto* se transformar em apenas *alto*. Até *mais alto* virar *normal*. Mas aqui vai a reviravolta... a ânsia não estava *do lado de fora*, tentando me convencer a senti-la. A ânsia estava *dentro* de mim, tentando ser vista. Escutada. Sentida. Então, enquanto eu a carregava por aí, também me convencia que não lhe dar atenção a manteria fora de mim. O que os olhos não veem, o coração não sente, certo?

A ânsia estava dentro de mim, e a porta a que batia também. Isso me deixou pesada, mas normalizei sua presença para continuar a negar sua existência.

~

Negar a existência de algo não apaga sua existência.
Apenas faz com que você permaneça em negação.

~

Então a ânsia se tornou mais pesada. Porque o desejo para que ela fosse embora a acompanhava. Eu me julgava por ter permitido que aquela ânsia surgisse.

E isso me levou a me sentir ainda mais desabrigada.

Porque, em vez de cuidar da ânsia por conta própria, eu queria ser vista pelos outros antes de olhar para mim mesma. Eu queria que os outros levassem a ânsia embora. Que me consertassem.

Eu queria que os outros me ajudassem a carregar a ânsia, para ela se tornar mais leve. E ela se tornaria mesmo, toda vez que eu construía parte do meu lar em alguém diferente de mim. Sempre que eu encontrava um lar nos outros.

Mas era justo da minha parte fazer isso?

Não, não era.

Ao mesmo tempo, isso dava permissão aos outros de tirar vantagem da minha necessidade por um lar? Não, não dava.

Perdoar a mim mesma significava empatizar com aquela garotinha dentro de mim e dizer a ela: *Pequena, sua necessidade de encontrar um lar não torna você menor. Isso não é uma permissão para os outros lhe menosprezarem. Isso não é uma desculpa para ninguém tirar proveito de você. Pequena, você está começando a entender a vida. Você só está aprendendo.*

Então, se eu tinha essa compreensão, por que continuei voltando ao hábito de construir lares nos outros? Eu tinha avançado muito minha percepção sobre o que era ou não amor. Mas essa percepção não bastava. Algo precisava mudar *de verdade*.

Como contei na Sala da clareza, não existe um único momento que impulsiona você a construir um lar para si mesmo e nunca olhar para trás. Há uma série de momentos. Cada um puxa um novo, até você chegar ao ponto em que está completamente desvelado e construiu um reino glorioso no seu interior. Então, enquanto lê isto, talvez você se pergunte por que fico voltando para as mesmas histórias se já aprendi com elas. O motivo é o seguinte: *Assim como você deve desvelar várias camadas de si mesmo, toda história tem múltiplas camadas que também devem ser desveladas.*

Observar sua história sob diferentes pontos de vista fará você chegar ao âmago. E não existe uma solução rápida. Você não pode ir diretamente até a raiz sem dar os passos para chegar lá. Talvez você não sinta que está progredindo a cada passo, mas, no geral, está. É como ir à academia. Você não vê progresso depois de um treino de uma hora. Você o vê após semanas de acúmulos de treinos de uma hora. O mesmo vale para o processo de cura. Você pode ter momentos de reflexão todos os dias. Alguns vão causar uma sensação boa, outros nem tanto. E essa sensação pode durar por um minuto, uma hora, ou mais. Porém, no geral, não espere estar curado em um milésimo de segundo. O momento em que você descobre a revelação que o liberta ou que lhe faz enxergar a história DE VERDADE não vem instantaneamente. E ele não pode acontecer sem o acúmulo de momentos de cura.

Também quero mostrar, me desvelando diante de você, que não há por que se envergonhar em demorar o tempo necessário para se curar da situação pela qual você passou. Aqui estou eu, abrindo meu coração, expondo meus momentos, pensamentos e sentimentos mais vulneráveis. Essa sou eu. Sou um ser humano, igual a você. E estou me mostrando. Estou me entregando diante dos seus olhos. Talvez você nunca me conheça pessoalmente. Talvez eu nunca me torne real para você. Mas nós somos iguais. Tenho uma família, amigos e colegas. Tenho pessoas que me odeiam. Tenho pessoas que podem ler isto e sentir pena de mim, ou pensar: *Viu, eu sabia que havia algo de errado com ela. Viu como ela fica remoendo seu sofrimento?* E se você acha que não pensei em nada disso enquanto coloco estas palavras no papel, está enganado. Mas aqui estou eu, me rendendo à minha ânsia. Observando-a. Ouvindo-a. E sentindo-a. Aqui estou eu, entrando em detalhes sobre a vergonha que serviu como um escudo protetor para essa ânsia e tudo o que a acompanhava. Escondê-la não me parece mais poderoso. Abrir a porta dentro de mim para ela é poderoso. E a opinião de qualquer um fora de mim não importa.

Pilar nº 1: Recepcione a emoção quando ela chegar.

"Ele me abandonou, e fiquei muito triste. Ele disse que não me ama mais. Não sei o que fazer para me livrar desse sentimento. Me ajude."

"Depois de dois anos juntos, descobri que ela ia para a cama com outra pessoa desde que nos conhecemos. Estou tão triste. Não sei como parar de me sentir assim."

"Ele acabou comigo, e, agora, estou tentando me curar, mas parece impossível. Quero muito seguir em frente e tirar essa dor do meu coração, mas não tenho forças."

"Meu pai faleceu, e não tive a chance de dizer a ele tudo que eu queria. Como lido com isso?"

Recebo mensagens como essas o tempo todo.

E, com o tempo, notei alguns elementos em comum:

1. Dentro de cada pessoa, existe uma *ânsia* de fazer a dor ir embora.

2. Existe uma *resistência* a sentir a dor.

3. Pior ainda, há um tom de *julgamento* por não ser capaz de fazer a dor ir embora, ou de fazê-la ir embora mais rápido.

Essa ânsia de afastar a dor, essa resistência a senti-la e o julgamento que acompanha tudo isso... todas essas coisas se tornam blocos imaginários que impedem a dor de ser sentida. Então, em vez de sentir a dor de verdade, você se concentra mais no fato de que precisa senti-la para começo de conversa. É como se a emoção fosse um rio, e você está construindo uma represa na sua foz. Quanto mais alta a represa, mais alto é o nível da emoção, e mais intensa ela se torna. É assim que você acaba criando uma dívida emocional. Pode ser uma dívida de tristeza, raiva, medo ou vergonha. Leia o Pilar nº 2 para se aprofundar nesse assunto.

SUBMISSÃO Nº 1: TOME UM CHÁ COM A SUA DOR.

Você se lembra deste poema da Sala do perdão? Ele será a base da nossa primeira submissão nesta sala.

Quando a dor bater à porta:

Deixe-a entrar.
Se você não fizer isso, ela vai bater
com mais e mais força.
Sua voz irá se tornar
mais e mais alta.
Então deixe-a entrar.
Passe um tempo com ela.
Compreenda-a.
Então leve-a até a porta
e diga-lhe para partir
porque chegou o momento de você receber
a felicidade.

A parte em que digo *Deixe-a entrar...* é quando você para de resistir ao que a dor exige que você sinta. *Compreenda-a* é o momento em que você se dá permissão para identificar a emoção. É tristeza? É raiva? É decepção? É vergonha? É medo. Em *diga-lhe para partir...*, é aí que você retoma o poder após compreender e se tornar consciente da emoção, em vez de permitir que ela o encurrale e o imobilize em um lugar sombrio.

Escrevi esse poema há alguns anos. Se eu pudesse reescrevê-lo, lhe daria o título "Se a emoção bater à sua porta" para reconhecer tanto as emoções positivas como as negativas que aparecem. Então, se você precisar tomar um chá com uma emoção positiva ou negativa, vá em frente.

Permita-se sentir a emoção. E lembre-se de que não há nada de vergonhoso em ter que vivenciá-la. Não julgue a si mesmo por ter questões a serem resolvidas. Às vezes, quando percebemos que precisamos lidar com uma emoção, entramos em pânico e ficamos entorpecidos. Quando comecei a me consultar com uma terapeuta e ela chamou minha atenção para certos traumas de infância que nunca percebi que viviam dentro de mim, tive muitos momentos em que pensei: *Vou ter que me esforçar tanto! Eu queria não saber disso!* Quando você se torna ciente das coisas que precisa melhorar, é como se fosse impossível negar a existência delas ou ignorá-las. Então essa sabedoria demanda muito esforço. E algumas pessoas não querem ter que se esforçar. Em termos metafóricos, quando você abre a porta no seu interior para uma emoção específica, você entende que ela estava esperando para tomar um chá. E há momentos em que você se arrepende profundamente da decisão de dar atenção a ela, porque acredita que a dor vem dessa atenção. Mas isso não é verdade. A dor já existia, e continuaria existindo até você falar com ela e senti-la. Fique grato por dar atenção a ela, porque agora você pode se curar e se libertar. Julgar a si mesmo por sentir essa emoção não fará com que ela desapareça. Temê-la não fará com que ela desapareça. Você só conseguirá senti-la quando compreendê-la e escutar o que ela está tentando dizer. Depois, pode deixar que ela vá embora.

Todos nós só queremos nos curar.
Nós queremos ir correndo para a Cura de Destino.
Nos esquecemos de que a cura acontece
no caminho até ela.
Ela está em todas as estradas pelas quais você passa.
E em todas as paradas que você faz.
Ela está em todas as pessoas que você conhece.
E em todas as lições que você aprende.
Ela está em toda a paisagem que você vê.
E em todas as montanhas que você escala.
Pare de correr.
Quando você foca apenas no destino,
acaba perdendo a jornada.

Pilar nº 2: Pare de acumular dívidas emocionais.

Você sentiu como se tivesse levado um soco no estômago ao ler isso? A primeira vez que visualizei a situação dessa forma, me senti assim. Enquanto eu escrevia sobre perdão, fiquei me perguntando: *Quanto tempo preciso voltar no passado?* Porque eu permiti que dores e traumas não resolvidos se acumulassem com o passar dos anos sem realmente sentir as emoções que eles exigiam de mim. Eu não tinha a menor ideia de por onde começar. E por não saber por onde começar, era muito tentador nem tentar. Era muito tentador fechar meu diário e ir passar meu tempo com *qualquer pessoa*. Ajudar *qualquer pessoa*. Passar *qualquer* quantidade de tempo fazendo coisas pelos outros. Mas eu tinha que aceitar algumas realidades que guardava dentro de mim, em um canto escuro que preferia esquecer que existia. Sabe aquele quarto na casa ou aquele cantinho em que você coloca as coisas com as quais não quer lidar? Sempre com a esperança de que, um dia, quando você tiver tempo, vai organizá-las? E sempre que você se lembra dele, tem um breve ataque de pânico? É exatamente o mesmo. As emoções ficam se acumulando ali.

Vamos entender rapidamente a relação entre sentimentos e emoções. Em primeiro lugar, sentimentos são produtos do significado que o cérebro associa a uma emoção. Por exemplo, você sente decepção (uma emoção) quando tem a impressão de que uma expectativa sua foi frustrada. Você sente ansiedade (uma emoção) quando tem a impressão de que algo ruim vai acontecer, junto com a incerteza do que esse algo ruim poderia ser.

Em segundo lugar, sentimentos são sentidos de forma consciente, enquanto emoções podem ser sentidas de forma consciente ou subconsciente. Isso explica por que você nem sempre consegue determinar por que está sentindo um desconforto dentro de si mesmo. O corpo sente a emoção, enquanto a mente decide qual significado associar a ela.

Agora, imagine o que aconteceria se você permitisse que seu corpo sentisse a emoção, mas sua mente não associasse significado algum a ela, porque você nunca dedicou um tempo para refletir sobre o que realmente acontecia no seu interior. A emoção continuaria lá. Com o tempo, ela controlaria você. É por isso que é importante compreender quais emoções você está sentindo — para a mente conseguir associar significado a elas. Só então você será capaz de senti-las e liberá-las.

Então, qual é o primeiro passo para compreender as suas emoções? Dê a si mesmo permissão para ser humano e sentir as emoções quando elas surgem. Enquanto revisava o primeiro rascunho deste capítulo, percebi que não incluí emoções positivas. Foi estranho perceber a pouca experiência que tenho com esse tipo de emoção. As negativas eram familiares, previsíveis e seguras. Enquanto o oposto era arriscado. Era perigoso. E havia um medo subjacente associado com a aceitação de que eu poderia merecer as experiências que as emoções positivas trariam.

Sentir emoções positivas é tão arriscado quanto sentir as negativas. Porém somos mais propensos a escolher as negativas do que as positivas quando já sabemos o que esperar das negativas. É por isso, por exemplo, que as pessoas que vêm de famílias tóxicas apresentam uma propensão maior a se envolver em relacionamentos abusivos sem se dar conta do que está acontecendo. A sensação é familiar para elas, mas isso não significa que não seja dolorosa.

SUBMISSÃO Nº 2: EXPRESSE A SUA GRATIDÃO PELAS EMOÇÕES POSITIVAS.

Nós somos mais propensos a nos concentrar na presença de emoções negativas e ignorar as positivas porque não dedicamos momentos para abrir a porta para as elas e *realmente* senti-las, reconhecê-las e sermos gratos. Nossa tendência a notar mais o lado negativo que o positivo da vida costuma ser chamado de viés da negatividade. Se você for assim, não pense que é esquisito ou que tem algum problema. No sentido evolucionário, o viés da negatividade serviu para nos manter cientes do perigo e sobreviver. E ele nos acompanha até os dias de hoje. Superá-lo significa ir contra à nossa natureza, em certo sentido, e ativamente praticar enxergar o lado positivo. Você aprende a procurar pelas coisas boas.

O que me ajudou a aceitar as emoções positivas foi um exercício que minha amiga Brittany e eu prometemos que faríamos diariamente. Nós trocamos um áudio falando sobre três coisas a que somos gratas naquele dia. Essas três coisas podem ser sempre iguais. Elas podem ser triviais ou complicadas. Essa atividade simples, que leva de três a cinco minutos, transformou meu condicionamento. Comecei a buscar emoções positivas e a prestar atenção nas batidas à porta para abri-la. É um exercício fácil, que você pode fazer com outras pessoas ou por conta própria. Anote-as em um diário ou fale-as para si mesmo pelo espelho.

SUBMISSÃO Nº 3: MUDE A PERGUNTA.

Conforme minha amiga e eu praticávamos como expressar gratidão, notamos que nos tornamos mais cientes da linguagem com que conversávamos. Um dia, pouco antes de começarmos essa prática, Brittany me disse que aprendeu o conceito de perguntas imponentes de Christie Marie Sheldon. Fazer "perguntas imponentes" é uma forma interessante de forçar seu cérebro a encontrar o lado positivo. Em vez de pensar: *Por que não posso ser bonito?*, pergunte-se: *Por que sou tão bonito?*

Expressar uma pergunta como algo positivo faz seu cérebro procurar provas daquele questionamento. Assim, se você estiver se perguntando por que é tão bonito, seu cérebro lhe mostrará provas da sua beleza ao longo do dia. Se você fizer a pergunta de um jeito negativo, seu cérebro seguirá esse tom. É uma ideia genial, e você precisa testá-la.

Aqui vai outro exemplo: Em vez de dizer: *Por que a minha vida é tão solitária?*, pergunte: *Por que estou cercado por tantas pessoas que me amam?*

Agora é a sua vez. Escreva as perguntas negativas que vierem à sua cabeça ao longo do dia e transforme-as em positivas.

Pilar nº 3: Aceite a realidade, mesmo enquanto tenta mudá-la.

Parte da rendição é aceitar a realidade. Isso significa avaliar e compreender a situação em que você se encontra agora. Isso significa parar de pensar *Mas não devia ser assim* ou *Mas devia ser assado*. Em vez disso, você afirma: *As coisas são como elas são.*

Um dos momentos determinantes da minha vida foi quando entendi que o motivo para eu me apegar a homens que não me ofereciam nada era o meu ego — isto é, a história que eu contava sobre mim mesma, acreditando que ninguém me desejava. Precisei entender minha hipocrisia. Eu não amava Noah, que dirá gostar dele. Eu amava me sentir aceita quando ele permitia que eu lhe desse o que tinha para oferecer. Porque, de algum jeito, isso me mostrava que aquilo que eu tinha a oferecer valia à pena, fazendo com que *eu* valesse à pena.

Vamos falar sobre um momento com Adam, o cara com quem comecei a sair vários meses depois da minha última conversa com Noah. Eu tinha deixado essa história para trás e estava me esforçando para parar de tentar provar meu valor para os outros. Enquanto caminhávamos pelo parque e conversávamos sobre relacionamentos anteriores, Adam virou para mim e disse:

— Então, me explique uma coisa, porque não estou entendendo. Como você gosta de alguém que não lhe quer? Como você gosta de alguém com quem nunca teve nada? Porque, quando alguém não me quer, nem tento fazer essa pessoa gostar de mim.

Essa foi a mesma pergunta que minha editora me fez a fim de me estimular enquanto escrevesse sobre Noah. É a mesma pergunta que me fez considerar a escrita como um fardo por duas semanas. Porque eu não queria encará-la. Eu sofria, resistia e me julgava, tudo ao mesmo tempo.

O motivo para eu não querer responder a essa pergunta era o medo de aceitar o que eu *realmente* estava pensando. Era fácil dizer: *Ele fez gaslighting comigo. Ele me manipulou. Ele só queria atenção.* E tudo isso é verdade.

Mas...

Não era isso que eu resistia a aceitar agora. Eu já tinha aceitado essas coisas e sentido sua dor.

Mas havia uma emoção mais profunda que eu ainda não tinha me permitido aceitar. E era por isso que ela continuava escondida dentro de mim. Era por isso que eu ainda ficava nervosa quando tocavam no nome de Noah. Ou quando eu me lembrava dele.

Eu olhei para Adam e disse:

— Você não entenderia, porque é muito confiante. — Observação: isso é uma verdade absoluta sobre Adam. E foi um dos motivos para eu me sentir atraída por ele. — Nunca tive esse tipo de confiança. Passei a vida inteira precisando provar para as pessoas que eu merecia ser amada.

Essa era só uma parte da resposta. Fiquei nervosa só de pensar nisso, sentindo um aperto no peito.

Soltei a mão de Adam porque sentia vontade de sair correndo. Vontade de parar de me abrir. *Por que eu preciso falar sobre isso?*, penso. No contexto desta Sala da rendição, resisto a me sentir vulnerável. Resisto a abrir a porta para a emoção positiva da conexão com Adam.

Mas Adam me abraça por trás. Ele sussurrou ao meu ouvido:

— Posso contar uma coisa?

— Pode — respondi.

Eu não seria capaz de inventar uma coisa destas. Ele disse:

— Você merece ser desejada.

Naquele momento, senti meu coração chorando. Eu dizia essas palavras para mim mesma há muito tempo. E sabe por que fiquei tão chateada com a situação com Noah? Porque eu me decepcionei. Eu me sentia enganada. Eu sentia que devia ter entendido o que estava acontecendo. Então, por que caí em uma armadilha que já sabia ser errada?! Havia uma mistura forte de humilhação, vergonha, constrangimento e insegurança dentro de mim. Todas essas emoções eram sentidas pelo meu corpo, mas não tinham voz. E era por isso que o nome e a lembrança de Noah causavam nervosismo, irritação, dor e mágoa sempre que surgiam. Eu escondi tudo isso ao me concentrar nos defeitos dele. Porque era mais fácil.

Mas encarar a minha realidade? Isso era difícil. Então resisti.
Voltando...

Olhei para Adam. Eu sentia minha frustração borbulhando. E falei
— Não gosto de tocar nesse assunto porque sinto que decepcionei a
mim mesma!

Tenho muita vergonha de falar sobre isso, porque parece tão idiota!
Por que me apeguei a alguém que não me dava qualquer atenção além de
umas palavras bonitas de vez em quando? Por que me apeguei a alguém
que disse com todas as letras que, apesar de gostar de mim, não estava
pronto? Por que me apeguei a alguém que sempre me incentivava a ser
vulnerável, apenas para se afastar logo depois e dizer que a minha vulnerabilidade era demais para ele?

Eu devia ter imaginado o que estava acontecendo. Mas não quis enxergar. Fiquei inventando desculpas para serem encaixadas na história
que eu queria ver.

Quando me rendi e aceitei a realidade completa (as emoções que eu
realmente sentia) em vez de só as partes que eu queria (culpar Noah pelo
meu sofrimento), minhas emoções ganharam espaço para serem sentidas.

Noah não era nada. Ele não era ninguém. Acho que nunca me im-
portei com *ele*. Eu me importava em como eu me sentia por ele ter agido
como agiu. Quando ele me dispensou, a crença de que eu não merecia ser
desejada foi alimentada.

A bela ironia de parar de resistir a todas aquelas emoções negativas é que,
ao mesmo tempo, eu parava de resistir a uma emoção positiva — *conexão*.

Sei que, a esta altura, você está se perguntando se aconteceu alguma
coisa com Noah. Talvez você esteja esperando por um final dramático
que envolva a reaparição dele na minha vida. Isso não aconteceu. O fim
da história com certeza não deu espaço para nenhum tipo de conclusão da
parte dele. Fui pega de surpresa de um jeito que me forçou a reviver um
passado que parecia ter sido curado. Passei dias, talvez semanas, relem-
brando a dor do momento em que ele deixou de parecer leve e se tornou
algo sombrio. Parecia que eu estava me despedindo do final feliz que
tanto desejei antes mesmo de ele ter começado.

Precisei aprender do jeito mais difícil que, quando você fica tentando mudar o fim da história, as coisas só pioram. E a resposta que eu buscava há tanto tempo veio quando parei de procurar por ela fora de mim mesma. Por que um *quase* relacionamento me fez sofrer por mais tempo do que parecia adequado? Aqui vai a resposta: eu estava tão obcecada pelo final feliz que me esqueci de me certificar de que os personagens certos estavam no lugar. Os atores nem fizeram testes para seus papéis. Eu estava tão desesperada para conseguir o final feliz que deixei qualquer um escolher qualquer papel. E se não fosse Noah, teria sido alguém parecido com ele. Porque o meu final feliz era baseado em eu provar que merecia o *aquilo*, em vez de acreditar nisso primeiro. Meu final feliz era o *aquilo*, no futuro, contanto que eu o recebesse de alguém. Contanto que alguém construísse uma casa dentro de si mesmo para mim. Meu final feliz dependia dos outros, não de mim.

Por muito tempo, eu me convenci de que a história tinha que acabar do meu jeito. Era por isso que, sempre que ela acabava, eu voltava para o começo. Era como participar de jogos de azar, só que eu sempre perdia. A verdade é que, às vezes, finais felizes começam com alguém indo embora. Às vezes, é melhor não saber por quê. Por mais difícil que seja, isso faz você despertar para a sua necessidade desesperada de voltar para si mesmo.

Não alcancei esse nível de resiliência, força e conforto comigo mesma do nada. Eu aprendi isso com meus piores momentos. Por meu maior medo ser o abandono, foram os momentos em que me senti dispensada que me impulsionaram a compreender que, ao construir o seu lar em outras pessoas, você dá a elas o poder de tirar sua casa. Quando enfrentei e sobrevivi a esses momentos, ganhei forças para começar a construir um lar interior desde os alicerces. Tijolo por tijolo. Parede por parede. Coluna por coluna. E a decorei do meu jeito.

Se as pessoas que me abandonaram tivessem deixado que eu alugasse um espaço dentro delas, eu jamais sentiria a necessidade de construir o meu lar. Eu não prestaria atenção nas emoções que pediam para ser sentidas.

Desenvolver um senso de lar em outras pessoas nos distrai do trabalho real que precisamos fazer em dentro de nós mesmos. E nos impede de nos render às emoções que precisam ser sentidas.

Pilar nº 4: Pare de tentar mudar o fim da história.

Alguns finais são assim e precisam ser assim. Por que me prendo tanto aos finais? É porque me apego à tristeza? É porque não estou feliz comigo mesma? Acho que é por isso. Não estou feliz comigo mesma. Há tantas coisas que me fazem descarrilar, incluindo a sensação de não ser bem-sucedida o suficiente, como se eu ainda precisasse provar que sou boa o bastante. E isso me faz questionar tudo que faço. Estou refletindo por que, quando mostro meu trabalho, parte de mim deseja que o mundo diga: "NOSSA! Olhe como o trabalho dela é ótimo!" E não é uma questão de ser muito orgulhosa, mas de me sentir muito insignificante. E acho que isso acontece, em parte, porque eu não recebia essa reação quando era pequena... mas então passei a recebê-las nas redes sociais por causa da minha escrita. E era tão bom ser reconhecida e vista... talvez "vista" seja uma palavra melhor. E talvez eu não consiga me ver sem que alguém me veja. E esse seja o motivo pelo qual, quando me sinto triste, eu pense em todas as pessoas que não me viram. E é como... quero mudar o final dessas histórias. Então junto tudo. Pego todas essas histórias com finais ruins, ou finais que me fazem sentir como se não fosse boa o suficiente ou não merecesse ser vista ou amada, e junto tudo e me enfio em um buraco. Mas não sei como sair dele.

Encontrei esse texto no meu diário. Lembro que chorei no dia em que o escrevi. Esse foi um momento de rendição.

E apesar de aquele buraco ser tão escuro e solitário, era exatamente do que eu precisava. Eu não ia desistir. Eu ia me entregar à realidade, aceitá-la, vê-la. Porque, naquele estado, eu conseguia me ver, me escutar, reconhecer de verdade que não estava me enxergando sem que alguém me enxergasse antes. Sem conquistas. Sem elogios externos. Naquele buraco, eu sentia a ânsia. Eu me libertei da minha resistência a ela. Chorei em vez de permanecer *composta*, seja lá o que isso significa. Eu me libertei da minha resistência a enxergar a mim mesma e a minha realidade. E... quase como um milagre, consegui chamar minha atenção para minha autocrítica, então comecei a olhar para mim mesma com empatia, não com desprezo. Naquele momento de rendição, a verdade começou a se revelar para mim... a verdade de que não eram pessoas, decepções ou obstáculos específicos que me causavam dor. Eu sofria por encontrar o mesmo final. O final de cada uma dessas histórias e pessoas que provava... que eu não tinha valor. Que eu era inferior, que eu não era boa o suficiente. Não apenas a verdade me foi revelada, como o nível de empatia que eu demonstrei comigo mesma foi surreal. Aquilo era tão estranho para mim. Em vez de me dizer *Você mereceu esse resultado*, eu dizia coisas como *Você aceitou esse resultado porque é o único que conhece. Ele é familiar.*

SUBMISSÃO Nº 4: ESCREVA.

Escreva tudo. Acredito que a beleza da escrita seja a liberdade e a liberação que ela traz. Abra-se, solte suas dores e emoções, e responda: como você está se sentindo *de verdade*? Veja aonde isso leva. Aqui vai uma dica: não se preocupe com a qualidade do texto. Não se preocupe com a possibilidade de alguém lê-lo. Não se acanhe. Deixe fluir. No instante em que você perceber que está se julgando ou se perguntando como as palavras seriam lidas, siga em frente, porque é assim que a resistência à rendição se manifesta.

~

Pare de tentar tanto mudar o final daquela história.
É um final, não o fim.
Especialmente se ele levar você à mesma
conclusão sobre si mesmo:
"Não sou bom o suficiente."
"Não mereço ser desejado." E assim por diante.

Não transforme o final de uma história
no fim da sua história.

~

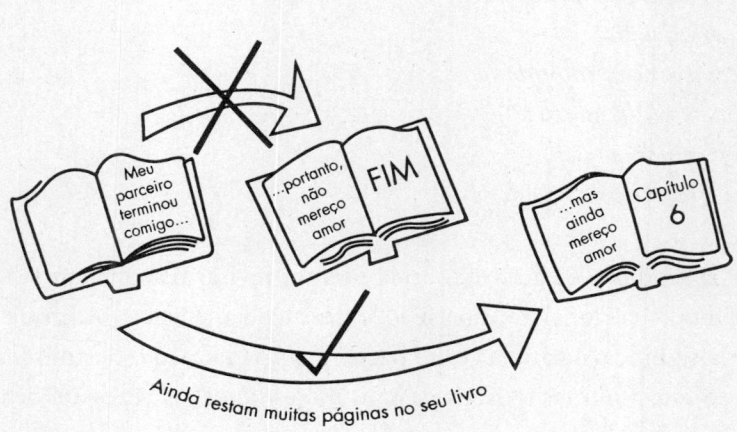

O poema a seguir especificamente descreve finais no meio das histórias, sustos e surpresas antes do final feliz que achávamos que teríamos com os outros.

Aquilo que parecia
o fim de um capítulo
no meio da história

era na verdade
a tinta da caneta deles
acabando,
o coração deles
perdendo o amor por você,
o lar deles
ficando sem espaço para você.
Mas como é lindo ver
que você ainda pode terminar a frase que deixaram em aberto?
Que você ainda pode terminar as páginas que deixaram vazias?
Que você ainda pode escrever o fim do capítulo?
Como é lindo ver
que você ainda pode
virar a página
e começar um capítulo novo?
Um capítulo que diz:
Bem-vindo ao lar.
Eu estava esperando por você.

Parte da rendição é não voltar atrás e tentar revisar o acontecimento que engatilhou sua dor. Isso, por si só, é resistência. Aceitar o fim de uma história significa encará-la como parte da jornada, não o destino final. É por isso que algumas pessoas passam meses, anos, às vezes até décadas, remoendo o fim de uma história. Elas insistem em dizer que a vida seria muito diferente se tal história não tivesse terminado de tal jeito. Há uma fixação imensa em se arrepender de tudo que poderiam ter feito de diferente para que as coisas dessem certo.

Durante uma das minhas viagens a Los Angeles, peguei um Uber até um evento. Desconhecidos costumam desabafar comigo depois de passarmos poucos minutos conversando. A motorista, vamos chamá-la de Linda, me perguntou sobre meu trabalho. Falei que sou escritora. Li um dos meus poemas sobre desapego, e ela imediatamente disse que estava passando exatamente por aquilo — que tinha dificuldade para se desapegar de alguém que amava. Há dez anos, ela conheceu a pessoa que acreditava ser o amor da sua vida. E ainda acreditava nisso durante nossa conversa. Segundo ela, o relacionamento acabou por causa da sua insegurança.

— Ele me amava. Mas estraguei tudo. Eu não conseguia ficar tranquila. Eu era obcecada por ele, por saber onde ele estava... Para saber o que sentia por mim.

Ela me contou que os dois passaram alguns anos terminando e voltando, e a última vez que se viram foi por coincidência, no parque. Ele havia casado e tinha dois filhos. Linda disse que ainda não conseguia esquecê-lo, porque ele foi a melhor coisa que já lhe aconteceu.

Se a infelicidade tivesse um som, seria exatamente o da história dela. Linda estava presa ao passado. Ela disse que nunca conheceu ninguém que chegasse aos pés dele.

— Sempre penso nele. Fico me perguntando como teria sido a vida ao lado dele. Fico me perguntando o que teria acontecido se eu tivesse me comportado de outra forma.

Aqui vai o que eu disse para Linda, e, se você estiver passando pela mesma situação agora, preste atenção nestas palavras: você nunca vai conhecer duas pessoas exatamente iguais. Se você amou alguém, entenda que está tudo bem se a sensação de amar outra pessoa for diferente. Isso não significa que seja errado. Apenas que é novo. Talvez seja diferente, e não há problema nenhum nisso. Continuar a buscar por alguém do seu passado em uma pessoa nova sempre trará a sensação de fracasso. Não é uma comparação justa com a nova pessoa. Além disso, continuar a acreditar que a melhor fase da sua vida aconteceu no passado impedirá você de acreditar que mais coisas boas virão. E é tudo uma questão de mentalidade. Quando você aprende a não transformar *um* fim *no* fim, passará a encarar a vida como uma série de começos e fins que o levam de volta para o seu lar.

Em *Sparks of Phoenix*, escrevi:

~

*Todos os lugares que deixam você ir embora
estão lhe guiando para o seu lar.*

~

Pilar nº 5: Renda-se ao que é familiar e abra a porta para o desconhecido.

Se você não se mantiver firme a si mesmo, ninguém que o tente será suficiente. A melhor prova disso é como ficamos pensando em todas as pessoas que nos "abandonaram" ou que escolheram ir embora, e como afastamos aquelas que de alguma maneira se apegam a nós. E, sim, podemos dizer que as afastamos por medo, mas realmente foi por medo ou pela imprevisibilidade da estabilidade? Foi por medo ou pela estabilidade que nunca encontramos antes? A estabilidade que é tão desconhecida para nós?

Quando as pessoas me perguntam "Por que sempre atraio as pessoas erradas?", sempre respondo: "Não é uma questão de atrair as pessoas erradas. É uma questão de você se sentir atraído por pessoas que parecem familiares, aquelas que fazem você implorar por um lugar para ficar, porque, por algum motivo, você acha que fazer por merecer esse lugar será o seu esperado final feliz. Reconheça que ficar com essas pessoas não é o que trará felicidade. A felicidade virá quando você escolher não fazer mais parte dessa narrativa. Assuma o controle da sua jornada. Reconheça que se sentir em casa consigo mesmo é mais importante do que ser recebido no lar de alguém. Quando o caminho parecer familiar demais, é hora de seguir em uma direção diferente."

E vou dizer uma coisa... Se o caminho familiar por você é lutar para ser visto, isso não é normal. Se o caminho conhecido para você é lutar para ser ouvido, isso não é normal. Se o caminho conhecido para você é lutar para ser amado, isso não é normal. Você precisa tornar o fato de ser vista familiar. Você precisa tornar o fato de ser ouvida familiar. Você precisa tornar o fato de ser amada familiar.

SUBMISSÃO Nº 5: QUESTIONE O SEU "NORMAL".

O coração se adapta à
dor
assim como os olhos se adaptam à
escuridão.

Imagine o seguinte: você está sentado em uma sala à noite. As luzes estão acesas. Você enxerga tudo com tremenda nitidez. De repente, a luz acaba e você não consegue ver mais nada. Está um breu. Por um segundo, imagine que você não tem qualquer aparelho eletrônico ao seu lado para iluminar a sala.

No começo, seus olhos não enxergam nada. Porém, aos poucos, você começa a ver a forma dos objetos. Seus olhos vão se adaptando à escuridão, e você vê contornos da sala que não via antes. Em certo momento, você consegue se movimentar pelo espaço. Talvez você esbarre em uma coisa ou outra e surja um hematoma, mas nada muito grave.

Agora, concentre-se um pouco nessa sensação.

Voltemos para aquela batida à porta que mencionei antes. Como ela vai se tornando mais alta. Como *mais alto* vira apenas *alto*. E como *alto* se torna normal. Depois de um tempo convivendo com qualquer coisa, por pior que seja, você desenvolve um mecanismo de sobrevivência. E então passa a dizer: *Se eu sou capaz de sobreviver a isso, sou capaz de prosperar com isso.* E esse se torna o seu normal. A maioria das pessoas presume que isso acontece apenas em relações abusivas. Mas é algo que acontece em qualquer tipo de relacionamento, até com você mesmo.

~

Se você colocar seu coração no lar de
outra pessoa, ele se adaptará
às condições desse lar. Se você colocá-lo no próprio lar,
ele se adaptará às condições do seu lar.

~

Então também podemos dizer:

O coração se adapta ao
desconhecido
da mesma forma que os olhos se adaptam à
luz.

Sei como é difícil aceitar o desconhecido. Você sentirá seu corpo resistindo. Enquanto tenta se familiarizar com o desconhecido, você sentirá ainda mais dor em seu corpo. E isso pode convencê-lo de que está no caminho errado. Isso pode convencê-lo a voltar atrás e tentar mudar os términos passados, da forma como sempre fez.

E você acabará voltando, assim como eu voltei, a se agarrar à dor familiar da luta para ser visto, ouvido e amado, porque esse sofrimento é mais suportável do que o de lidar com o desconhecido.

Entendeu?

A questão nunca foi nem nunca será a possibilidade de alguém desejar você. A questão é compreender que a sua prioridade principal é desejar a si mesmo. Então, o fato de alguém enxergar o seu valor não fará diferença até você enxergá-lo também. Você continuará correndo em direção às pessoas que confirmam aquilo que você já acha sobre si.

Lembra quando eu disse que a dor se torna mais intensa quando tentamos seguir rumo ao desconhecido, ao contrário do que acontece quando permanecemos em situações familiares? E como isso pode convencer você a se voltar ao que é conhecido, por menos saudável que isso seja? Ao sentir essa dor intensa, o primeiro aviso que recebemos é: *Você está no caminho errado! Volte!!! Não queremos nos sentir assim!!!* Mas acredito que sentir essa dor com tamanha intensidade é um ótimo sinal de que você está no caminho certo para o seu lar. É a sua alma chorando porque precisa desesperadamente de você. É a sua alma sendo esmagada e queimada, para ressurgir das cinzas da pessoa desabrigada que você foi e se tornando a pessoa completa com o lar que deseja ser.

Metais precisam ser expostos a calores intensos para derreter. Diamantes são formados após bilhões de anos de calor e pressão extremos. Você não se transformará sem esforço. Sem se render à dor e correr o risco. E sem confiar que o desconhecido no nível da alma, porém saudável em uma esfera racional, vale o risco. Vale a confiança.

Na Introdução, escrevi sobre a época da minha vida em que sabia absolutamente tudo sobre amor-próprio, mas não aplicava esse conhecimento à minha vida. Esta é a prática.

Pense em uma criança malnutrida que, um dia, é forçada a comer uma quantidade saudável de comida. Inicialmente, seu corpo vai rejeitá-la, porque é muito. É preciso tempo. É preciso se acostumar a comer alimentos em determinadas quantidades e qualidade.

O mesmo vale para aceitar o desconhecido. É preciso tempo e ajustes. É preciso compreender que você não vai deixar de acreditar que não merece um lar e começar a construí-lo e se sentir em casa do dia para a noite.

Quando analiso minha vida como era antes, vejo que aprendi a sobreviver à base de migalhas de amor e atenção, chegando ao ponto em que achei que isso era tudo o que eu merecia. E foi por isso que, na minha vida adulta, eu não entendia todo o amor e toda a atenção que merecia. Foi por isso que, inconscientemente, me apeguei a algo que era muito menos do que eu merecia, porque aquilo parecia mais do que eu conseguiria receber um dia. Quando tomei conhecimento dessa crença inconsciente, consegui enfrentar o que eu já sabia de forma consciente.

SUBMISSÃO Nº 6: ESCOLHA SEU NOVO NORMAL.

Use esta proposta de resignação para refletir sobre os pensamentos, emoções, ações e relacionamentos habituais que você tem. Redirecione sua energia para o que você deseja que seja normal na sua vida. Esse processo ajudará a classificar o "desconhecido" apenas como "desconhecido", e não interpretar o "novo" como algo "assustador".

Pergunte a si mesmo (exemplos de respostas estão entre parêntesis):

1. O que é familiar para mim? (Pense nisso como *o que você sente que surge naturalmente na sua vida.*)

   Que pensamentos me pego tendo? (*Nunca vou conquistar tal coisa...*)

   Que emoções busco? (Negativas? Positivas?)

   Que comportamentos tenho com frequência? (*Eu enrolo para fazer as coisas. Não me concentro em uma coisa de cada vez. Não me priorizo...*)

   Que relacionamentos tenho na minha vida? O que compreendi sobre as pessoas que trouxe para a minha vida no passado, sobre as que desejo que permaneçam na minha vida e sobre as que estão atualmente. (*Costumo me relacionar com pessoas problemáticas ou que não estão prontas para ter uma relação séria. A pessoa que quero na minha vida agora não está disponível para mim. Geralmente aceito menos do que mereço, porque não quero estar sozinho. Tenho o hábito de construir um lar dentro da pessoa com a qual me relaciono...*)

2. O que é desconhecido para mim, mas precisa se tornar familiar? (Pense nisso como: *O que quero que surja naturalmente na minha vida?*)

   Que pensamentos quero ter? (*Posso conquistar tal coisa.*)

   Que emoções quero buscar? (Positivas!)

   Que comportamentos quero ter com frequência? (*Quero trabalhar de forma organizada. Quero me concentrar em uma coisa de cada vez. Quero me priorizar.*)

Que relacionamentos quero na minha vida? (*Quero receber pessoas que são bem-resolvidas e que se sentem em casa consigo mesmas. Quero trazer para minha vida pessoas que estão prontas para uma relação séria. Não quero sentir que preciso ter alguém na minha vida para me completar. Quero me concentrar em construir um lar dentro de mim primeiro.*)

Emoções positivas incluem alegria, esperança, inspiração, alívio, afeto, amor, confiança, felicidade. Talvez você acredite que as recepcione normalmente, mas elas costumam ser ignoradas. É mais provável que você generalize as emoções negativas do que as positivas. Entregar-se para emoções positivas exige reconhecimento e gratidão. Se você expressar gratidão às coisas que já lhe trazem essas sensações, vai começar a enxergar mais oportunidades de senti-las. Ao se sentir em casa consigo mesmo, você será capaz de parar de resistir às emoções positivas que batem à sua porta, esperando ser notadas. E vai ser capaz de se desapegar da crença de que não merece sentir essas emoções positivas do jeito como elas são.

O melhor exemplo que posso oferecer é quando uma pessoa que entra na sua vida realmente lhe trata bem. Uma pessoa que não faz joguinhos. Uma pessoa que lhe oferece atenção e se importa com os seus sentimentos. Uma pessoa que respeita seus limites. Nesse caso, a emoção a que você resiste é amor, porque ela é desconhecida. Então você a afasta. Você a deixa continuar batendo à porta. Até que ela vai embora.

Pilar nº 6: Renda-se por meio da vulnerabilidade.

A palavra *vulnerabilidade* entrou no meu vocabulário quando eu tinha um pouco mais de 20 anos. Não existe uma tradução específica para ela em árabe. A maioria inclui "fraqueza" como parte da definição. A alternativa mais comum que encontrei na minha pesquisa foi "fácil de machucar". Em outras palavras, você está exposta de alguma forma. Algo que normalmente lhe protegeria não está mais lá.

Na Sala da rendição, a vulnerabilidade é fundamental. Abrir a porta para uma emoção negativa ou positiva é importante. Admitir que você pode ter se decepcionado é importante. Admitir que você precisa cuidar de si mesmo é importante. Admitir que você precisa se desapegar de certas pessoas é importante. Admitir que você poderia ter feito um trabalho melhor com aquilo que já sabia é importante. Admitir que você está conscientemente ignorando uma emoção positiva à sua porta é importante. Não é fraqueza. É coragem. *Coragem* vem da palavra latina *cor*, que significa "coração, como o berço das emoções".

Como é lindo pensar que o ato da coragem, de mostrar o seu coração, exige que você se exponha emocionalmente? Que se desvele? Que se mostre vulnerável? Que se disponha a se machucar? Muitos de nós se concentram demais na parte sobre se machucar. E se nós considerássemos que, ao estar disposto a se machucar, você também estivesse se dispondo a ser autêntico? A criar conexões? A ganhar uma sensação de pertencimento? A ganhar amor? A ganhar um lar?

Esse desvelamento, essa disposição, pode acontecer de várias formas. Já contei sobre como decidi remover meu hijab, mas não compartilhei toda a história. Então, voltemos para o momento em que tudo mudou para mim.

Em uma noite, estava sentada no meu apartamento silenciosíssimo. Eu não tinha televisão. Naquele momento, estava me entregando ao silêncio. Fechei os olhos e imaginei o que minha biografia contaria dali a cem anos.

Visualizei uma página com uma foto centralizada no topo. E as primeiras palavras diziam *Najwa Zebian mudou o mundo ao...*

Mas espera um pouco... a foto. A foto. A foto era surpreendente.

Não estou usando um hijab na foto.

E a ficha cai: não estou projetando para o mundo a imagem de como eu realmente me vejo. Nesse momento, sinto mais como se um raio tivesse me acertado do que como se uma lâmpada tivesse acendido sobre a minha cabeça.

E então sei que preciso fazer essa mudança, essa transição. Mas nem imagino por onde começar. Eu me tornei fraca? O que aconteceu com a coragem de acordar todas as manhãs e escolher usá-lo, como decidi fazer logo depois do incidente no ônibus?

De repente, nada disso parece importar. No meu coração, sei que minha coragem está no ato de tirá-lo. Não é liberdade. Mas coragem.

Mas como vou contar para a minha família? Como vou contar para os meus amigos? Por onde eu começo? O que vão pensar de mim?

No processo de me desvelar, não apenas revelei meu cabelo e meu corpo, mas a mim mesma. Eu me rendi para a verdade. A verdade de quem eu sou. A pessoa que eu era se tornou nítida no espelho. Os significados que eu carregava se tornaram nítidos no espelho. Porque aquela mudança não se resumiu a apenas tirar um pano da cabeça e mostrar um pouco mais de pele além da do meu rosto e das minhas mãos. Foi um processo em que desvinculei a benevolência de ser mulher da forma como eu me vestia. Foi um processo em que separei meu valor enquanto mulher dos centímetros de pele que eu cobria... por modéstia *física*. A partir do encobrimento *físico*. Do ocultamento *físico*. Foi um processo em que separei meu valor enquanto mulher do quanto tentei não seduzir involuntariamente um homem com o meu corpo.

Acima de tudo, foi um processo de rendição.

Rendição à minha feminilidade.

Rendição ao meu corpo.

Rendição à minha escolha.

Rendição à minha voz.

Foi um processo em que abri a porta para mim mesma. Para eu conseguir enxergar meus desejos e senti-los. Foi um processo em que me desapeguei das autocríticas por desejar ser vista e me encaixar. Por desejar ser amada. Por desejar me sentir em casa comigo mesma.

Quando tirei o hijab, a parte mais difícil foi sair de casa sem ele. Como descrevi antes, eu me sentia nua, me sentia exposta, me sentia pecando... chamando uma atenção indevida para mim mesma. Porém, ao me entregar aos sentimentos disfarçados como culpa e vergonha, verdades maiores se revelaram. Eu não sentia vergonha porque qualquer pessoa sentiria vergonha ao expor a cabeça. Eu sentia porque meu meio (que incluía religião e cultura) e a escola islâmica em que estudei me ensinaram que meu corpo precisava estar coberto para eu ser uma boa moça muçulmana. Ao mesmo tempo, eu resistia a sentir alegria, euforia, contentamento, alívio, serenidade... Eu não podia me render a essas emoções, porque as associava à vergonha.

Um dos meus maiores medos ao compartilhar minha história é que eu seria culpada por alimentar o ódio daqueles que já têm preconceito contra o Islã ou a cultura árabe. E como resposta a isso, vou compartilhar uma memória. No ano passado, durante uma entrevista em Nova York, uma mulher levantou a mão quando as perguntas foram abertas ao público e disse:

— Obrigada por compartilhar sua história, mas sou uma mulher muçulmana do Meio-Oeste, e muitas das coisas que você falou não se parecem com a maneira como eu fui educada. E acho que compartilhar histórias como as suas acaba perpetuando certos estereótipos sobre nossa religião e cultura.

Ela então disse que se veste como quer, que sua família lhe dava todo apoio, que ela não esconde que tem relacionamentos amorosos, e assim por diante.

Minha resposta seguiu o seguinte raciocínio: minha intenção jamais foi dizer que o Islã e a cultura árabe são opressivos. Minha intenção jamais foi passar determinada imagem de ambos. Minha intenção é compartilhar a minha história. Não estou aqui para amplificar vozes que semeiam a discórdia e o ódio. Estou aqui para amplificar a voz de pessoas que vivem no meio-termo, como eu vivia. Um andarilho sem destino, esperando que alguém o receba em seu lar. As pessoas passam por esse tipo de alienação em todo lugar. Elas pertencem a diferentes sociedades, religiões e culturas. É importante não desmerecer a história de ninguém por causa dos elementos associados a ela.

Pilar nº 7: Não confunda rendição com estagnação.

Preciso explicar bem um ponto. Render-se não significa permanecer estagnado. Não significa aceitar injustiça. Na verdade, significa enxergar a realidade pelo que ela é. Assim como o objetivo na Sala da clareza é enxergar a si mesmo e a sua vida com cristalina nitidez, o objetivo na Sala da rendição é se permitir sentir a emoção que acompanha a sua entrega à realidade. Sentir de verdade.

Se eu acreditasse que me render era aceitar minha realidade de injustiças, eu teria ficado quieta. Mas não fiquei. Denunciei meu caso de assédio sexual e abuso de poder. Aceitar que passei por algo injusto — isso foi me render à minha realidade. Eu me rendi à decepção. Eu me rendi à dor. E depois de fazer isso consegui erguer minha voz.

~

Render-se não significa permanecer parado
e esperar ser salvo pelo mundo.
Significa se render para o mundo dentro de você.
Construir o lar dentro de você.

~

Eu costumava dizer coisas como *Sou grata pelo sofrimento que as pessoas causaram em mim, porque eu não seria quem sou hoje sem ele.* Agora, reflito sobre isso e vejo como é errado falar assim. Mas essa era a minha perspectiva na época. E tenho compaixão por mim mesma por acreditar nisso naquela fase da minha vida e não saber que estava errada. Então quero me corrigir oficialmente: nunca se sinta grato pela pessoa que lhe causa sofrimento. Seja grato por si mesmo, pela sua capacidade de resistência durante o processo de cura e por todas as habilidades que você aprendeu enquanto se curava da dor ativada no seu interior. Nunca dê créditos pela pessoa que você é hoje ao sofrimento que alguém escolheu lhe causar. A questão não é que elas não mereçam esse tipo de reconhecimento. Lembre-se: o foco não está nelas. Está em você. Você merece os créditos por ser a pessoa forte que é agora.

Quero compartilhar algo que aprendi durante meus estudos de pedagogia. Isso revolucionou a forma como reajo a tudo na vida. Quando se trata de gestão de uma sala de aula, falamos sobre usarmos níveis de resposta diferentes a certos comportamentos. Há respostas discretas, médias e chamativas. Por exemplo, se um aluno está conversando durante minha explicação da matéria, uma resposta discreta seria manter alguns segundos de contato visual com ele. Assim, minha reação não é exagerada e cumpre o objetivo de fazer o aluno parar com o comportamento. Uma resposta média seria me aproximar e parar ao lado desse aluno enquanto continuo a explicação. Uma resposta chamativa seria mandar o aluno para a sala do diretor.

Nesse exemplo, o que faz mais sentido é começar com a resposta discreta e ir aumentando a intensidade. No entanto, se o comportamento for bullying, sei que imediatamente devo passar para uma resposta chamativa. A resposta, em essência, está diretamente relacionada com a gravidade do comportamento, tendo em mente o objetivo final, que é criar um ambiente de aprendizado seguro. Se pegarmos esse modelo e o aplicarmos para a sensação de raiva, por exemplo, a sua raiva deve estar no mesmo nível que o estímulo que a causou. Quando você se permite reagir no mesmo nível, evita respostas chamativas a estímulos discretos, como o que acontece quando a raiva é ignorada e vai se acumulando.

Então como avaliar qual é a resposta certa para cada estímulo?

SUBMISSÃO Nº 7: TENHA REAÇÕES CONSTRUTIVAS.

Há certo nível de vulnerabilidade e coragem em não se submeter à sua reação inicial. Apesar de reações instintivas poderem refletir o ego, render-se ao problema real no centro da situação é importante antes de reagir ou responder. Por exemplo, na primeira vez em que compartilhei nas redes sociais uma foto com uma mecha de cabelo aparecendo, uma moça da minha comunidade deixou o seguinte comentário: "De muçulmana a menonita. Nunca vi isso antes." Eu não precisava ter dito nada, mas respondi. Esse comentário me deixou nervosa por muitos motivos. O tom de ofensa contra a comunidade menonita, por exemplo. A comparação. O rótulo. A remoção da minha identidade. Minha resposta gentilmente refletiu esse nervosismo. No entanto, se eu tivesse parado para pensar sobre ela, provavelmente nem teria dito nada.

Pergunte a si mesmo:

1. Por que esse estímulo (comportamento, comentário...) lhe feriu?

2. Quais são as opções de resposta? Liste pelo menos três e as organize em ordem de menos para mais ríspida.

3. Eu preciso responder mesmo? É possível determinar isso ao refletir se a sua resposta realmente aliviará a dor causada.
   a. Se a resposta for sim, qual é a resposta mais eficaz (ela é poderosa?), eficiente (merece que eu dedique minha energia?) e construtiva (vai causar uma mudança)?
   b. Se a resposta for não, não responda.

No geral, a rendição não apenas abre você para si mesmo como também ensina a conservar energia dentro do seu lar e se desapegar da sua necessidade de controlar mais do que você pode, em si mesmo e nos outros.

A rendição me ajudou a me abrir para mim de um jeito que transformou minha percepção do meu relacionamento comigo mesma e com os outros. O final feliz que eu acreditava que só aconteceria quando eu encontrasse o homem da minha vida mudou completamente. Quando comecei a escrever este livro, eu sabia que não queria que a história terminasse comigo conhecendo um cara. A maioria dos livros sobre autodesenvolvimento termina com o encontro do amor da sua vida. Mas meu final feliz não é esse. Meu final feliz é o lar. É me encontrar. Eu conheci Adam, sim. Se eu não tivesse construído um lar interior, provavelmente teria me afastado dele. Porque ele é desconhecido para mim. Ele é seguro. Ele me respeita em todos os sentidos da palavra, respeita o meu tempo, respeita minhas experiências, respeita meus limites. E, desde que nos conhecemos, ele nunca disse nem fez nada esperando ser recompensado. Ele se comunica — e quero dizer que ele se comunica *mesmo*. Ele... se sente em casa consigo mesmo. Não sei como será o futuro. Podemos construir um lar juntos um dia, mas isso nunca me fará vender ou abandonar o lar que tenho dentro de mim.

A cada dia que passa, expresso gratidão por ter me esforçado para me sentir em casa comigo mesma antes de correr para ser recebida no lar de outra pessoa. As páginas dos meus diários estão se enchendo de novos poemas e reflexões sobre amor verdadeiro e companheirismo.

Se você está esperando alguém
vir lhe salvar,
pode continuar esperando
para ser escolhido
e destruído
em pedacinhos
uma vez após a outra,
ou você pode se olhar no espelho
e dizer
bem-vindo ao lar.

Sete

O Jardim dos Sonhos

~

No Jardim dos Sonhos, você passará o tempo regando seus sonhos. Independentemente do lugar do mundo onde vive, espera-se que você alcance certas conquistas e tenha a vida resolvida quando chegar a determinada idade.

A luta para alcançar o "sucesso" é universal. Neste espaço, insisto que você não deve fingir até conseguir o que quer. Em vez disso, viva, e isso vai levá-lo até onde você precisa chegar.

Enquanto compartilho minha história sobre como estou vivendo meu sonho, peço que você se lembre de permanecer autêntico, original e fiel à sua história em um mundo que nos convence que só existe um caminho para o sucesso.

Você está preparado para começar a viver seus sonhos?

Vamos lá.

~

O que você quer ser quando crescer?

Não me diga que ninguém nunca lhe fez essa pergunta.

E é nela que tudo começa — a obsessão por precisar saber como será sua vida no futuro para você começar a seguir nessa direção. No último ano do ensino médio, era esperado que eu soubesse qual carreira gostaria de seguir, e isso ditaria qual curso eu faria na faculdade.

Em uma manhã, perguntei à minha mãe o que eu queria fazer quando era pequena. Eu sabia que tinha escrito a resposta em um dos meus anuários do ensino fundamental. Eu achava que tinha escrito "professora", mas queria ter certeza.

E, como o esperado, minha mãe disse:

— Não lembro direito, mas acho que você queria ser professora.

Eu queria.

Eu queria ser igual aos meus pais. Os dois eram professores. Minha mãe ensinava inglês como língua estrangeira, e meu pai dava aulas de filosofia e outras ciências sociais para o ensino médio. Os dois lecionavam na escola em que estudei até o quarto ano. Então as coisas começaram a se complicar. Lembro-me de chegar à escola de ônibus um dia. Vi a polícia cercando meu pai. Comecei a chorar, porque eu sabia que havia algo errado.

Mais tarde, entendi que meu pai foi removido da escola porque "fez a coisa certa". Ele não aceitou testemunhar corrupção nem abuso de poder. Foi isso que me disseram. E o que mais eu teria entendido, mesmo se me contassem? Eu tinha 7 anos.

Meu pai é assim. Ele é um funcionário público. Isso está no seu sangue. Ele jamais comprometeu sua integridade por ganância. Acho que ele não tinha um pingo disso. Crescer sem dinheiro nunca foi um problema para a minha família, mas nunca foi algo romantizado. Nós tínhamos uma vida humilde, porque meus pais eram pessoas humildes. Eles jamais associaram seu valor ao dinheiro. Jamais. E é por isso que eu nunca fiz isso. E nunca farei. E apesar de eu me sentir muito desconectada e sem um lar durante a infância, eles não tinham essa intenção. Na visão dos dois, eles estavam fazendo o melhor para mim, levando em consideração o contexto da nossa família estar dividida entre o Canadá e o Líbano.

Então, quando digo que eu queria ser professora para ser igual aos meus pais, é porque eu queria ser igual a eles em todos os sentidos, não apenas fazer o que faziam.

Depois que me mudei para o Canadá, meio que me esqueci desse sonho. Meus pais queriam que eu fosse dentista. Eu não tinha esse desejo.

Mas acabei desistindo do curso de estudos sociais para o qual fui aprovada e optando por estudar ciências, porque isso facilitaria a especialização em odontologia. Lembro que meu coração ficou partido quando tomei essa decisão.

Após terminar o curso de ciências, não me tornei dentista. Minhas notas não foram altas o bastante. Por muito tempo, entendi isso como um sinal de que eu não era boa o suficiente. Sei que não sou a única a associar o próprio valor com notas escolares. Mas, agora, eu tinha um diploma de ciências que não me serviria para nada. Então me perguntei o que eu mais gostava de fazer. Na faculdade, minhas matérias favoritas foram história dos idiomas e história da medicina no segundo ano, e engenharia genética no terceiro. Adorei a primeira porque aprendi sobre a globalização do inglês — como essa dominação não apenas apagou outros idiomas, mas também culturas inteiras. E havia uma pequena ativista dentro de mim que queria fazer algo para mudar isso. Gostei da segunda matéria porque o professor nos ensinou sobre a evolução da medicina como se contasse uma história. Eu adorava aquelas aulas. E me interessei pela terceira porque ela me permitia a criatividade de sair do lugar-comum e projetar genes.

Então o que eu poderia fazer que juntasse ativismo, elaboração de histórias e criatividade? Como eu poderia mudar o mundo? Olhei para as minhas opções sobre como usar meu diploma. E lá estava... meu sonho original: educação.

Daí me inscrevi em um curso de bacharelado em pedagogia.

Há cinco anos, se você me perguntasse onde eu me imaginaria cinco anos à frente, eu diria: como uma professora em tempo integral, casada, com dois filhos. No mínimo. E... só.

Mal sabia eu que o sonho que vivo hoje é muito maior do que eu imaginei que seria.

Durante o curso de pedagogia, aprendi, entre muitas coisas, sobre a história da educação, o poder da educação, injustiças passadas e presentes, e o trabalho que precisa ser feito para garantir a inclusão de todos os alunos. Senti o ativismo dentro de mim despertando aos pouquinhos.

As aulas não eram nada tediosas. Eu adorava as coisas que aprendia. Eu me dedicava.

Meu primeiro trabalho como professora, com um grupo de cinco refugiados da Líbia com idades entre o terceiro e o nono ano, acabou sendo uma reviravolta no meu sonho. De repente, ao ver o olhar nos seus olhos — o olhar que dizia *O que estou fazendo aqui? Este não é o meu lugar!* —, a ativista que eu sabia que queria ser despertou de novo. Eu queria fazer a diferença para os meus alunos. Quando comecei a escrever pequenos textos motivacionais para inspirá-los a se enxergar através dos meus olhos, eu não queria apenas me dedicar a eles — eu queria mudar a educação como um todo. Eu queria mudar a maneira como educadores viam seus alunos e mudar a maneira como os alunos viam a si mesmos. Olhando para trás, eu lutava por tudo que a minha versão de 16 anos desejava ter.

Eu lecionava e fazia meu mestrado em pedagogia em tempo integral, dava aulas particulares todos os dias da semana e ensinava árabe aos sábados, e sabe qual era a primeira coisa que eu fazia quando chegava em casa? Não era bolar meu plano de aula para o dia seguinte. Não era corrigir provas ou fazer meus trabalhos da faculdade. Eu escrevia. Por horas. Às vezes, eu só começava a trabalhar às duas horas da manhã, porque precisava colocar um pensamento insistente no papel.

Durante o mestrado em multiletramento e multilinguismo naquele ano, estudei o papel da motivação na aquisição de um novo idioma. A noção da dedicação ao aprendizado era um tema que se destacava em tudo o que eu aprendia. Os alunos aprendem quando se interessam em aprender, quando enxergam o valor daquilo que aprendem. E eles se dedicam quando se enxergam naquilo que aprendem. Alunos que estudam inglês provavelmente vêm de culturas diversas. Então, naturalmente, eu me interessei pela relevância cultural dos currículos. Eles *realmente* refletiam alunos com experiências diversas? As políticas os refletem? Os alunos recebem oportunidades iguais? (Já vou avisando que a resposta é não.) Fiquei obcecada em analisar como as políticas eram aplicadas na prática. Isso me levou a descobrir que as organizações em geral, não apenas escolas, fazem tudo certo na teoria, mas isso quase nunca é refletido nas coisas que pregam na prática.

Parece que políticas ligadas a diversidade, inclusão, assédio, entre outros, são criadas apenas para oferecer proteção legal às organizações. Quase nunca é porque elas se importam com a população que atendem. Ou com seus funcionários.

Por que eu estava tão interessada nessa pesquisa? Porque vivi as consequências disso tudo. Eu estava, e ainda estou, envolvida com esse assunto. Eu queria encontrar respostas para a minha versão mais jovem enquanto criava um futuro melhor para os jovens de hoje.

Enquanto fazia o mestrado, passei a trabalhar para o sistema de ensino público. No mesmo instante, comecei a receber pedidos para ir às salas para dar palestras sobre cultura, diversidade e identidade. E essa era a minha parte favorita de qualquer dia. Mas se você se lembra do poema "Que história devo contar a você?" na Sala da clareza, sempre senti que minha aparência era a definição de diversidade. Todo mundo via cultura e identidade quando olhava para mim. Mas ninguém *me* via.

Então, depois de falar sobre meu hijab, religião, cultura e identidade, eu gostava de dizer aos alunos que, no fim das contas, independentemente dos rótulos que deveriam nos diferenciar uns dos outros, é aquilo que somos por dentro, como humanos, que importa de verdade. Sempre tive em mente que cada um desses alunos tinha o próprio terceiro espaço, e meu papel como educadora era ter essa noção. É importante estar ciente de como você é visto e das consequências que acompanham isso, mas é necessário enxergar além do que o mundo vê em você. Após o incidente no ônibus quando eu tinha 19 anos, entendi que eu me destacava pela maneira como me vestia. Eu sabia que sofria mais risco de receber ódio. Mas essa consciência não me impediu de fazer o trabalho que eu queria fazer.

Sob o ponto de vista da equidade e da inclusão, eu via os números. Eu via as disparidades entre as taxas de sucesso de alunos não brancos e brancos, de todos os alunos em geral e de alunos indígenas. Sob um ponto de vista socioeconômico, eu via as disparidades entre as taxas de sucesso de alunos que vinham de famílias de classe média, alta e baixa. É muito triste. E eu sempre quis fazer algo para melhorar isso.

Na minha época como professora substituta, eu sempre levava uma cópia do meu livro *Mind Platter* comigo, e gostava de ler uma ou duas páginas para os alunos. Ainda recebo mensagens de alguns para quem só dei uma ou duas aulas, me dizendo como aquilo fez diferença.

Talvez você lembre que, alguns meses após eu publicar *Mind Platter* por conta própria, a equipe do TEDx de Londres me convidou para dar uma palestra como parte do evento TEDxCoventGardenWomen, de 2016. O tema era "Já está na hora". Minha ideia que merecia ser espalhada era "Já está na hora de se curar", e chamei minha palestra de "Finding Home Through Poetry". Aquela era a primeira vez na vida em que eu subia em um palco.

Foi durante esse discurso poderoso que falei sobre o conceito de construir lares em outras pessoas. A ideia permaneceu comigo como um sonho em evolução que eu pretendia concluir um dia. E aqui estou eu fazendo isso.

Comecei a dar palestras para plateias com milhares de pessoas depois disso. Essas plateias incluíam empreendedores, professores e alunos. A coisa mais linda sobre tudo isso era a variedade de assuntos que confiavam em mim para ensinar.

E sabe qual era a parte mais estranha? Eu não encarava nada disso como "trabalho". Era algo que eu adorava fazer. Era como respirar. Eu me sentia em casa. Era como se eu tivesse nascido para fazer aquilo. Nem nos meus sonhos mais absurdos eu achava que me tornaria escritora ou palestrante. Eu não me via como escritora nem quando comecei a escrever aos 23 anos. Para mim, eu estava apenas expressando pensamentos e sentimentos. Era exatamente isso que eu fazia quando minha amiga Mariam me deu um diário artesanal aos 13 anos. Eu só expressava meus pensamentos e sentimentos, nada mais.

Quando rasguei meu diário aos 16 anos, porque ele simbolizava tudo o que eu desejava, mas não podia ter, minha alma parou de respirar. Escrever era doloroso, então parei. Sentir era doloroso. Sete anos depois, quando meu amor pela escrita ressurgiu, trazendo uma coragem renovada para sentir e me curar enquanto eu ajudava meus alunos a fazer isso, essa jornada me trouxe até aqui. Agora. Essa jornada começou comigo escrevendo para ampliar a voz dos meus alunos. Foi então que voltei a respirar. Foi então que a vida começou a voltar. As cores começaram a voltar. Minha caneta é minha arma. E o campo de batalha é o mundo que diz a mim e a qualquer outra pessoa que não pertencemos ao lugar onde estamos. Que nossa voz não importa. Que nós não importamos.

No começo dessa jornada, eu ainda me via como uma professora, mesmo depois de publicar *Mind Platter*. Meus três primeiros livros trataram sobre o espectro de emoções e experiências de vida. Eles foram escritos por uma pessoa arrasada. Que ansiava pela cura. A escrita me ajudou a melhorar, permitindo que minha dor fosse ouvida e sentida.

Minha caneta me fez desvelar a verdade sobre quem eu sou. E nessa jornada, desvelei meu cabelo. Desvelei meu corpo. Quando decidi tirar meu hijab aos 28 anos, as pessoas me disseram: *Mas você construiu sua carreira inteira ao redor do seu hijab! O que mudou agora?, Eu respeitava você quando usava o hijab. Agora, você é igual a todo mundo e Você podia ter causado um impacto muito maior e ganhado muito mais dinheiro se tivesse capitalizado as dificuldades de alcançar sucesso como uma escritora que usa o hijab.* E eu nunca quis fazer isso. Era assim que o mundo me via. Permanecer fiel a mim mesma significava estar disposta a me desapegar da aprovação do mundo sobre a minha decisão de ser autêntica comigo mesma.

Sempre me pergunto: por que a minha história só mereceria ser lida se eu fosse visivelmente diferente? Se eu carregasse um rótulo que poderia me tornar mais digna de pena? Por que a minha história só seria poderosa se eu acrescentasse um rótulo diferenciador? Por que o mundo precisa enxergar através de tantas camadas até achar que minha voz merece ser ouvida?

Eu carrego o fardo
de todas as minhas identidades passadas
enquanto me rebelo para ser eu mesma.

Eu não me pareço com as identidades
que deixei para trás
nem me pareço
com as que acreditam que tenho.
Para o mundo que abandonei,
não sou mais quem eu era.
Não sou mais bem-vinda.
E para o mundo em que entrei,
sou diferente demais.
Não sou bem-vinda.
Então criei meu mundo,
onde posso dizer a mim mesma:
bem-vinda ao lar.

Escrever era a minha revolução contra tudo que eu pensava ter permissão para me tornar.

Escrever era a minha revolução contra o *Por que eu não posso ter aquilo?*.

Escrever era a minha revolução contra o meu professor de árabe do oitavo ano que me reprovou em redação e me disse que não sigo as regras.

Escrever era a minha revolução contra sofrer bullying na escola por ser sensível demais.

Escrever era a minha revolução contra as pessoas que me diziam "Pare de expor seus sentimentos".

Escrever era a minha revolução contra "Você sabe que está no Canadá. Não precisa se vestir assim".

Escrever era a minha revolução contra "Muçulmanas não se vestem assim".

Escrever era a minha revolução contra "Boas moças não fazem isso".

Escrever era a minha revolução contra o agente que me disse "Você não pode ser só escritora. Nunca vai ganhar dinheiro assim".

Escrever era a minha revolução contra uma cultura que me ensinou que era vergonhoso para uma mulher expressar seus sentimentos.

Escrever era a minha revolução contra ser vista como um rótulo: muçulmana. Pecadora. Usuária de hijab. A garota que tirou o hijab. Vendida. Hipócrita. Livre. Oprimida. Inocente. Jovem demais. Velha demais. Bem-sucedida. Menos bem-sucedida do que deveria. Você pode escolher.

Escrever era a minha revolução contra a mulher que eu acreditava precisar me tornar para merecer ser recebida no lar de outras pessoas.

Escrever era a minha revolução contra o racismo.

Escrever era a minha revolução contra a misoginia.

Escrever era a minha revolução contra os sistemas patriarcais.

Escrever era a minha revolução contra a opressão sistemática.

Escrever era a minha revolução contra qualquer tipo de opressão.

Escrever era a minha revolução contra a islamofobia.

Escrever era a minha revolução contra todos os desafios que meus alunos encaravam: discriminação, homofobia, bullying, entre outros.

Escrever era a minha revolução contra as classificações que a sociedade deseja me dar.

Escrever era a minha revolução contra a vida que eu acreditava precisar viver para ser "bem-sucedida" ou para estar no "caminho certo".

Escrever era a minha revolução contra a minha falta de um lar.

Não, escrever não era a minha revolução.

Escrever *é* a minha revolução. E sempre será.

Ao escrever este livro, estou ciente da revolução que ouso iniciar. Estou ciente de que meu sucesso é mais difícil de ser conquistado, por vários motivos. Primeiro, o mercado de livros de memórias/autodesenvolvimento é dominado por mulheres brancas. O mercado motivacional é dominado por homens brancos. Não sou nenhuma dessas coisas. E mesmo que meus traços fenotípicos passassem batido, meu nome me entrega. Mesmo assim, sigo em frente sem me importar com isso. Esta sou eu, vivendo meu sonho.

Como você pode ver, meu plano de cinco anos fracassou completamente. Não sou casada. Não sou professora em tempo integral. Não tenho dois filhos. Mas tenho uma vida se desdobrando diante de mim enquanto me revolto contra todas as amarras que pretendiam me manter no meu devido lugar. Que pretendiam me manter em silêncio. Que pretendiam me manter com medo.

Quando você entrou neste Jardim dos Sonhos, provavelmente achou que eu ensinaria os passos para encontrar o seu sonho. Peço desculpas por lhe decepcionar, mas não tenho como saber a resposta para essa pergunta. Não posso responder por você *Mas como eu sei qual é o meu sonho?* O que posso fazer é guiá-lo para que encontre a resposta por conta própria. Se eu tivesse uma lista de passos, todos nós acabaríamos no mesmo lugar. Todos nós faríamos as mesmas coisas. Você precisa seguir o que a sua versão que se sente em casa lhe diz. Onde você sente que é seu lar? Não estou falando das atividades para as quais você tem talento. Mas do que você gosta de fazer. E se as coisas que você gosta de fazer não geram renda, é preciso se perguntar quais são as suas prioridades na vida. Talvez seja necessário ter um emprego para pagar as contas e passar o resto do tempo vivendo seu sonho, fazendo o que você ama. E não tem problema. Apenas não passe a vida acreditando que seu sonho só é válido se houver uma justificativa financeira por trás dele.

A seguir, apresento algumas lições que aprendi na minha jornada, que chamo de lanternas porque elas iluminam o caminho, e algumas ferramentas, que chamo de regadores, porque você vai precisar regar as conclusões a que chegar para que cresçam.

Lanterna nº 1: Compreender seu sonho exige que você passe a enxergar as verdades ao seu redor.

Às vezes, uma verdade está bem na nossa cara e escolhemos não enxergá-la. Porque estamos usando vendas que nos cegam para isso. Essas vendas limitam nosso potencial porque nos impedem de vê-lo, de enxergar o valor dele ou de perceber nossa capacidade para alcançá-lo. Se eu não tivesse aberto os olhos para o meu potencial, não teria aceitado nenhuma das oportunidades que surgiram, porque elas não acrescentavam coisa alguma ao meu sonho original de ser professora. Palestras em escolas ou palcos me afastariam desse sonho original. Elas seriam consideradas um desperdício de tempo, uma distração. Mas eu escolhi encará-las como dar aulas em uma sala de aula maior, a sala de aula que é o mundo.

REGADOR Nº 1: REMOVA A VENDA.

Para o que você precisa remover sua venda?

Esta é uma pergunta sem resposta certa. Quero que você olhe no fundo de si mesmo e se pergunte sobre aqueles momentos em que fica sonhando sobre a possibilidade de algo acontecer. O momento em que o seu cérebro aparece e diz: *Mas você já dedicou tanto tempo a esse objetivo, a esse sonho, a essa carreira, a esse relacionamento, que todo mundo vai rir da sua cara. Ninguém vai acreditar em você. Quem você pensa que é para conquistar isso? Para chegar lá?* Tudo isso... faz parte do processo de remover a venda. E as vendas que você utiliza são as seguintes:

* Suas crenças limitantes sobre si mesmo;
* A opinião de outras pessoas sobre você;
* Seus medos;
* O potencial que você pensa que tem;
* (Insira a sua resposta);

No meu caso, a possibilidade com que eu sonhava era ser ouvida... era viver em um mundo em que minhas emoções eram importantes. Onde a minha história era importante. E a verdade que não enxerguei por muito tempo era a que gritava para mim: VOCÊ É ESCRITORA! Por que eu não via isso? Porque meu plano era ser professora. Eu queria ser como meus pais. Era uma opção segura. Eu sabia o que aconteceria. E o futuro não seria previsível se eu escolhesse me expressar e escrever. Ninguém ao meu redor tinha seguido esse caminho. O que me impedia de enxergar era:

* E se eu fracassar?
* E se eu não conseguir me sustentar assim?

- E se as pessoas não gostarem dos meus textos?
- Mas eu adoro dar aulas.

Agora que você identificou como não enxerga e as coisas que não está enxergando, o que ficou nítido sobre o seu sonho? O que grita para você? Qual é o sonho que surge diante dos seus olhos?

Lanterna nº 2: Vá aos poucos.

Você não precisa ter seu sonho totalmente desvendado antes de vivê-lo. Esse é o erro que a maioria das pessoas comete. Elas criam uma imagem daquilo que desejam e ficam obcecadas em alcançar essa ideia específica. Tal postura pode ser interpretada como determinação, mas eu acredito que isso seja o mesmo que desenhar um quadrado ao redor de si mesmo e acreditar que você só é capaz de conquistar aquilo. Não me leve a mal, é importante estabelecer objetivos. Mas não dá para saber *como* as coisas vão se desenrolar antes de você começar. E não há como ter cem por cento de certeza de que você irá alcançar o objetivo que almejava no começo. As melhores histórias que escutamos são as que acontecem de forma inesperada, sem planejamento algum.

Se eu fosse obcecada demais pelo meu sonho de ser professora, não teria dedicado tempo nenhum a reunir meus textos para mostrá-los para o mundo. Não teria dedicado tempo para descobrir como publicá-los por conta própria. Não teria aceitado todas as oportunidades que surgiam, gritando VOCÊ É ESCRITORA. Eu teria rejeitado todos esses momentos e acreditado que eram apenas distrações.

A obsessão nos prende a nichos. E apesar de os nichos ajudarem algumas pessoas, não necessariamente eles dariam certo no seu caso. E se você está lendo este livro, sei que quer encontrar uma forma de viver da maneira mais autêntica possível. Isso inclui um sonho ou um objetivo que permite que você seja sua versão verdadeira.

~

Se você pensar em si mesmo como um rio em movimento,
não como um lago parado, tudo muda. Imagine que, como um rio,
você flui conforme se move e vive seu sonho.
Se continuar vivendo seu sonho, você vai alcançar um
oceano enorme, onde as ondinhas no seu interior se transformam em
ondas gigantes e marés.
É preciso enxergar a jornada
até alcançar seu sonho dessa forma.
Assim, um passo aparentemente
pequeno pode levar a um passo maior,
fazendo com que você se aproxime
cada vez mais da glória que está por vir.

~

REGADOR Nº 2: DÊ O PRÓXIMO PASSO POSSÍVEL.

Em vez de ficar obcecado pelo objetivo final, no que você está interessado agora? O que você pode fazer agora? Não dá para pular sobre uma escada para alcançar o último degrau no topo. Talvez você nem saiba o que existe lá em cima. De toda forma, chegamos ao topo dando um passo de cada vez.

No meu caso, o primeiro que dei foi este: sempre que eu sentia vontade de me sentar e me expressar, fazia isso. Eu não sabia aonde esse hábito me levaria nem se ele "valeria a pena", seja lá o que isso significasse, ou se ele se encaixava no meu objetivo final. Eu queria me expressar. Então, se o sonho que estiver se revelando para você for artístico, por exemplo, o primeiro passo seria comprar pincéis, tintas e telas. Se o seu sonho for relacionado à arte da culinária, o primeiro passo seria começar a testar receitas simples. Você entendeu aonde eu quero chegar. Não permita que a ilusão da importância de um grande objetivo seja um empecilho para começar de forma simples e em pequena escala.

Lanterna nº 3: A originalidade é libertadora.

Não olhe para o que os outros estão fazendo para daí imitá-los na esperança de que isso lhe dará a vida que eles têm. Sentir-se em casa consigo mesmo com certeza acabará com a necessidade aprendida de ganhar certa quantidade de dinheiro, alcançar certo nível de fama ou de idolatria pelos outros. Não permita que a vida de outra pessoa se torne o seu parâmetro de sucesso.

Talvez você entre no Jardim dos Sonhos por se sentir desanimado ou "inferior", porque alguém conquistou ou alcançou algo que passa a ideia de felicidade ou sucesso. Certas pessoas definiriam isso como inveja, mas não encaro as coisas dessa forma. Acho que é apenas uma comparação. E quando você faz comparações, sempre haverá alguém que tem menos e alguém que tem mais. "Menos" e "mais" são determinados pela maneira como você se sente sobre si mesmo. E a parte mais triste é que, se você não construiu aqueles alicerces fortes de autoconhecimento e autoaceitação para o seu lar, é mais fácil se sentir "inferior". Não é uma questão de *ter* menos, mas de *ser* menos. Lembre-se de que os alicerces são fundamentais, porque permitem que você entenda a si mesmo. E quando você se entende, sabe o seu valor, sabe quem você é e o que deseja da vida. Com esse conhecimento, é impossível acreditar que a vida de outra pessoa seja o modelo para a sua.

Para que passear por este jardim se você pretende passar seu tempo tentando se encaixar no sonho de outra pessoa? Você vai passar o tempo todo se sentindo um fracassado. E vai se afastar do jardim porque ele faz com que você se sinta pequeno.

Pense em todas as vezes que você passou de carro pela casa de outras pessoas e admirou sua beleza. É provável que você tenha sorrido ao pensar em morar em um lugar assim. Nossa vida e forma de raciocinar estão conectadas. Essa sensação não surge apenas quando olhamos para imóveis físicos. Também nos sentimos assim ao olhar para a vida exterior das pessoas, independentemente de como for esse exterior. O resumo da ópera é que frequentemente admiramos a casa dos outros e queremos construir algo igualzinho sem jamais pisar dentro delas e saber o que existe no seu interior. Sem saber se os donos estão presentes na própria vida. Enquanto você admira a vida de alguém por fora, essa pessoa pode estar — na verdade, é bem provável que esteja — admirando a vida de uma terceira por fora também. Então você vai atrás da felicidade ou do sucesso que os outros aparentam ter, enquanto os alvos da sua admiração fazem a mesma coisa. Quando você mede suas conquistas de acordo com a dos outros, essas conquistas serão anuladas assim que você encontrar mais alguém que deseja imitar. E assim por diante. É por isso que costumamos nos inspirar nas definições mais simples de felicidade vindas de pessoas mais velhas. Elas geralmente nos lembram de ir devagar e aproveitar o momento. De não ter pressa. De dizer não. De não se importar com a opinião dos outros. De correr riscos. De manter por perto as pessoas que nos amam mesmo, de verdade, com respeito.

E se você estiver pensando *Mas eu quero fazer diferença como fulano e sicrano*, lembre-se de que não cabe a você decidir a diferença que seu sonho causa. Você faz o que pode, da melhor forma possível, e o resultado se revela. A maioria das pessoas se preocupa demais com a aprovação externa do próprio sonho. Isso é o mesmo que construir um lar em um sonho, em vez de construir um sonho em seu lar. Peço para que você não caia na armadilha do ativismo performático apenas para ser reconhecido. Hoje em dia, o mundo está cheio disso para receber "curtidas" e "seguidores". Não vá contra a sua versão autêntica. Faça o seu trabalho porque ele é certo, não para receber elogios ou aprovação dos outros. Você não sabe se vai mudar a vida de alguém com o seu trabalho, e o foco não deveria ser esse. Não defina o significado da jornada com base no destino que você alcança. Encontre propósito nos riscos que tomar, nos sonhos que ousar buscar e em tudo que você conquistar ao longo do caminho.

REGADOR Nº 3: SEJA ORIGINAL.

A originalidade é um reflexo da autenticidade. Não importa o que você estiver criando, sempre faça as seguintes perguntas para si mesmo:

1. *Qual é a minha intenção ao fazer isso?* (A ideia não é ficar obcecado pelo objetivo final, mas refletir se a sua intenção é motivada por fatores internos ou externos.)

   a. Estou me comparando com outra pessoa?

   b. Estou competindo com outra pessoa?

2. *Isso é original ou estou copiando alguém?* (Em outras palavras, estou seguindo o caminho de alguém para alcançar a felicidade que essa pessoa parece ter?)

3. *Estou construindo meu lar em um sonho? Ou esse sonho está dentro do meu lar?* (Em outras palavras, estou baseando minha felicidade no resultado potencial disso, ou a execução disso me traz felicidade?)

Quando você se sente em casa consigo mesmo, a intenção de viver seu sonho é motivada por fatores internos. Ele traz satisfação por si só. O ato de viver seu sonho já basta e incentiva você a seguir em frente. Quando seu sonho é autêntico, você não se sente motivado a vivê-lo porque quer se equiparar a outra pessoa. Não é uma corrida. É uma jornada consigo.

Lanterna nº 4: Viver um sonho não significa dispensar outros.

Muitas pessoas acham que mudar o foco de um sonho para o outro faz com que o primeiro tenha sido uma perda de tempo. Durante o mestrado em pedagogia, aprendemos sobre habilidades transferíveis entre idiomas. Talvez você acredite que o idioma nativo de um aluno prejudique o aprendizado de um novo. No entanto, pesquisas mostram que, quando alguém aprende um novo idioma, as habilidades que a pessoa aprendeu com o idioma nativo são usadas para diminuir as diferenças entre as duas línguas. A mesma coisa acontece com os sonhos.

Por que estou falando isso? Porque você pode acabar acreditando que um novo sonho anula toda a experiência e o conhecimento que ganhou com os sonhos anteriores. Isso só é verdade se você permitir que seja. Ao longo da vida, você adquire habilidades que são úteis em diversos contextos. Podem ser habilidades organizacionais, analíticas, gerenciais, e assim por diante. Aplique essas habilidades ao seu novo sonho, quando for possível.

Eu parei de lecionar em uma sala de aula e passei a lecionar pelo mundo. Peguei tudo que aprendi na faculdade e com a pedagogia e apliquei esse conhecimento para ensinar as pessoas sobre cura. Você também pode fazer isso. Em qualquer transição que esteja fazendo.

Quando comecei a fazer sucesso escrevendo, eu ainda dava aulas e cursava meu doutorado. Naquela altura, eu sabia que escrever era minha vocação, mas como abandonar o emprego pelo qual me esforcei tanto? Após quatro anos no bacharelado em ciências, um ano no bacharelado em pedagogia, um ano no mestrado em pedagogia e dois anos no doutorado em pedagogia, e depois de eu ter conseguido ser contratada pelo sistema de educação pública, decidi mudar para a minha paixão — escrita. Lembro que todo mundo ao meu redor me disse que eu era louca por abandonar algo ao qual me dediquei por oito anos. As pessoas me avisaram que seria um desperdício abandonar tantos estudos para tentar ser escritora.

O momento da virada para mim foi o seguinte: eu podia encarar aqueles oito anos como um desperdício de tempo ou como uma forma de me preparar para a melhor carreira que eu poderia ter — ajudar de verdade as pessoas a mudarem sua vida. Eu poderia passar a vida inteira naquele trabalho porque já tinha investido oito anos nele, ou encará-lo como a oportunidade de aprendizado necessária para que eu seguisse minha paixão verdadeira. Quando decidir ir atrás de um sonho novo, em vez de você pensar que as coisas que fez em nome do seu sonho anterior foram um desperdício, veja as habilidades e ferramentas que você ganhou e que agora podem ser usadas para impulsionar seus novos objetivos.

REGADOR Nº 4: FAÇA A TRANSIÇÃO.

Mudar não significa que você desperdiçou seu tempo com tudo que fez antes. Por outro lado, se você encarar as coisas desse jeito, vai acabar desperdiçando o tempo que poderia investir nessa mudança.

Que habilidades aprendidas com sonhos passados podem ser transferidas para o sonho atual?

Algumas das habilidades que eu trouxe do meu aprendizado e da minha experiência com pedagogia são:

- Nunca presuma que alguém sabe do que você está falando;
- Use uma linguagem simples;
- Faça com que os assuntos ensinados sejam relevantes para a experiência do aprendiz.

Agora é a sua vez de responder à pergunta.

Lanterna nº 5: Não siga seu sonho — viva seu sonho.

Se você olhar para a minha jornada, ficará explícito que nada do que eu buscava, fosse a mulher que eu acreditava precisar ser ou o diploma que eu acreditava precisar ter, me trouxe até aqui. Foram os acontecimentos que faziam eu me sentir em casa que me trouxeram até aqui. Mas isto não é um incentivo para você ficar esperando, sem tomar uma atitude, até saber o que lhe traz a sensação de estar em casa. Isto é um incentivo para você dar o próximo passo possível. Pelo que você se interessa? Ao que você se sente comprometido? Que mudanças você quer fazer? Pense nisso. Um pequeno passo tem o potencial de levar a outro pequeno passo. E a outro pequeno passo. Até que as coisas vão se ajeitando, e você entende porque tudo aconteceu.

Uma questão que se destaca para mim sobre a minha jornada é que as coisas realmente acontecem por um motivo. Não posso dizer que meus anos de pedagogia foram jogados fora porque não acabei sendo professora em tempo integral. Esse tempo me fez parar diante de oito alunos que reacenderam a chama da escrita para mim. E isso me fez publicar um livro. E outro livro. E outro. E, agora, este. Não posso dizer que me mudar para o Canadá aos 16 anos não devia ter acontecido porque me senti deslocada. A mudança me fez mergulhar na solidão e no isolamento para que eu pudesse entender essas sensações e escrever melhor sobre elas no futuro.

Uma das primeiras matérias que fiz no doutorado falava sobre tipos diferentes de liderança. O que achei mais interessante era a liderança servidora. É quando você serve às pessoas que lidera, não ao contrário. Eu fui chamada para servir. E atendi ao chamado. Não atendê-lo me faria mal. Porque eu tinha mais a oferecer do que imaginava. E, no processo de oferecer o que havia dentro de mim, descobri que meu sonho era maior do que eu achava. Era maior do que eu.

Tudo o que eu vivi me trouxe até aqui. Eu vivi meu sonho. Não o segui.

REGADOR Nº 5: VIVA O SONHO, NÃO VÁ ATRÁS DELE.

Pergunte a si mesmo: estou indo atrás do meu sonho? Ou estou vivendo meu sonho?

Enquanto você estiver atrás de alguma coisa, o momento presente parecerá falho. Você se sentirá falho. Não baseie seu sucesso no futuro. Deixe que seu sucesso ocorra agora. Em todos os passos que você der neste momento.

Lanterna nº 6: O medo do fracasso apenas atrasa o seu sonho.

Fracasso é a palavra que impede a maioria de nós de dar o primeiro passo ou o próximo passo rumo a qualquer um dos nossos objetivos. Ele se manifesta como medo. A maioria de nós não consegue identificar de onde vem esse medo. Apenas ficamos ansiosos antes de dar um passo. Essa ansiedade me paralisava. Quando estava na faculdade, tinha tanto medo de me apresentar na frente dos meus colegas que passava mal quando precisava fazer isso. Sempre que eu tinha uma prova **ou** entregava um trabalho, aquela ansiedade ameaçadora persistia.

Senti essa mesma ansiedade antes de subir no palco para dar minha palestra sobre construir um lar dentro de nós mesmos no TEDx. Olhando para trás, do que eu tinha medo? Eu estava com medo de verdade ou misturei a coragem de ser vulnerável com um estado de medo? Agora, acredito que tenha sido a última opção, porém, na época, achei que fosse uma mistura das duas coisas. Nossa mente é tão resistente a novidades, a mudanças, que confunde emoções associadas a transformações com *Isso é ruim. Pare. O que vão pensar de você? Você vai se arrepender disso amanhã.* É isso que paralisa você. Então do que realmente é aquele medo? Se fosse o medo de fracassar, o que fracasso significa para você? O que significaria *sobre* você? Você está mesmo sentindo vergonha? Talvez seja melhor fazer uma parada na Sala da rendição. A maioria das pessoas que conquistou sucesso na vida dirá que fracassa espetacularmente e com frequência. Se você encarar algo que não deu certo como um "fracasso" por achar que isso significa algo sobre você, vai acabar desistindo. Mas se você encarar a situação como *Isso é o que não devo fazer* ou *Isso é o que eu preciso fazer para melhorar*, você verá isso como uma lição, como um degrau. E não associará um significado a quem você é como pessoa. Você não vai se importar em como é visto pelas pessoas como resultado disso.

Algumas pessoas podem dizer que viver seu sonho exige fracasso e sucesso. Eu prefiro dizer que viver seu sonho é uma dança entre dar e receber. Às vezes, dar inclui oferecer tempo, energia, dedicação emocional, vulnerabilidade, esperança, e mais, na busca de viver esse sonho. Às vezes, dar significa tentar várias vezes. Tentar coisas novas. Aprender com os erros e fazer melhor na próxima oportunidade. E, às vezes, receber inclui ver os frutos do seu investimento. Às vezes, inclui ganhos financeiros. As possibilidades são infinitas. O resumo da ópera é o seguinte: você não pode se concentrar apenas naquilo que ganha ao buscar seu sonho. É preciso estar disposto a ceder. É preciso estar disposto a arriscar alguma coisa, a perder alguma coisa, a aprender alguma coisa.

REGADOR Nº 6: SUBSTITUA "FRACASSO" POR UMA NOVA PALAVRA.

Pense em *fracasso* como uma palavra que você precisa remover do seu dicionário. Não é fracasso. É aprendizado, é correr um risco, é investir, é... viver. Se você basear o seu sucesso nas coisas que ganha como resultado do que oferece, vai encarar seu sonho como um fracasso. E se você medir o valor do seu sonho de acordo com a opinião do mundo ao redor, vai sentir ainda mais pressão para alcançar "sucesso". Em vez disso, se concentre na jornada de viver seu sonho. Com essa mudança de mentalidade, que palavras você pode usar para substituir *fracasso*?

Lanterna nº 7: Seu sonho nutre seu lar.

Como a maioria das pessoas confunde um emprego, um diploma, uma fase da vida dos sonhos com seu "sonho", acaba caindo na armadilha de pensar que deveria sacrificar tudo para alcançar esse objetivo, mesmo que isso signifique que outras áreas da sua vida precisam sofrer. Esse é um problema grave. Ainda pior é o fato de que muitas pessoas passam a vida trabalhando duro, ou "botando a mão na massa", sem saber se realmente querem aquilo que buscam. Seu sonho deve complementar sua vida. Quando você equipara o valor do seu sonho com aquilo que ele irá trazer, é provável que deixe de lado outras partes da sua vida. Seu sonho vive dentro de você e permite que você seja quem realmente é e se projete para o mundo. O sonho que você vive, seja lá qual for, sempre deve nutrir seu estado de se sentir em casa consigo mesmo. Quando você encara holisticamente a sua vida, seu sonho não deve estar atrasando componentes primários dela, como saúde mental, relacionamentos ou objetivos.

A ilustração a seguir é uma ferramenta que quero que você use quando parar para refletir se o sonho que você está vivendo, ou buscando, vale a pena. Embaixo das flores, escreva todos os elementos importantes da sua vida, do seu lar. Agora, se você fosse imaginar esse sonho ou objetivo na nuvem... se a nuvem começasse a chover, ela molharia as flores? Elas cresceriam? Em outras palavras, enquanto você vive esses objetivos ou sonhos, os elementos do seu lar estão sendo nutridos? Você está sendo nutrido enquanto pessoa? Você está crescendo?

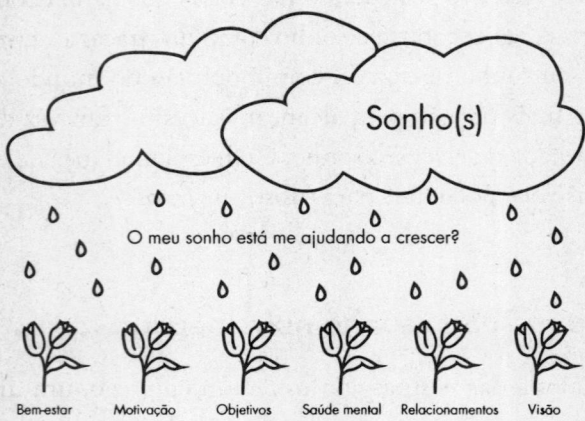

REGADOR Nº 7: AVALIE O HOLISMO DO SEU SONHO.

Quando comecei a escrever este livro, não imaginei que acrescentaria um espaço apenas para os sonhos. Porém, quanto mais eu escrevia, mais necessário sabia que seria este espaço. E me dei conta de que ele requer tempo, cuidado e atenção — sendo mais parecido com um jardim do que com uma sala. Um jardim fica exposto para o mundo exterior, assim como a maioria dos trabalhos e sonhos. É por isso que, muitas vezes, definimos o valor de trabalhos e sonhos de acordo com o valor que o mundo dá a eles.

Encerrarei este capítulo lembrando a você do seguinte: o seu sonho é formado por pequenas revoluções contra tudo que você achava que tinha permissão para ser. Comece a revolução. Não espere pela hora certa.

Não espere pelo lugar certo. Não espere até você estar pronto. Porque isso nunca vai acontecer. Você precisa estar disposto a cometer erros. A fracassar. A cair. A quebrar. Porque, do outro lado disso tudo, está a sua evolução. E está o seu sonho.

Oito

A arte de escutar a si mesmo

~

Este não é um cômodo diferente do seu lar. Escutar a si mesmo é uma parte fundamental de todas as salas da casa. Conectar-se às vozes no seu interior é uma arte que amplifica seus pensamentos e emoções, permitindo que elas sejam diferenciadas da sua versão em casa. Você não é quem elas dizem. É possível diminuir o poder delas ao escutá-las e observá-las.

Escutar a si mesmo é uma arte que exige prática.

Agora, vou apresentar alguns exemplos sobre como pratiquei essa arte em cada cômodo.

Você está preparado para começar a escutar?

Vamos explorar essa arte.

~

No planejamento inicial para este livro, eu tinha uma sala separada para o silêncio, com a intenção de que você precisa praticar o silêncio para conseguir ouvir a si mesmo. No entanto, a necessidade de silêncio existe em todos os cômodos. O silêncio é uma linguagem universal. Todos a conhecemos, não importa onde nascemos, crescemos ou vivemos. O silêncio é um dos idiomas mais poderosos por causa do nível de expressão e poder que ele é capaz de transmitir. No entanto, também pode ser o mais devastador.

Quando você fica em silêncio em seu íntimo, consegue escutar a si mesmo. E ao aplicar e praticar qualquer uma das ferramentas de qualquer sala, escutar a si mesmo é essencial. É impossível aumentar o poder da escuta de forma eficaz sem o silêncio interior. Para isso, você precisa se conectar internamente a si mesmo. Então é possível estar, no sentido físico, em um lugar barulhento, mas permanecer em silêncio por dentro, porque você escolhe escutar a própria voz. Para ampliar os benefícios de entrar em cada sala, é preciso dominar a arte de escutar a si mesmo.

E como dominar a arte de escutar a si mesmo? É simples. Você consegue isso ao *treinar* escutar a si mesmo. E essa deve ser uma prática diária. Se você tem algum objetivo de saúde e preparo físico, não vai alcançá-lo sem esforço. É preciso se dedicar todos os dias para ver resultados. Com o tempo, você vai melhorando enquanto aprende novas técnicas e ganha mais e mais força. A parte difícil é se convencer a treinar todos os dias. O ponto de partida é determinar sua intenção. O mesmo vale para o silêncio.

Existem três tipos de silêncio:

1. *O silêncio que você oferece aos outros quando os escuta.* Por exemplo, quando um amigo lhe conta um problema, você escuta com empatia para se certificar de que entende o que está acontecendo.

2. *O silêncio que você expressa para os outros quando quer ser escutado.* Tenho certeza de que você se identifica com a seguinte situação: você sente que a pessoa com quem está conversando não escuta o que você diz, então resolve adotar a linguagem do silêncio, porque acha que já usou palavras suficientes. Não estou falando sobre dar um gelo na pessoa, um comportamento manipulador. Estou me referindo ao silêncio que reforça um limite, ao silêncio que é usado para expressar o valor das suas palavras. Nós podemos ficar tão obcecados em garantir que as pessoas compreendam o que dizemos e como nos sentimos que acabamos nos repetindo e revestindo a mensagem com palavras

diferentes — com frequência porque buscamos uma resposta ou uma solução dentro de outras pessoas. Em um estado de silêncio interior, você não *depende* dos outros para mudar a sua situação. O fato de alguém não estar lhe ouvindo não afeta sua percepção de si mesmo. Suas reações internas são escutadas e compreendidas por você. Então você compreende que quanto mais disser alguma coisa, menos impacto isso terá sobre aqueles que não querem lhe escutar. Para essas pessoas, a sua voz se torna apenas um barulho de fundo. É um silêncio que valoriza a sua voz, não um silêncio que desdenha de outra pessoa.

3. *O silêncio que você sente dentro de si.* Este é fácil. É o silêncio que você sente quando se volta para dentro de si mesmo.

Se você tiver uma personalidade empata como eu, já domina os dois primeiros tipos. Nós costumamos ficar obcecados por eles, porque seu foco está nos outros. Lembre-se, porém, que você parou de construir lares em outras pessoas. Você está construindo o próprio lar dentro de si mesmo. Então, nesse caso, o terceiro tipo de silêncio é o mais importante. Nele, você finalmente é capaz de ouvir as vozes no seu interior — até as que expressam emoções negativas. Isso é fundamental, porque no instante em que você ouvir essas vozes, se tornará capaz de respondê-las. Antigamente, eu só conseguia dormir com a televisão ligada. Olhando para trás, sei que eu fazia isso porque sabia que a realidade me acertaria, e eu não queria escutar meus pensamentos. Mas é óbvio que era necessário me escutar.

Quando você domina a arte de escutar a si mesmo de forma intencional, automaticamente domina a arte de manter o silêncio com os outros de forma intencional. E também não precisará mais se esconder por trás do silêncio quando quiser ganhar espaço para falar. Em outras palavras, o silêncio passa a ser uma opção para você, não algo que é imposto.

Vamos voltar à parte de escutar a si mesmo de forma intencional. Por que evitamos o silêncio interior? Porque o silêncio interior requer que fiquemos sozinhos com nós mesmos. Sozinhos com as vozes dentro de nós. E temos medo disso. Temos medo de ficarmos sozinhos porque achamos que isso é solidão.

Minha primeira experiência com o silêncio no sentido físico foi quando me mudei da casa dos meus pais. Todos os sons e distrações desapareceram. No começo, o silêncio era agoniante. Eu não aguentava. Ele era desconfortável e desconhecido. Eu sentia que havia algo faltando. Eu me sentia solitária. Dava para ouvir os pensamentos negativos tomando conta de tudo, e eu não sabia como acalmá-los. E foi por isso, mesmo quando eu tinha os parâmetros físicos da minha casa, que eu continuava desabrigada. Porque eu ainda não estava construindo um lar dentro de mim.

Hoje em dia, continuo morando sozinha no mesmo apartamento, mas, como tenho um lar interior, me pego ansiando pelos momentos em que fico sozinha. Acabo me sentindo deslocada entre outras pessoas, em vez de sempre precisar ser recepcionada ou aceita por elas. E isso é ótimo, porque me permite tomar a decisão de me afastar de certas pessoas ou grupos com quem não formo uma conexão verdadeira. Com o tempo, o silêncio, tanto o físico quanto o interno, se tornou terapêutico. Agora, ele é confortável e familiar.

O silêncio interior me tornou uma pessoa mais forte, porque agora consigo me escutar. Ele era desconfortável antes porque amplificava as vozes que eu não queria ouvir. Ele abria espaço para as emoções que eu ignorava há muito tempo. Agora, consigo falar com mais convicção porque me conheço melhor. Ao escutar a mim mesma, me tornei consciente do meu ego e passei a observá-lo. Como resultado de me conectar a mim mesma, fiz algumas das maiores mudanças na minha vida — mudanças que eu não teria feito se ainda morasse na casa dos meus pais.

Tirar o hijab foi uma delas. Pela primeira vez na minha existência, me dei permissão para contemplar se a vida que eu levava era a que escolheria para mim mesma. Pela primeira vez na vida, me dei permissão para ser introspectiva e questionar quem eu realmente sou e que valores eu represento.

~

O silêncio interior funciona como uma lupa,
como um espelho, como um amplificador das vozes que
visitam você na forma de pensamentos e emoções.

~

O objetivo não é permanecer sempre em silêncio, mas usar o silêncio como uma ferramenta para se ouvir e, consequentemente, se compreender. Quando você domina a arte de manter o silêncio interior de forma intencional, domina a arte de escutar a si mesmo. E quando você domina a arte de escutar a si mesmo, passa a se sentir ainda mais em casa. Porque você para de tentar entender a si mesmo, seus pensamentos ou seus sentimentos ao compartilhar essas coisas com outras pessoas. Você se escuta. Praticar o silêncio interior significa que, em vez de imediatamente trazer seus pensamentos e emoções à tona e transmiti-los para os outros, você pratica escutá-los por conta própria.

Assim como nem todo mundo que escuta presta atenção, nem sempre você está realmente atento ao que ouve no seu interior. Às vezes, por mais que saiba que uma decisão é errada, você escolhe não escutar a si mesmo. Também há momentos em que você escuta vozes interiores que o desanimam. De toda forma, a resposta não é sempre ignorar as vozes negativas e ouvir as positivas. A resposta é prestar atenção nas duas e lembrar que elas não passam de vozes. É você quem decide acreditar nelas ou não, seguir o que elas mandam ou não.

Pense na diferença entre colocar um programa para passar na televisão ou no celular para ouvir um barulho em comparação a se sentar diante da televisão e prestar atenção de verdade. Você captaria as informações sendo transmitidas da mesma forma em ambas as situações?

Na próxima vez em que você assistir ou ouvir a qualquer coisa nos seus aparelhos, note a limpidez do áudio. A voz da pessoa que você deveria escutar costuma ser audível, amplificada e cristalina. Ela não é acompanhada de músicas ou barulhos altos e distrativos. O mesmo acontece com qualquer voz que vem do seu interior. Se você não prestar atenção e tentar ouvir de forma intencional, as informações não vão ser captadas. Se você prestar atenção, vai captá-las.

Com frequência, quando nos concentramos na voz, percebemos que ela vem do ego, confirmando a falsa história que aprendemos sobre nós mesmos quando éramos pequenos. E essa é uma voz difícil de ouvir. As pessoas costumam me perguntar: *Mas como eu diferencio meu ego da minha versão autêntica?* O ego é a voz que parece um disco arranhado, sempre tentando chegar a conclusões sobre você e o mundo ao seu redor. Ele o limita a rótulos. Está sempre tentando impedir você de fazer alguma coisa, lhe assustando com resultados negativos em potencial ou insistindo para que faça algo a fim de alcançar um resultado ao qual você associa seu valor próprio.

A sua versão autêntica, por outro lado, não chega a conclusões precipitadas sobre você ou o mundo. A sua versão autêntica observa seus pensamentos e os gerencia. O ego faz com que você esteja sempre pronto para reagir, porque traz uma sensação de ameaça iminente. Quando a minha sobrinha de quatro anos faz pirraça porque sua irmã pegou um pedaço da sua comida ou alguém interrompeu sua soneca, seria fácil para mim ter uma reação exagerada e trazer o foco da situação para mim. Mas não faço isso. Também não vou embora. Eu me agacho para ficar na altura dela, lhe dou um abraço enquanto ela chora e digo que está tudo bem se sentir daquele jeito. Lido com o meu ego da mesma maneira.

Minha versão autêntica trata o ego como uma criancinha fazendo pirraça, o que representa a minha versão infantil formando uma história sobre mim mesma, e fico observando tudo. Eu digo a mim mesma: *Eu não sou o meu ego. Estou ciente dele. Posso escolher acreditar no que ele me diz sobre mim mesma. E posso escolher dizer que entendo por que ele acredita em certas coisas e aonde quer me levar, mas que não vou junto.* Ao fazer isso, sei que me elevei para a sensação de estar em casa, que às vezes é chamada de eu superior. A sua versão que se sente em casa não é assim porque ignora o ego, mas porque o escuta.

Quando você escuta o ego, remove o poder dele. Você o desarma. Fizemos isso na Sala da rendição. Ao tirar um tempo para abrir sua porta interior para o sofrimento que causa o caos ao ficar batendo cada vez mais alto, em vez de dar poder a essa voz e deixar que ela o controle, você se torna consciente dela. E assume o controle da situação.

A voz mais poderosa que podemos ouvir dentro de nós é a nossa. A voz que vem da nossa versão autêntica. Se ela passar tempo demais sendo ignorada, abafada por outras vozes, paramos de reconhecê-la. Essas vozes incluem o ego, a opinião das pessoas ao nosso redor, construções sociais, e assim por diante. Quando você abafa sua voz autêntica ao escutar as vozes do mundo, pode acabar cometendo o erro de acreditar que essas outras são a sua voz autêntica. É como escutar a mesma música sem parar e decorá-la ao ponto de que você nem precisa mais pensar nas palavras e na melodia. Elas saem automaticamente da sua boca.

Por exemplo, passei por uma fase em que acreditei que meus lábios eram finos demais. Era isso que eu via sempre que me olhava no espelho. Por muito tempo, não questionei de onde essa crença havia saído — só acreditava que ela era verdade. Mas, quando dediquei um tempo para compreender por que eu achava aquilo, logo ficou evidente que a cultura atual define lábios grandes e carnudos como lindos. E afirma que lábios pequenos e finos não são bonitos. Mas isso é verdade? E é verdade para todo mundo? Por que as duas opções não podem ser bonitas? Quando sentei em silêncio e prestei atenção nas vozes interiores, consegui encontrar sua origem. Foi só então que consegui responder a essas vozes e me lembrar de que posso escolher como falo comigo mesma e no que acredito sobre mim.

Tenho certeza de que, assim que falei de lábios, você pensou em algum traço físico que lhe traz insegurança. Dê a si mesmo permissão para questionar de onde saiu a voz que deixa você inseguro e escolha parar de ouvi-la. Escute sua voz autêntica. Fale consigo mesmo de um jeito que demonstre o amor-próprio que você sabe que merece.

E se você fosse escrever a própria canção? A própria letra? Você a cantaria vezes suficientes para decorá-la e deixar que saísse automaticamente da sua boca?

Se você tiver uma personalidade empata como eu, é provável que tenha dominado a arte de escutar os outros há muito tempo. Você sabe que ouvir alguém com empatia exige escutar com o objetivo de compreender, não de responder, comparar ou menosprezar. É preciso ouvir com a intenção de sentir a dor da pessoa com ela. Ao construir um lar dentro de si mesmo, e ao viver dentro dele, é preciso dominar a arte de se escutar desse mesmo jeito.

E lembre-se de que não escutamos a nós mesmos para descobrir uma resposta imediata para uma dúvida ou uma solução para um problema. O objetivo é ser *intencional* ao ouvir a si mesmo. O objetivo é dizer: *Eu entendo você. Eu vejo você. Eu escuto você.* Isso é difícil. É desafiador.

Não esqueça: *Praticar a arte de escutar a si mesmo começa com a sua intenção de fazer isso.* Observe a sua reação interior. Quais são os primeiros pensamentos que surgem? Quais são os pensamentos que aparecem de forma consistente?

Pelo restante do capítulo, vou oferecer alguns exemplos de como escutei a mim mesma enquanto caminhava até o meu lar, para mostrar como você também pode fazer isso.

Na Introdução, "O caminho para casa", após o término da minha relação com Noah, escrevi:

— Não entendo por que isso sempre acontece comigo... dói tanto... meu coração está doendo de verdade. Preciso tirar um tempo de folga. Não consigo me concentrar no trabalho que combinamos.
(...) Meu ser inteiro estava imerso naquela dor e ela era maior do que a situação com Noah. Não demorou muito para ela extrapolar em sensações desmedidas de abandono, indiferença e inutilidade. Foi muito esquisito. Eu disse para mim mesma: *Por que as pessoas nunca se incomodam de eu não fazer parte da vida delas?*
Eu fazia questão de me autodepreciar. Ficava me perguntando: *Quem você pensa que é?* Eu achava que já tinha feito o trabalho interno necessário para mudar a resposta de *Sou ninguém* para *Sou*

Najwa Zebian. Como a resposta agora poderia ter voltado para *Sou alguém que não merece amor?*

Você notou o momento de consciência? Captei a voz dentro de mim. Captei meu ego, que queria me dizer que eu não merecia ser amada. O ato de prestar atenção naquela voz bastou para que eu a detectasse, mas não para que acreditasse nela.

Momentos antes de eu subir no palco pela primeira vez para dar minha palestra no TEDx, respirei fundo e falei para mim mesma: *Esqueça o roteiro. Diga o que seu coração precisa dizer.*

Se eu não tivesse escutado essa voz, este livro não existiria.

No Capítulo 1, A construção dos alicerces, descrevi o processo de conhecer sua versão autêntica ao escutar a si mesmo.

Âncora nº 1: Fique ciente da sua versão autêntica.

PRIMEIRO PASSO: Sente-se em algum lugar, sozinho, em silêncio.

SEGUNDO PASSO: Escute a sua voz interior. É provável que ela não seja sua voz, mas seu ego, o senso de si mesmo que começou a ser formado nas suas primeiras experiências de vida. Também é provável que ela seja a voz de outras pessoas e daquilo que dizem sobre você. Depois que você estiver ciente disso, imagine que está afastando essas vozes, porque elas não lhe definem. Você se define.

TERCEIRO PASSO: Diga a si mesmo: *Minha versão autêntica não é essa voz. Minha versão autêntica escuta essa voz. Minha versão autêntica transcende o tempo e o espaço. Minha versão autêntica não depende dos rótulos nem das definições aos quais me apego. Ela não depende do meu ambiente, de pessoas nem de coisas.*

QUARTO PASSO: Afirme: *Minha versão autêntica é merecedora da minha aceitação*. No processo de trazer sua versão autêntica à tona, você automaticamente incorpora autoconhecimento, que é um pré-requisito da autoaceitação.

No Capítulo 2, a Sala do amor-próprio, falei sobre ser o "presidente de VOCÊ". Uma das estratégias que descrevi foi a meditação. Reconheci os motivos pelos quais eu achava que a meditação não daria certo para mim, sendo um deles o fato de que eu me sentia aliviada quando as sessões acabavam. Mas o problema era que as minhas expectativas para a meditação estavam erradas. Eu esperava encontrar alívio. Mas o objetivo verdadeiro era compreensão. O alívio vem depois da compreensão. E a compreensão só é alcançada quando escutamos a nós mesmos.

Então como eu medito? Apenas sento em silêncio. Comece com cinco minutos. Tire todos os aparelhos eletrônicos e outras distrações de perto. E escute a si mesmo. Escute aquilo que sua mente fala. Você pode receber uma onda de pensamentos negativos no começo, o que é ótimo! Porque agora você está realmente ciente do que a sua mente quer dizer. Só quando alcançamos essa consciência somos capazes de aceitar o pensamento e a emoção que ela carrega — e então tomar uma decisão. Por exemplo, você acabou de começar a meditar, e o primeiro pensamento que surge é de uma pessoa com quem teve uma desavença, e você entra em desespero e pânico com a necessidade de tomar uma atitude. Há duas opções nesse caso. Você pode seguir essa linha de raciocínio e esse sentimento, e concluir *Nunca vou encontrar amor* ou *Não mereço ser amado*. Ou pode dizer para a linha de raciocínio e o sentimento: *Estou vendo vocês. Aceito que penso e me sinto assim. E entendo que vocês vieram da minha mente. Mas vocês não me definem. Vocês não são bem-vindos como residentes permanentes no meu lar. Vocês estão aqui porque a minha mente os trouxe, porque meu coração os trouxe, mas não me definem. E escolho não segui-los.*

No Capítulo 3, a Sala do perdão, falei sobre cortar as amarras que o prendem ao seu sofrimento. Nesse caso, o silêncio é fundamental, porque une você a si mesmo. Você vai contra tudo que o prende. Se você tentar se soltar sem estar em silêncio, sua energia não se concentra completamente no ato de se libertar dessas correntes. Ela não se concentra completamente em recuperar todo aquele poder. Este pode parecer um exemplo bobo, mas sabe quando você está dirigindo e tentando encontrar o caminho certo, e desliga o rádio ou pede para os passageiros no carro falarem baixo para você conseguir se concentrar? Não são os sons que dificultam sua direção — mas o fato de que eles sugam a energia que você quer dedicar a entender o caminho certo. A mesma coisa acontece aqui. Não é o barulho que dificulta sua tarefa, mas o fato de que ele diminui sua energia — energia que precisa ser aplicada à tarefa atual: seu processo de cura.

Os passos a seguir ajudarão você a se concentrar no silêncio interior:

PRIMEIRO PASSO: Sente-se em silêncio.

SEGUNDO PASSO: Feche os olhos ou se concentre em um objeto.

TERCEIRO PASSO: Imagine a pessoa que magoou você. Pense em toda a força que você lhe dá, representada pelos cordões que amarram você (o fantoche) a ela. Cada corda representa algo de que você não consegue se desapegar quando se trata dessa dor ou dessa pessoa.

QUARTO PASSO: Imagine que você pega uma tesoura. Ela vem direto dos alicerces da sua casa. Uma lâmina é a autoaceitação, e a outra é o autoconhecimento. Leve a tesoura a cada um dos cordões e diga *Eu aceito e liberto você. Você não tem força alguma sobre mim.*

QUINTO PASSO: Sempre que cortar uma amarra, imagine a força dele fluindo de volta para você. Para o seu coração. Para o seu lar.

Essa atividade é como dizer: *Estou desfazendo seu poder sobre mim. O poder que eu achava que era seu agora é meu.*

No Capítulo 4, a Sala da compaixão, falei sobre como escolhi o silêncio quando passava por um momento difícil:

> Apesar de querer muito conversar com alguém sobre o que eu estava passando enquanto me afastava da mulher que eu acreditava que devia ser, meu instinto inicial foi dizer a mim mesma: *Ninguém vai entender. Então é melhor eu ficar quieta. Vão me perguntar por que não falei nada antes. Mas, antes, eu acabaria ouvindo algum comentário que me levaria a me questionar... como eu não percebi o que estava acontecendo?*

Esse "instinto inicial" ao qual me referi era o meu ego. Era a minha história do *Por que eu não posso ter aquilo?* Era a voz que me impedia de me abrir e erguer minha voz, porque me mostrava a conclusão de tudo antes mesmo de eu começar. Sem reconhecer o que me impedia de buscar o apoio necessário entre as pessoas próximas a mim, eu não teria chegado ao ponto de conseguir diferenciar o me abrir em geral do me abrir para as pessoas certas — as que mereciam ouvir minha história. Eu nunca teria aprendido que, em vez de me isolar e me esconder, eu só precisava impor limites ao redor do meu lar.

No Capítulo 5, a Sala da clareza, falei sobre como não ouvi meus instintos quando eles me disseram para fugir.

> Se algo não parece certo de um jeito que você não consegue explicar, provavelmente não está certo mesmo. Seu corpo avisa que há algo errado. Quero que você escute seus instintos. A questão não é segui-los ou não. A questão é não ignorar o fato de que eles estão tentando dizer alguma coisa. Para saber o que eles querem dizer, você precisa se voltar para dentro.
>
> Durante minha situação com Noah, sempre senti que havia algo errado. Simplesmente não dei a devida atenção aos meus

instintos. Torci para que eles estivessem errados. Confundi os altos e baixos da minha confusão com gostar dele.

Se eu tivesse escutado meus instintos, que me diziam *Isso não é certo. Isso não parece certo, muito menos saudável*, eu teria me poupado de muito sofrimento.

O instinto a que me refiro é minha lógica. Minha percepção de que o comportamento de Noah era inconsistente. Não era apenas uma sensação. Não era o meu ego. Era a minha lógica que dizia *Algo aí não faz sentido.*

No Capítulo 6, a Sala da rendição, falei sobre se permitir sentir a emoção que bate à sua porta.

Renda-se... renda-se a si mesmo. Ao que realmente está acontecendo dentro de você. Abandone a máscara, as desculpas, a resistência, a necessidade de parecer que você está indo bem segundo quaisquer padrões ao seu redor. Da sua família, da sua comunidade, do mundo, das redes sociais, e assim por diante. É por isso que as ferramentas desta sala se chamam submissões, não significando fraqueza, mas o oposto da resistência.

Simplesmente se entregue. Não apenas *escute* sua voz interior. *Escute* de verdade a si mesmo. Escute seu coração. Escute sua alma. E...

Escute sua dor.

Escute a si mesmo.

No Capítulo 7, O Jardim dos Sonhos, falei sobre escutar a si mesmo.

Quando você começa a se conectar consigo mesmo, pensamentos começam a surgir. Aqui vão alguns passos para guiá-lo enquanto você pratica essa escuta:

1. Sente-se em silêncio.

2. Comece a notar a variedade de pensamentos/emoções/vozes que surgem.

3. Ao identificar cada um deles, pergunte a si mesmo:

   a. O que esse pensamento/emoção/voz me diz?

   b. De onde surgiu esse pensamento/emoção/voz? (Opiniões das outras pessoas, seu ego, construções sociais, entre outros.)

   c. Esse pensamento/emoção/voz é verdadeiro? (A resposta sempre deve vir da sua versão autêntica.)

      i. Se for verdadeiro, eu me sinto bem com isso? Se não me sinto bem com isso, o que posso fazer para mudar?

      ii. Se não for verdadeiro, vou deixar minha voz autêntica respondê-lo.

Escutar a mim mesma e identificar as minhas vozes interiores fez com que elas deixassem de ser crenças inflexíveis sobre mim e se transformassem em luzes-guia que me levaram ao autoconhecimento. Isso me ajudou muito a me curar. Peço que você, ao reler este livro, observe como usar esse processo de escuta pra mudar de verdade a sua compreensão sobre si mesmo e o mundo ao seu redor.

NOVE

A adaptação à sua
nova realidade

~

Você conseguiu.
  Você construiu o próprio lar.
  Ou talvez ele ainda esteja em construção. E não tem problema.
  Independentemente do ponto em que você estiver na sua jornada para se curar e voltar para si mesmo, esta é uma fase especial da construção do seu lar. Isso não é lindo? Você está no controle do seu processo de cura. Você decidiu o que é certo para o seu caso, sem que ninguém lhe diga o que deve fazer. Lembre-se, antes de decidir qual caminho tomar, que é preciso entender onde você está. Não dá para pular etapas. Quanto mais rápido você aceitar isso, mais eficaz será sua jornada até a cura.
  Talvez você tenha precisado começar seu lar do zero. Talvez você tenha precisado abrir a estrada até ela com alguns obstáculos no caminho. Talvez seus alicerces ainda estejam sendo construídos. Talvez você tenha erguido um lar, e agora seja o momento de se mudar para ele. Talvez você estivesse vivendo no lar de outra pessoa, e agora seja o momento de ir embora. Talvez você tenha passado um tempo sem abrigo e está se adaptando a viver em um lar. E talvez você já tivesse um lar no seu interior e tenha percebido que ele precisava de reformas. Talvez você tenha decidido mudar os móveis de lugar para mudar sua perspectiva. Há uma variedade infinita de possibilidades.

Não importa em que fase você se encontra, o processo de cura indica que você está sob construção. A sensação de estar em casa está sob construção. Não se recrimine por achar que o seu ritmo deveria ser diferente. É difícil se curar. Isso exige tempo. Exige mudanças reais.

Mas sabe o que nunca vai mudar? O fato de que você deu o primeiro passo para construir seu lar. O fato de que você dedicou tempo para refletir sobre como se sentiu desamparado por tantos anos. O fato de você ter se conscientizado de tudo que impede a construção do seu lar interior.

Você já conquistou a parte mais difícil. Então continue construindo. Continue melhorando.

Sim, talvez você precise pedir ajuda enquanto constrói esse lar, mas lembre-se de recepcionar apenas aqueles que entram com compaixão na sua casa. Não peça pela ajuda das pessoas em cujas portas você bateu desesperadamente para ser recebido. Chegou a hora de você bater à sua porta e recepcionar a si mesmo.

Enquanto sua casa estiver em construção, você passará por muitas mudanças. Como uma lagarta que se transforma em borboleta, você transforma tudo que já existe em uma linda obra-prima; e essa obra-prima é você. É você por completo. É você se sentindo em casa.

Você sempre foi uma obra-prima.
A diferença agora
é que as suas peças
descobriram que é mais bonito ficarem
juntas
do que espalhadas.
A diferença agora
é que você
é o mestre
das suas peças.

E preste atenção nisto: saiba que as pessoas do seu passado podem bater à sua porta e perguntar onde está a sua versão antiga, a versão que elas conhecem. Quando isso acontecer, diga:

Ela não mora mais aqui (mude os pronomes conforme preferir). A minha versão antiga ficou para trás... em algum lugar bem longe, que nunca mais vou visitar. A minha versão nova deixou partes da antiga em todas as pessoas nas quais ela construiu um lar. Em todas as identidades que ela usava para se definir. Ela deixou sua versão antiga em cada lugar que não lhe deu valor. Em cada lugar que a fez sentir que ser ela mesma era demais ou um inconveniente.

E se essas pessoas fizerem qualquer comentário insinuando que você deve uma explicação a elas, responda assim:

Eu já lamentei a perda da minha versão antiga. Eu a honro. Eu honro tudo que ela me ensinou sobre a minha versão atual. Sobre a minha versão futura. Sobre o meu valor. Sobre o meu ser. Sobre o que eu mereço. Você pode lamentar a perda dela também, do seu jeito. Eu honro todas as partes que ela deixou nos outros, pensando que estava construindo um lar neles. Foi difícil aprender sozinha a lamentar a perda da minha versão passada. Não tenho obrigação de ajudar ninguém a superar a própria perda, nem de explicar ou justificar minha mudança, meu crescimento e minha transformação para ninguém.

Uma borboleta explica
para as flores
ou para as árvores
ou para o céu
por que saiu do casulo?
Você não vê

como minhas asas são lindas?
Não vou reverter meu crescimento
para me encolher em uma versão menor de mim
e me encaixar no casulo
que quebrei ao escapar.

E se eu bati à sua porta durante esses momentos e você não abriu, sei que nunca baterei nela de novo. Vou bater à minha porta agora. Talvez eu o encontre de vez em quando. Talvez eu convide você para uma visita, mas você entrará com compaixão. E eu posso decidir nunca mais o convidar. Isso é um direito meu.

Quando você concluir a construção da sua casa, é hora de se adaptar à nova realidade. Mesmo se você continuar sob construção. Você não é mais um nômade. Você parou de espalhar pedaços seus em outras pessoas, lugares ou ideias apenas para se encaixar. O seu lar garante que você se sinta em casa aonde quer que vá. Não importa onde você estiver no mundo nem quem estiver ao seu redor, você não se sentirá isolado. Nós só nos sentimos assim quando não somos aceitos. Agora que você aceita a si mesmo, sempre vai se encaixar. Você se encaixa na sua vida. Isso não é magnífico?

Não importa aonde você for nem com quem estiver, você carregará seu lar dentro de si. Você não busca um lugar para ficar. Você não estica suas raízes em qualquer direção de onde sinta a sensação de lar, porque a sua casa já está aqui — dentro de você. A busca acabou. Você está aqui.

Caminhando pelos corredores do seu lar, indo de cômodo em cômodo, você sentirá o cheiro da serenidade. Você está em um lugar tranquilo. Em um estado de calma. Em um estado de paz. Porque, mesmo enquanto lida com as situações mais difíceis da sua vida, você compreende que a verdade está no seu interior. Não em qualquer outro lugar. Não dentro de outra pessoa. Você entende que não é definido pelas suas circunstâncias — você se define. Você está completamente ciente de que a sua responsabilidade é fazer o possível e desapegar das coisas que estão fora do seu controle.

E lembre-se que construir o próprio lar não significa que o trabalho acabou. Assim como você precisa manter seu espaço físico limpo, arrumado e organizado, o mesmo vale para o seu lar. Assim como você precisa consertar coisas que quebram de vez em quando, reorganizar um espaço, redecorar um cômodo ou pintar uma parede com uma cor diferente, o mesmo vale para o seu lar. Assim como você precisa reformar sua casa às vezes, o mesmo vale para o seu lar. Você pode mudar o propósito de uma sala ou acrescentar uma nova, de acordo com as suas necessidades.

Este é o seu lar. Cuidar dele é cuidar de si mesmo. Mantê-lo é manter a si mesmo. Honrá-lo é honrar a si mesmo. Seu lar é a sua principal prioridade. Você é a sua principal prioridade.

Problemas podem surgir. Em alguns dias, você pode sentir como se tivesse abandonado a si mesmo. Você pode se deparar com o obstáculo de não ter passado tempo suficiente no seu lar. Talvez você se depare até com o obstáculo de encontrar conforto no lar de outra pessoa. E não tem problema. Todo mundo acaba se comportando de um jeito que nos faz pensar que traímos a nós mesmos. E isso acontece por causa dos padrões que foram entranhados em nós. Não se recrimine. Passar um dia sem se sentir em casa consigo mesmo não significa que você perdeu seu lar. Só significa que você precisa voltar para si mesmo. Mas como você já passou pelo grande Bem-vindo ao Lar — você dedicou muito tempo para construir esse lar —, voltar para casa será mais fácil, porque você sabe qual caminho leva a ela. Você sabe por onde seguir, e já construiu alicerces firmes para esse lar.

Quero mostrar a você um momento de lar. Venha comigo.

Você já olhou para algo que tinha visto antes e notou alguma coisa completamente nova? Ou assistiu pela segunda vez a um filme e percebeu que agora consegue *entender* de verdade uma cena? Por que ela o afetou de um jeito diferente? Um dia, me peguei folheando todos os diários que preenchi ao longo dos anos. Passando as páginas, era nítido o sofrimento entremeado às minhas palavras. Eu sempre via aquela dor. Mas, desta vez, não foi isso que se destacou. Desta vez, vi além da dor. Vi a busca. A busca por alguma coisa. A atração por algo que passei tantos anos mascarando como a vontade de me comportar de certa forma, de falar de certa forma, de reagir de certa forma, de... ser de certa forma.

Mas a busca. A busca. Pelo que eu buscava?

Agora, sei que eu buscava por um lar. Mas o que faltava para encontrá-lo?

Li mais e mais. E mais... a resposta surgiu de repente, rápido, devagar e tranquila, tudo ao mesmo tempo.

O que faltava?

E um sussurro no meu coração disse: *Lar* é você.

Lar *é* você.

Não quem a sua mente diz que você precisa ser, ou quem a sua mente diz que você não é. Não seus sofrimentos passados e a pessoa em quem você foi transformada, ou a pessoa que fizeram você acreditar que você deveria ser. Essa não é a sua identidade. Isso não é um lar. Lar é você, agora — sem isso tudo. Porque, quando você se prende a essas coisas, constrói um lar no passado ou no futuro.

Imagine a si mesmo como um oceano. Lar é o lugar profundo que não é abalado por nada que acontece na superfície. É a sua versão interior, autêntica. Não a versão superficial que é afetada por qualquer situação atual, passada ou futura. A sua versão autêntica está sempre aí, e é sempre você. E ela não tem rótulos — alguém que passou por algo, ou alguém que está prestes a passar por algo, ou alguém que é um rótulo —, é apenas você.

Nunca me senti tão humilde quanto quando finalmente compreendi isso. Eu me senti humilde, livre e empoderada. Foi algo que me permitiu aceitar de verdade minha versão interior. Não Najwa, não a escritora, não a palestrante, não a mulher que escreve livros. Não a Najwa que tem certo rosto ou certo corpo ou certa idade. Não a Najwa que é vista como corajosa por muitos e como covarde por outros. Não a Najwa que busca um lar. E, ao mesmo tempo, não a Najwa que carregou seu lar na mochila, não a Najwa que foi decepcionada, ou dispensada, ou magoada... Eu não era ela. Eu era... apenas eu... agora. E senti que, sim, era óbvio que eu sabia que era completa, mas agora me *sinto* completa. E o mais estranho é que me sinto completa com muito menos do que eu tinha antes, e com muito menos do que eu achava que precisava para me sentir completa.

Eu sou o terreno onde meu lar foi erguido.
Eu sou o meu lar.
E lar sou eu.
E para você, eu digo:
Você é o terreno onde seu lar precisa ser erguido.
Você é o seu lar.
Lar é você.
Está se sentindo leve agora? Está se sentindo livre?
O peso de tudo que você carregava era tão pesado, não era?
Fazia tempo que você não conseguia respirar esse ar fresco, não fazia?
Fazia um tempo que você não conseguia se sentir em contato
com a sua essência real, não fazia?
Isso acabou agora.
Você voltou para si mesmo
Bem-vindo ao lar.

ANEXO: QUAIS CÔMODO(S) VOCÊ ACRESCENTARIA?

~

Sua jornada rumo à cura é única. Seu caminho de volta para si mesmo é construído por você — a distância que precisou percorrer, os obstáculos específicos que teve que reconhecer e superar. A construção do seu lar reflete o quanto você é especial.

Sua casa não será idêntica à de todo mundo, porque você é o construtor. Você é o arquiteto. Você é o decorador. Você é quem escolhe onde tudo fica.

Há algum cômodo adicional que você queira acrescentar ao seu lar?

~

Para cada sala que você decidir acrescentar:

Como você vai chamar esse espaço?

Qual é o objetivo dessa sala?

Quando você entra nessa sala?

Por exemplo:

Quando eu estiver me sentindo...

Quando eu pensar...

Como você acha que vai se sentir ao sair dessa sala?

Por exemplo:

Você se sente menos confuso/mais focado ao sair da Sala da clareza.

Você se sente menos resiste/mais aberto para sentir emoções ao sair da Sala da rendição.

Sobre quais pilares ela vai se apoiar? Lembre-se de que os pilares são regras ou requisitos que dão apoio à sala. Você pode decidir não chamá-los de pilares, assim como preferi usar o termo lanternas no Jardim dos Sonhos (Capítulo 7). Seja criativo!

Como seriam os móveis (estratégias e ferramentas) dessa sala? Lembre-se de que a mobília é composta por estratégias que servem para cumprir o objetivo da sala.

Que nome você daria para os móveis?

Por exemplo, as estratégias da Sala do perdão eram tomadas; na Sala da clareza, eram espelhos; na Sala da rendição, submissões.

Você pode escolher qualquer palavra que se adapte às suas necessidades. Novamente, seja criativo. Este é o SEU lar. Preencha-o e decore-o como quiser!

Se eu pudesse acrescentar um cômodo, seria a Sala da escrita. E seu propósito seria funcionar como um espaço seguro para eu colocar todos os meus pensamentos e sentimentos no papel.

Haveria apenas um pilar: *Escreva as coisas como elas são.*

Incluo alguns desses textos aqui. Você pode escolher pendurar alguns deles como telas na parede dos corredores da sua casa. Também incluo, quando possível, sugestões sobre onde colocá-los.

SEIS QUADRADOS, UM MOMENTO
15 de junho de 2017

Imagine o seguinte:

Estou parada dentro dos limites de um quadrado feito com fita adesiva no chão. Ao meu lado, dentro do meu quadrado, estão educadores de várias escolas. No quadrado na minha frente, estudantes de outra escola. No quadrado ao lado, estudantes de outra escola. E assim por diante. Seis quadrados. Seis grupos diferentes. Sou a única mulher com a cabeça coberta em todos os seis grupos.

O objetivo é compartilhar a ideia de que temos mais em comum do que percebemos. Devemos ir para a frente dos quadrados quando certas descrições se aplicarem a nós. Por exemplo, pessoas que gostam de abacaxi na pizza.

Algumas descrições passam.

Agora vem: *Se você se identifica como parte da comunidade* LGBTQIA+, *venha à frente.* Alguns alunos e professores vão para a frente dos quadrados.

E então vem: *...e aqueles que são aliados.* Começo a andar para a frente e observo algo: os sete alunos comigo, que se identificam como muçulmanos, estão todos andando para a frente. Cada um deles. Fico tão orgulhosa.

Talvez você ache que estou escrevendo sobre esse momento. Não estou.

Quando voltamos para os nossos quadrados, uma garota do quadrado oposto olha para mim. Ao captar meu olhar, ela abre um sorriso, que parece ser o maior que já vi. Eu sorri e afastei o olhar, e então me dei conta de que aquilo era algo mais complexo. Olhei de volta. Ela sorriu para mim de novo. Era como se ela tivesse entendido algo. Vi a mudança nos olhos dessa aluna. Aquele momento carinhoso me lembrou do poder do aprendizado através de ações, não apenas de palavras. Por algum motivo, aquela aluna nitidamente havia sido afetada de forma positiva pela minha decisão de andar para a frente como uma aliada, quando muçulmanos costumam ser retratados como inimigos ou críticos da comunidade LGBTQIA+. Eu vi um muro, uma barreira à compreensão, se desmantelar diante dos meus olhos.

No caminho para casa, falei para mim mesma que aquilo não devia ter sido tão impactante assim. Talvez eu estivesse exagerando. Mas a força daquele momento ficou comigo até eu começar a escrever isto.

Que nós sempre estejamos abertos a destruir essas barreiras e a construir pontes.

VIDAS NEGRAS IMPORTAM
2015

Tire minha pele
e algumas camadas.
Arranque minha carne
e a triture em pedacinhos.
Você não irá encontrar
um coração igual ao seu?
Você não irá encontrar
sangue correndo pelas minhas veias
igual ao seu?
Você não irá encontrar pulmões
lutando para puxar o ar
iguais aos seus?
Diga-me, eu nasci com um órgão chamado
violência?
A cor da pele com que eu nasci
me marca como um perigo?
O que dá à você o direito
de remover minha humanidade?
O que dá a você o direito
de tirar a vida
que você não me deu?
A cor da sua pele faz com que
você mereça mais a vida
do que eu?
Não, senhor.
Cuide da sua vida e
deixe que eu cuido da minha.
Só quero que meu coração dispare no peito
por amor,
não por medo da sua pistola.

VOCÊ NUNCA VOLTARÁ A SER A PESSOA QUE ERA
3 de janeiro de 2018

Você nunca voltará a ser a pessoa que era. É impossível. Acredite em mim, eu tentei. E, já que estamos nesse assunto, é impossível ser amado, acreditado ou respeitado por todos. Pessoas desconhecidas vão fingir que conhecem você e lhe julgar. Mas não se abale. Isso é um reflexo de quem elas são, não de quem VOCÊ é.

Eu ficava incomodada quando alguém não entendia quem eu era de verdade. Eu sentia a necessidade de me explicar. Mas parei com isso. A cada dia que passa, percebo que a maneira como as pessoas me enxergam está fora do meu controle. E a maneira como eu me enxergo é mais importante. Ninguém tem a minha vida. Então ninguém tem o direito de me dizer qual caminho eu percorri nem como fui arruinada.

Em julho, escrevi um texto sobre abuso. Hoje, chorei ao lê-lo. Não porque senti alguma coisa. Mas porque percebi o quanto me distanciei daquilo. Eu escrevi o seguinte: "É como se alguém removesse a sua alma do corpo aos pouquinhos, com prazer, pisoteando-a, rasgando-a, e dizendo para você fazer a mesma coisa. Então a pessoa enfia os farrapos de volta e diz que você está acabada. Tem algo errado com você. E você é louca por acreditar que alguém tão louca quanto você merece ser ouvida. Você começa a gritar, mas a pessoa finge que não escuta. E diz que ninguém vai escutar também. Você pergunta por que ela fez isso com você, e ela finge que não entendeu. E diz que ninguém vai entender também, então é melhor você ficar quieta. É como confiar em alguém até vocês chegarem no meio do oceano, e então ser jogada na água quando você não sabe nadar. Você começa a se afogar. Em um oceano de ódio e recriminação por si mesma, buscando qualquer bote de sanidade. E sempre que você coloca a cabeça para fora para gritar por ajuda, a pessoa o empurra para dentro da água. Até você se render. E apenas se afoga. Há uma pequena força no seu interior que o leva de volta para a superfície, mas só de vez em quando. Se você tiver sorte. E quando faz isso, você implora para a pessoa lhe ajudar. Mas ela não ajuda. E diz para todo mundo ao redor olhar para o quanto você é inútil. Por que você foi se enfiar no oceano se nem sabe nadar?"

Hoje, saí desse oceano. E não estou mais sem ar. Não imploro mais para qualquer pessoa me ajudar ou me tirar da água. Eu saí sozinha. E não sinto mais a necessidade de fingir que estou bem quando isso é mentira. Estou me curando. E preciso honrar isso. Estou aprendendo a respeitar o que meu corpo diz. O que meu coração diz. E o que minha alma diz. E estou me enxergando como a versão de mim que conheço melhor do que nunca.

VOCÊ NÃO É MEU OPRESSOR
11 de março de 2017

Você não é meu opressor.
Você não é meu comandante.
Se falar a verdade faz de mim uma tirana,
então serei uma tirana.
Se resistir às suas ordens executivas faz de mim uma rebelde,
então quero me revoltar.
Quero desafiar.
Quero dizer NÃO.
Se parar na frente da sua rota me torna uma fora da lei,
então passe por cima de mim,
porque não vou sair do caminho.
E se você construir um muro na minha cara,
vou escalá-lo.
Deixe que ele alcance o sétimo céu,
e vou espatifá-lo.
Tijolo. Por. Tijolo.
E ele. Vai. Desmoronar.
Assim como o seu ego está por um fio,

seu muro é construído sobre areia, que é mais movediça que uma
tempestade.
E se você for me recusar por causa da minha
cor, por causa das minhas
crenças, ou da minha identidade.
Então me recuse.
Mas não ache nem por um segundo que
me afastar limpa a sua barra.
Se você me afastar porque estou buscando paz
e segurança,
então você foi cúmplice da minha morte.
É uma surpresa ver uma mulher como eu falando com você do jeito
como eu falo?
Quero lembrar-lhe que aquilo que cobre a minha cabeça
não cobre a minha boca.
Então não vou permitir que o rótulo a que você me limita
limite a minha voz.
Se a verdade dói,
o problema é seu.
Você pode ignorá-la, mas
não ouse transformá-la em "fatos alternativos"
A voz da justiça permanecerá
mais alta
que a corrupção.
A sua corrupção, senhor, nos transformou em
corruptores.
A sua opressão, senhor,
nos transformou em opressores.
Mas a sua frieza
acendeu o calor da humanidade em nós.
Então... como ser humano, lembro a você
que a força não vem ao ganhar poder e controle.
A força não vem com a construção de muros

ou ao se esconder atrás de muralhas e proibições.
A força vem de ser
humano.
E como mulher, lhe digo:
Tire seus olhos do meu corpo.
Não é aí que está minha beleza.
Pare de me dizer que meu coração me torna fraca.
Meu coração faz o mundo bater.
Pare de me dizer que
"garotos são assim mesmo" e que a culpa é minha
se você não consegue se controlar perto de mim.
Não aceito menos do que
"humanos são humanos".

COMO CULTIVAR A EMPATIA NOS ALUNOS
17 de março de 2017

Em uma reunião com colegas de trabalho para conversar sobre como criar uma cultura de aprendizado positiva na escola, todos enriquecemos a discussão ao compartilhar nossas histórias e experiências. No fim, parecia que todos voltávamos ao mesmo ponto: empatia.

Então comecei a refletir: nós nascemos com empatia? Ou é algo que precisamos desenvolver? E, se nascemos com empatia, o que acontece com o passar dos anos? Como a perdemos? Por que alguns de nós parecem ser naturalmente empáticos, enquanto outros precisam se esforçar para compreender a situação de outra pessoa? Se eu descobrisse a resposta para essas perguntas, poderia avaliar e decifrar qual é o papel dos educadores quando se trata de empatia. Nós a ensinamos do zero? Nós a incentivamos? Nós criamos oportunidades para ela ser compartilhada na sala de aula? O que podemos fazer *de verdade*?

Vamos parar um momento para eu refletir sobre mim mesma. Passei a vida inteira lutando para não ser tão emocionalmente apegada a tudo.

Sim, qualquer coisa causa uma emoção. Em vez de precisar me lembrar de ser empática, aprendi a sempre tomar cuidado para não ser empática *demais*. Foram só nos últimos anos da minha vida que aprendi a gostar dessa minha qualidade. Não aconteceu do dia para a noite. Encontrei muitas reviravoltas pelo caminho, como a que vou descrever a seguir.

Sempre volto a essa lembrança com um dos refugiados sírios com quem tive a honra de trabalhar, sobre a qual escrevi no passado.

Enquanto montamos cubos com as seis emoções universais em todos os seis lados, eu e meus alunos do ensino médio falamos sobre a importância de expressarmos nossa personalidade e nossas emoções. Um dos meus alunos olha para o cubo de um dos colegas e, com um sorriso enorme no rosto, diz:

— Que colorido! Você o mergulhou em uma lata de tinta ou coisa parecida?!

Meu grupo de cerca de dez alunos começou a rir. A voluntária na minha sala se vira para esse aluno e diz:

— Você é tão engraçado!

Eu, nesse momento, só estou traduzindo a conversa.

Ele diz:

— Isso é bom?

— É lógico! Você sempre deixa o clima da sala mais feliz! — respondeu ela.

Ele se vira para mim e diz:

— Eu não era assim, mas, um dia, meu primo me disse: "Quando você morrer, o que vai levar daqui? Não a tristeza. Não o sofrimento. Você só vai levar a felicidade e a bondade que espalhar."

Fiquei tão orgulhosa e surpresa com o nível de maturidade daquele adolescente.

— Então meu primo morreu — continua ele.

Como você reagiria nesse tipo de situação? Faz perguntas? Fica preocupada porque o restante dos alunos está ouvindo a conversa? Muda de assunto? Ignora o que acabou de escutar? O que fazer?

Decidi tirar a armadura que eu vestia e permitir que a minha vulnerabilidade fizesse seu trabalho. Se aquele aluno tinha tocado no assunto, isso significava que ele já confiava em mim. Então, aos poucos, ele foi contando a história, e era nítido que a descrevia em todos os detalhes possíveis. Ficou pior. Eu me segurei para não interrompê-lo muitas e muitas vezes.

Foi difícil escutar aquilo. Foi difícil assimilar tudo. Mas, se era difícil para mim escutar, imagina para ele, que precisou passar por tanta coisa e ainda falar sobre isso?

Esse foi um dos momentos decisivos na minha carreira na educação, porque, quando cheguei em casa, refleti profundamente sobre o meu papel como professora. Eu não podia impedir que o ser humano dentro de mim afetasse a educadora dentro de mim. Meu papel é garantir um ambiente de aprendizado seguro, e, às vezes, isso pode fazer com que eu queira proteger os alunos do sofrimento do mundo. Mas como a dor iria embora se não fosse reconhecida? Talvez o meu papel seja criar um ambiente de aprendizado não apenas seguro, como resiliente. Empoderador. Foi então que eu percebi que o ser humano e a professora dentro de mim são a mesma coisa. Não dá para ser um sem o outro.

Assim, nessa jornada recente para pesquisar se a empatia é algo inato ou se é desenvolvida com o passar dos anos, descobri que ela é *inata*, mas deve ser incentivada com o passar dos anos. O incentivo começa com o reconhecimento da sua existência. O que isso *significa*? Significa que devemos ser mais atentos às maneiras com que nossas crianças naturalmente demonstram empatia, bondade e compaixão. E devemos recompensar essas demonstrações. Uma recompensa pode ser tão simples quanto dizer "Obrigado por sua bondade". Nunca dispense a habilidade natural de alguém de demonstrar empatia, bondade ou compaixão. Com o tempo, esse desmerecimento pode silenciar e entorpecer esse dom com que todos nascemos.

Agora, você pode estar se perguntando por que escolhi intitular este texto como *"cultivar* empatia". É simples. *Cultivar* significa *promover o desenvolvimento* de algo. Em outras palavras, reconhecemos que a empatia já existe dentro de nós. Só precisamos criar as condições certas para ela ser ativa e viva. Quando planejamos nossas aulas, recebemos a orientação de começar pelo que os alunos já sabem. Isso também deveria ser aplicável à forma como educamos o humano em nossos alunos. Precisamos começar pelo que eles já têm, e pelo que sabem sobre o que já têm. É assim que os preparamos para o sucesso. É assim que reforçamos seus pontos fortes e os empoderamos para ter a coragem de ser os humanos que já são. Mais importante, jamais devemos _presumir_ que os alunos sabem como devem agir ou reagir, porque não sabemos como foram condicionados a se comportar em sua vida familiar e social. Quando fazemos presunções, nos tornamos mais propensos a sermos críticos. Ao fazermos críticas, nos tornamos mais propensos a causar consequências negativas para os alunos, quando, de fato, eles não entendem o que está acontecendo. Quando seguimos certo padrão, podemos perder um gesto simples de empatia do aluno. Portanto, precisamos permanecer atentos e fazer questão de reconhecer esses gestos, por mais simples que forem.

Com base nesse conhecimento, você usará a empatia que já existe no seu interior para cultivar e _promover o desenvolvimento_ da empatia nos seus alunos? Vai permitir que o ser humano enriqueça o professor dentro de você?

PARA A MINHA FUTURA FILHA
_2013_

Sempre haverá alguém que dirá que você não é boa o suficiente, bonita o suficiente, ou especial o suficiente.

Sempre haverá alguém que dirá que a sua beleza está limitada ao seu rosto e ao seu corpo.

Sempre haverá alguém que dirá que o seu valor depende de quanta atenção você recebe.

Sempre haverá alguém que dirá que a sua educação é um desperdício.

Mas eu sempre estarei aqui para dizer o seguinte...

A beleza no seu interior não pode ser comparada com a de ninguém.

Você é especial porque, no instante em que chegou a esta vida, trouxe um tipo completamente novo de beleza. Um tipo completamente novo de inocência. Uma capacidade completamente nova de fazer as pessoas amarem. Você define a beleza. A beleza não define você. Para os seus pais, você é o ser humano mais lindo e precioso do mundo. Nunca se esqueça disso. Nunca duvide disso. Conforme você for crescendo, a sociedade vai insistir para que se adapte aos ideais que ela cria. Esses ideais sempre irão mudar, mas você jamais deve mudar a menos que seja para se tornar melhor.

Um rosto bonito pode chamar atenção, mas um coração bonito recebe respeito. Um rosto bonito pode ganhar popularidade, mas uma mente bonita e razoável conquistará a felicidade verdadeira que dura pela vida toda. Seu comportamento pode chamar atenção, mas a bondade vai trazer amor de verdade. É difícil encontrar um amor verdadeiro, mas porque coisas que duram para sempre geralmente são raras. Você é rara, e isso é inquestionável. Nunca permita que alguém a faça duvidar disso. Essas são as pessoas que precisam sair da sua vida.

Feche os olhos e pense naqueles que reconhecem a sua bondade e a sua autenticidade. Olhe para aqueles que cuidam de você. Acredite que, nos dias ruins, sempre haverá alguém no mundo que se sente o mesmo. E a menos que você aprenda a enxergar a si mesma da maneira como é por dentro, sempre será uma prisioneira da opinião dos outros.

Essa prisão é mais torturante do que qualquer outra. Os defeitos reais não são o que você tem por fora, mas os escondidos no seu coração, na sua mente, na sua alma. Tente consertá-los primeiro. Quanto mais você se concentrar no seu interior, mais lindo, confiante e independente o exterior irá se tornar.

Sua educação faz com que você seja uma rainha, porque coroa seu coração com a capacidade de fazer diferença no mundo.

A independência irá protegê-la de todos os poderes que tentem enfraquecê-la ou derrotá-la. Algumas pessoas tentarão lhe convencer de que a independência assusta os outros. Isso é verdade. Ela vai assustar as pessoas erradas e fará com que as certas a respeitem mais, a amem mais e a valorizem mais.

Minha menina, se eu ainda não convenci você de que a sua beleza gira em torno de bondade, generosidade, honestidade, humildade e compreensão... Se eu ainda não convenci você de que a beleza está na alma, no coração e na mente, então pense no rosto da sua mãe. Pense em todas as rugas nele. Pense em todas as histórias por trás delas. Pense em todos os sacrifícios por trás delas. Pense em cada segundo que ela poderia ter escolhido se concentrar em si mesma, mas tomou a decisão consciente e sincera de se concentrar em você e no seu futuro. Ela não é a mulher mais bonita do mundo?

TELAS PARA O SEU LAR

NÃO SE PERCA. Com frequência, encontramos pessoas perdidas. Elas enchem nosso coração com o desejo de ajudá-las a sair da sua escuridão. E isso não é errado. Querer ajudar alguém não é errado. O erro começa quando você fica preso na escuridão delas e se esquece de si mesmo. É preciso manter um equilíbrio. Nunca se perca enquanto tenta ajudar alguém a se encontrar. Se isso acontecer, aprenda com a experiência e siga em frente. Você não é responsável por salvar ninguém. Você pode ajudar, sim. Mas não sacrifique a si mesmo para salvar alguém.

Sugestão de uso: na porta ou dentro da Sala da compaixão.

ENXERGUE A SI MESMO. Não peça para a felicidade vir até você. Na verdade, peça por olhos e por um coração que enxerguem a felicidade que você já tem e que está nas coisas mais simples ao seu redor. Peça por saúde, por simplicidade, por paz de espírito. Peça por menos coisas, porém com mais qualidade. Peça por bondade, por contentamento e convicção nas suas crenças e na sua condição. Peça por motivação para seguir seus sonhos, e por menos fraqueza nas suas emoções, por equilíbrio entre a lógica da sua mente e a razão do seu coração. Mais importante, peça pelo poder de querer melhorar sempre que você tenha a sorte de conseguir respirar com conforto, porque milhões de pessoas por aí respiram apenas porque precisam se esforçar para sobreviver. Você não está apenas sobrevivendo. Então viva. Dê tudo que pode, enquanto pode, e seja feliz.

Sugestão de uso: na porta ou dentro da Sala do amor-próprio.

VÁ EMBORA. Tenha a coragem de ir embora das histórias às quais você não pertence. Não se contente em ser um personagem coadjuvante quando merece ser o principal. As pessoas mudam, e está tudo bem. Mas não mude para se encaixar nos padrões delas. Você pode acabar lentamente se afastando de um enredo, mas isso não significa que você nunca fez parte dos eventos principais. Você pode notar que a sua importância lentamente diminui, mas isso não significa que você nunca foi o foco. Não se arrependa de se esforçar para manter o que teve. Isso é um sinal da sua lealdade. Mas caso você sinta que foi desrespeitado ou desmerecido, não tenha medo de encerrar sua participação na história das pessoas. Vá embora com orgulho, sabendo que se dedicou àquilo que amava. Nunca se contente em apenas existir. O mundo está cheio de histórias. Crie a sua.

Sugestão de uso: na porta ou dentro da Sala da rendição.

CORRA O RISCO. Na vida, algumas decisões são mais importantes do que outras. E algumas exigem riscos maiores do que outras. Mas sempre queremos que alguém nos diga que vamos ficar bem, que vamos chegar a um lugar ótimo, melhor do que aquele em que estamos agora. Mas a questão é que você nunca terá essa garantia, porque não dá para saber o que o futuro reserva. Sim, você pode ter medo de abrir mão do lugar onde está agora porque tem medo de não encontrar um melhor. Mas, se você permanecer parado, pode se arrepender de não ter tentado ir para onde sonhava. Você pode se arrepender de não se mexer. Se o destino ao qual você chegar não cumprir suas expectativas, pelo menos você tentou. Pelo menos se aventurou. Pelo menos terá aprendido novas lições, conhecido novas pessoas e aprendido novas formas de pensar. Não dá para saber aonde nossas tentativas irão nos levar, então, se você está cogitando correr um risco sobre algo importante, vá em frente e tente.

Sugestão de uso: na entrada ou dentro do Jardim dos Sonhos.

APROVE A SI MESMO. Não baseie seu valor próprio naquilo que as pessoas que lhe fizeram mal dizem sobre você. Por que você continua acreditando nelas? Tome cuidado com as vozes que você permite entrar na sua cabeça. A pessoa a quem você confiou seu coração, que o partiu em pedacinhos, não merece nada além do seu perdão. Você não precisa da aprovação de qualquer pessoa para ser você mesmo. E você não precisa do amor de ninguém para se curar. Você é dono de si. Então se defina.

Aprove-se. Dê a si mesmo permissão para ser você. Ame a si mesmo antes de buscar o amor dos outros. E você irá se curar.

Sugestão de uso: na porta ou dentro da Sala do perdão.

PASSE UM TEMPO COM A DOR. Uma das coisas mais difíceis na vida deve ser superar a dor de ter sido maltratado, com ou sem receber um pedido de desculpas. O pedido de desculpas por si só não apaga o sofrimento. E quando você perdoa a pessoa, o perdão não apaga o sofrimento nem cura você no mesmo instante. Não espere que a pessoa que lhe causou sofrimento acorde um dia e perceba que precisa melhorar a situação. Mesmo que ela reconheça a dor que causou, seu sofrimento não irá embora. Ele não será apagado, porque é impossível voltar no tempo. Então pare de dar tanto poder sobre sua cura e a sua capacidade de seguir em frente para as pessoas que lhe magoaram. Com o tempo, você irá perdoá-las. Quando você estiver pronto, vai saber. Mas, por enquanto, é preciso sentir a dor e deixá-la ir embora. Você só manda em si mesmo. Você só pode controlar a si mesmo. Então tome as rédeas da sua dor e transforme-a em força.

Sugestão de uso: na porta ou dentro da Sala do perdão.

Onde você colocaria os próximos textos?

CONTROLE-SE. Quando você fica remoendo coisas que não pode mudar, essas coisas passam a lhe controlar. Então, em vez de dizer *Essa pessoa está mentindo para mim — quero que ela fale a verdade,* ou *Essa pessoa diz que gosta de mim, mas não gosta — quero que ela goste de mim,* ou *Essa pessoa não foi sincera comigo — quero que ela seja sincera,* diga: *A única coisa que eu posso fazer é ser sincera com ela, é falar a verdade para ela, é gostar dela.*

Em vez de se concentrar em mudar o outro, prefira se tornar uma pessoa melhor. E quando chegar o dia em que as pessoas certas chegarem na sua vida, você ficará tão grato por ter dedicado seu tempo a se tornar uma pessoa melhor, em vez de tentar melhorar outras pessoas sob as quais você não tem controle.

PARE DE SE COMPARAR. Pare de comparar a sua vida com a dos outros. Se alguém tem algo que você queira, vá atrás disso e conquiste-o, mas não deixe que o seu foco seja ser melhor do que essa pessoa. Pior ainda, não deixe que seu foco seja *ser* essa pessoa. Não permita que o lar que você está construindo no seu interior seja um lugar que não lembre você: imitando catálogos e revistas que mostram casas que você deseja. Não deixe que a felicidade se afaste demais de quem você é. Ela está disponível agora, assim como você.

A liberdade verdadeira não é fingir que você não se importa com as coisas quando se importa. Pare de basear seu processo de cura na opinião dos outros. Baseie o seu processo de cura na sua cura de verdade.

Quais telas você acrescentaria? E onde as penduraria no seu lar?

AGRADECIMENTOS

~

Esta jornada não seria possível sem as pessoas a seguir, que seguraram minha mão e iluminaram o caminho até o *Bem-vindo ao lar*.

Obrigada:

À minha mãe, por me ensinar a ser boa.

Ao meu pai, por me ensinar a ser íntegra.

Aos meus irmãos, por me carregarem em seus ombros.

Ao meu parceiro de vida e de amor, por sempre correr atrás do sol ao meu lado.

A Katie, pelo seu comprometimento, lealdade, defesa e carinho.

A Marc, por acreditar em mim e na minha escrita desde o começo. E por incentivar o pedacinho de Kanye dentro de mim.

A Tess, por sua bondade e dedicação inabalável em me defender.

A Marc e Tess, por me escutarem falar sobre uma ideia que eu tinha há anos, olhar um para o outro, depois para mim, e dizer: "Esse é o livro que você precisa escrever!"

A Donna, por dar cada passo do caminho ao meu lado na jornada em transformar este livro na obra-prima que é agora.

À equipe da Penguin Random House, por me ajudar a construir lares pelo mundo inteiro.

Aos meus amigos (vocês sabem quem são) por serem amor e luz. Por me lembrarem de quem eu sou quando me esqueço.

A Sammy Roach, por transformar meus pensamentos em ilustrações lindas.

A Phillip Millar, por se aprofundar na lei e me empoderar para erguer minha voz o tanto quanto for necessário.

Ao meu público fiel, por seguir nesta jornada com a alma perdida que volta ao próprio lar.

Este livro foi composto na tipografia Adobe
Garamond Pro, em corpo 11,5/15,5, e impresso
em papel off-white no Sistema Cameron da
Divisão Gráfica da Distribuidora Record.